Understanding British-American Cultures

영미문화의 이해

박거용 편저

신아사

목차

Understanding British-American Cultures

영미문화의 이해

'영 · 미 문화의 이해'에서 '문화연구'로

현대를 살아가는 우리에게 영어의 직 · 간접적인 사용은 이제 거의 일상이 되었다고 해도 과언이 아니다. 영어 사용이 기본이 되어 있는 소위 '핸드폰'의 사용에서부터 시작해서 영어로 쓰여진 정보가 절반이 넘는 컴퓨터 사용의 일상적 업무화까지, 그리고 온갖 언론매체와 대중매체에 범람하는 영어의 홍수는 '우리에게 과연 영어는 무엇인가?' 라는 질문을 하게 만들었고, 또 우리는 영어를 둘러싼 여러 가지 문제들에 대하여 주체적으로 해결할 것을 요구받고 있는 것이다.

이러한 엄청난 과제는 영어교육을 전공하거나 영어학이나 영문학 또는 영미문화를 전공하는 사람들은 물론이고 영어를 매개로 여러 전공을 공부하고, 졸업 후에 영어를 직 · 간접적으로 사용하여 취업을 해서 일을 해 나아가야 할 사람들에게도 시간과 정성을 들여서 익히고 풀어나가야 할 문제들이다. 이 과제를 해결하기 위해서 무엇보다 우선적으로 필요한 것은 영어 자체에 대한 지식과 함께 영어의 context(이것은 영어라는 text에 대한 context를 말하는 것으로 좁은 의미에서 문장의 맥락, 전후관계이지만, 넓은 의미에서는 세상에 대한 배경지식, 즉, 정치 · 경제 · 사회 · 문화적 배경지식 등을 의미한다.)에 대한 이해 일 텐데, 영어의 배경지식은 그 영어를 사용하는 나라의 문화라고 할 수 있다는 것이 중론이라고 할 수 있다.

그런데 여기서 말하는 영어의 context로서 영국과 미국 그리고 여러 영연방국가의 문화라는 개념은 기본적으로 언어를 바탕으로 한 그 나라의 역사 · 정치 · 경제 등의 총체적인 집합체로서 간단히 정의 내리기는 어렵지만, 일단은 그 정도로 발판을 만들어 보도록 한다. 이 문화가 가지고 있는 복잡·미묘한 의미의 함의에 대해서는 '문화연구'를 검토할 때 다시 논의를 해보자는 말이다.

1. 영어의 역사와 국제 영어

1-1. 영미문화 이해의 전 단계로서 영어에 대해서 알고자 한다면, 우선 영어의 역사, 즉 영어의 발달사를 살펴보아야 할 것이다. 넓은 의미에서 모든 것에 대한 역사의 중요성이 바로 여기에 있는 것이다. 세상의 모든 사물과 제도와 인간이 역사 없이 존재할 수 없기 때문이다.

영어는 The Indo-European Family에 속하고 그 중에서도 The Germanic Language, 특히 West Germanic Language에 속한다. Old English (500~1000AD)는 독일의 서부와 덴마크의 남부에서 온 침략자들(England와 English의 근원인 The Angloes, Saxons, Jutes)이 5세기경부터 영국에 거주하면서 발달하였다. 고대 영어는 약 1/6정도만이 오늘날에도 사용되지만, 실제로는 현대 영어의 약 절반 가량이 고대영어에 뿌리를 두고 있다고 할 수 있다.

Middle English(1100~1500)는 The duke of Normandy의 William The Conqueror가 1066년에 영국을 정복한 후에 발전하였으며, 귀족들의 언어와 법류용어에 불어(Anglo-Norman)가 많이 사용되어서 중세영어에서는 불어의 영향이 많았다고 할 수 있다. 1204년에 King John이 Normandy를 프랑스 왕에게 빼앗기게 되고, 얼마 후 흑사병(1349~50)이 돌아 영국인구의 약 1/3가량이 사망하게 되자, 다시 영어의 중요성이 커지게 되었다.

Early Modern English(1500~1800)는 the Renaissance와 함께 시작되었다고 할 수 있는데, 문예부흥기에 고전의 부흥은 라틴어와 그리스어로 쓰여진 저서에 관심을 불러일으켰고, 그 결과 영어에 라틴어와 그리스어에 어근을 둔 어휘들이 많이 사용되게 되었다. 중세영어와 근대영어를 구분하도록 많은 영향을 미친 요소들에는 Shakespeare의 엄청난 창작활동과 그 언어적 영향력, 1400년경에 일어난 the Great Vowel Shift, 그리고 책을 보급하고 문자해독능력을 보편화 했으며 영어의 표준화에 기여한 인쇄술의 발전이라고 할 수 있다.

Late-Modern English(1800~현재)는 초기 근대영어와 무엇보다도 엄청나게 늘어난 새로운 어휘면에서 구분이 된다고 할 수 있다. 우선 산업혁명이 일어나서 과학기술 사회가 도래하면서 이전에 존재하지 않았던 새로운 사물과 사상을 표현하기 위해서 라틴어와 그리스어의 어근을 사용하여 많은 신조어들이 탄생한 것이다. 또 대영제국의 팽창에 의해 세계 여러 곳과의 무역이 확산되면서 영어는 많은 외국어들을 채택하여 영어로 쓰게 된 것이다. 끝으로 20세기 전반부에 1차, 2차 세계대전을 겪으면서, 군대용어와 군대의 은어가 영어에서 많이 사용되었다고 할 수 있다.

한편, 이와 함께, 우리가 살펴보아야 할 것은 영국 이외의 나라에서 발달한 영어라고 할 수 있다. 이 가운데에서, 2차 대전 이후 세계의 초강국으로 부상한 미국의 영어는 이제 그 영향면 에서 영국영어를 훨씬 능가한다는 점에서 더욱 관심을 기울일 필요가 있다. 미국영어는 영국영어의 전파와 정착과정에서 인디언 언어와 스페인어의 영향을 상당히 받았다는 점도 주목 할 만 하다. 그래서 영국영어와 미국영어의 다른 점도 상당히 많다는 사실도 연구의 대상이다.

미국 이외에 영국의 식민지였던 나라들과 영연방국가들, 특히 캐나다, 호주, 뉴질랜드, 남아프리카 공화국, 인도에서 사용되고 있는 영어도 이제 세계의 영어들을 구성하고 있다는 점도 인식할 필요가 있다. 영어의 전 지구적 확산으로 인하여 현재 90개국 이상에서 영어가 공식·비공식 언어로 사용되고 있는 것이 오늘날 지구의 언어 현실이다.

1-2. 한편, 세계적인 의사소통 수단으로서 영어의 확산은 점점 더 확대되고 있다. 영국의 식민지였던 국가들, 영연방국가들 그리고 미국의 영향을 받는 국가들에서 발달한 영어도 세계의 언어로서 영어의 위상을 높여가고 있다. 이제 영어를 세계의 Lingua franca로 여기는 지경에 이르렀으며, 언어학자 Braj kachru는 세계 영어들의 모델을 제안하였다. 이

모델에 따르면 ,영어의 Inner circle에는 영국과 미국의 영어, outer circle에는 인도와 나이지리아 등의 영어가, 그리고 Expanding circle에는 중국, 러시아, 브라질 등의 영어가 속한다.

그러나 영국 제국주의의 잔재와 미국의 문화제국주의의 영향력은 영어의 확산 속에서 더욱 커지고 있다. 따라서 일부 학자들은 국제어로서 영어의 문화적 중립성을 강조하는 경향을 보이고도 있다. 그러나 영어의 전 지구적 확산이 가져올 부정적인 면들을 비판하는 여러 학자들은 언어 종의 다양성을 보존하여 인간의 창의성을 함양하기 위하여 노력해야 한다고 주장한다. 영어의 언어제국주의에 대한 비판과 영어 전유이론이 그 대표적인 영어 비판이론이며, 최근에서 표준영어 개념에 반대하는 많은 여러 가지 종류의 영어들이 존재하고 있다는 점을 강조하는 경향이 나타나고 있다.

그렇다면, 독일어, 프랑스어 그리고 라틴어와 그리스어의 영향을 많이 받은 영어의 미래는 무엇일까? 영어도 라틴어처럼 파편화되어서 타자(他者)들의 언어가 되어 버릴 것인지, 아니면 더욱 수렴되어서 세계 언어로서 영어의 위상이 더욱 강화될 것인지? 누구도 예측할 수 없는 일이지만, 인터넷상에서 영어의 사용은 조금 줄어들고 있는 가운데, 그 영향력은 더욱 커지고 있는 것이 우리의 언어현실이다.

2. 영국과 미국의 역사

2-1. 이 책에 수록된 위키피디아의 영국사는 18세기부터 21세기까지 중요한 사건들을 약술 하고 있는데, 그 전에 게르만족의 이주, 로마의 지배, 바이킹족의 침략, Norman Conquest (1066), 군주제, 의회, 입헌군주제 등에 대해서도 별도의 검토가 필요하지만 생략하기로 한다. 영국의 역사를 이해하는데 중요한 점은 영국 국가의 명칭이 어떻게 변하였는가

를 이해하는 것이다. 다시 말해서 영국이라는 나라가 England, Scotland, Ireland, Northen Ireland와 어떻게 통합(united, union)하여서 1927년에 "United Kingdom of Great Britain and Northern Ireland" 라는 공식 명칭을 가지게 되었는가를 파악하는 일이다. 그렇게 되면, 영국과 아일랜드와의 갈등과 종교의 문제, 그리고 최근에 영국 안에서 스코틀랜드가 독립하고자 하는 사건의 이유도 밝혀질 것이다.

다음으로 영국을 이해하고 현대세계사를 파악하는데 중요한 점은 British Empire의 형성과정과 그 쇠퇴과정이다. 우선 산업혁명에 대한 이해와 제국주의 또는 식민주의의 바탕이된 정치 · 경제적 논리에 대한 이해가 필수적이다. 영국의 제국주의는 전 지구적으로 엄청난 영향을 미쳤으며, 그 영향력은 변형된 형태인 신 식민주의에 의해 다른 나라의 제국주의와 함께 현재 까지도 정치 · 경제 · 문화적으로 세계에 많은 영향력을 미치고 있다. 최근에 식민주의 · 신 식민주의에 이어 탈식민주의 논의가 커지고 있는 것도 이러한 역사적 사실에 의한 것이라고 할 수 있다.

아울러 영국을 공부하면서 중요한 점은 참정권 확대와 의회민주주의의 발전과정, 노동당의 창당과 그 역할, 그리고 복지국가에 대한 논의등 일 것이다. 영국은 어떻게 해서 군주제에서 입헌군주제로 바뀌었고, 그리고 어떤 과정을 통하여 의회(국회)제도를 정착시켰으며, 이러한 제도는 민주주의의 발전에 어떻게 기여했는가? 또 영국에서 말하는 복지국가는 어떻게 발전하였고 다른 나라에 어떤 모델을 제시하였는가? 이러한 주제들을 이 책에 수록된 글과 아래에 인용한 두 권의 영국사 책 목차들을 활용하여 탐구해 보도록 하자.

박지향 교수가 쓴 「영국사:보수와 개혁의 드라마」(서울:까치, 1997)의 목차는 다음과 같다. 독자들에게 친절하게도 중요한 주제별로 쓰여진 1부와 연대기 순으로 쓰여진 2부를 서로 비교해 가면서 읽는다면 더욱 폭 넓은 이해를 할 수 있을 것이다.

제 1 부

1장 영국인의 정체성 : 잉글리쉬인가 브리티쉬인가?

1. 잉글랜드 / 2. 스코틀랜드 / 3. 웨일즈 / 4. 아일랜드 5. 영국민의 성립
6. 잉글랜드인, 스코틀랜드인, 웨일즈인의 상호 교류
7. 1945년 이후 정체성의 약화

2장 영국의 통치제도 : 왕실, 의회, 정당, 내각

1. 왕실 / 2. 의회 / 3. 정당제도 / 4. 수상과 행정부

3장 해가지지 않는 제국 : 영제국의 형성, 발달, 쇠퇴

1. 영국제국주의의 성격 / 2. 영제국의 팽창과정 / 3. 영국의 제국정책과 인도
4. 제국주의에 대한 반응과 선전 / 5. 제국의 경제적 수익성 / 6. 제국의 해체

4장 영국의 지성 : 벤담, 밀, 모리스, 웨브 부부

1. 제러미 벤담과 공리주의 / 2. 존 스튜어트 밀과 자유주의
3. 윌리엄 모리스와 무정부적 사회주의
4. 시드니 웨브 및 비아트리스 웨브와 페이비언 사회주의

5장 지주, 중간계급, 자본주의

1. 영국의 특수성 / 2. 인클로저와 젠트리 / 3. 부르주아 사회로의 전환
4. 영구자본주의의 성격 / 5. 중간계급의 성격과 역할

6장 영국의 노동계급 : 최초의 프롤레타리아

1. 19세기 노동계급 / 2. 20세기 전반기의 노동계급
3. 1945년 이후의 노동계급 : 영국병의 원인인가?

7장 영국의 현안과제 : 북아일랜드, 유럽 통합, 경제적 쇠퇴

1. 북아일랜드 문제 / 2. 유럽 통합과 영국 / 3. 영국의 경제적 쇠퇴

제 2 부

1장 켈트인과 앵글로색슨인의 브리튼

1. 로마 이전 시대 / 2. 로마 시대 (기원전 55-기원후 410)
3. 초기 앵글로색슨 시대 (410-871)
4. 후기 앵글로색슨 시대 (871-1066) / 5. 앵글로색슨인의 사회

2장 중세 (1066–1485)

1. 중세전기 : 노르만과 앙주 제국
2. 중세중기 : 대귀족시대 (1189-1327) / 3. 중세후기 (1327-1485)
4. 의회의 발달 / 5. 중세 잉글랜드의 사회

3장 튜더 시대 (1485–1603)

1. 헨리 7세 (1485-1509) / 2. 헨리 8세 (1509-47)
3. 에드워드 6세 (1547-53)와 메리 여왕 (1553-58)
4. 엘리자베스 1세 (1558-1603) / 5. 사회경제적 상황 / 6. 국민국가의 발달

4장 스튜어트 시대 (1603–1714)

1. 스튜어트 왕조 전기 / 2. 내전 / 3. 복고 왕정 / 4. 명예혁명과 의회주권
5. 사회경제적 변화 / 6. 스튜어트 왕조 말기

5장 18세기 (1714–1815)

1. 조지 1세 (1714-27), 조지 2세 (1727-60), 조지 3세 (1760-1820)
2. 사회경제적 변화 / 3. 저항의 정치 / 4. 이데올로기의 탄생
5. 산업혁명 / 6. 대프랑스 전쟁과 아일랜드의 통합

6장 자유주의시대 (1815–1870)

1. 산업사회로의 이동 / 2. 사회계급 / 3. 1815년 이후의 개혁정치와 계급정치
4. 자유주의 / 5. 빅토리아 시대의 가치관 / 6. 보수당과 자유당의 발달
7. 대외정책

한편 나종인과 송규범이 지은『영국의 역사(2005)』목차를 보면 다음과 같다. 방대한 분량의 두 권으로 된 이 책은 시대 순으로 쓰여진 정통적인 영국사로서 중요한 주제들을 이해하기에도 편리하게 집필되었다.

나종일 · 송규범 지음,「영국의 역사」, (한울아카데미, 서울, 2005)

2-2. 비교적 짧은 미국의 역사에서 주목해야 할 점은 우선 미국의 독립과정과 독립 후 헌법을 제정하고 정부형태를 수립해 가는 과정이다. 미국의 독립은 미국사에서 '미국혁명' 또는 '독립혁명'으로 불리는데 그 이유는 무엇인가? 북아메리카의 영국 식민지가 영국에 반대하여 투쟁을 하게 된 이유는 무엇인가? 그리고 미국 헌법의 기본 정신은 무엇이고 왜 이 헌법은 타협의 산물이라고 하는가? 또 미국의 연방정부는 어떻게 형성되었고 그 특징은 무엇인가?

다음으로 이해해야 할 중요한 점은 미국의 서부로의 영토 확장과 남북전쟁의 파급효과이다. 미국이 영토를 확장하면서 강조된 '명백한 운명 Manifest Destiny'이란 무엇이고, 이 논리는 그 이후에 어떻게 변형되었나? 남북전쟁의 원인은 남부와 북부의 경제체제의 갈등인가? 남북전쟁과 노예제도의 관계는 무엇인가? 남북전쟁 이후 미국의 경제는 어떻게 발전하였는가, 그리고 미국은 어떤 과정을 거쳐 제국주의 국가로 나아갔는가?

세 번째로 파악해야할 점은 미국의 산업화 과정과 진보운동 시기의 미국의 위상 변화의 내용일 것이다. 여기서 눈여겨 볼 대목은 미국에서 독점 자본주의의 형성과정과 소위 '도금시대'의 문제점이고 사회 개혁운동(또는 진보운동)의 전개과정이다. 미국은 어떤 과정을 거쳐서 경제대국이 되었는가? 그리고 그 과정상의 문제점은 무엇인가? 미국 사회 개혁운동은 어떤 특징을 가지고 있는가?

다음으로 살펴보아야 할 주제는 1, 2차 세계대전을 거쳐서 미국의 세계 초 강대국화 그리고 소련과의 냉전시기의 변화들이다. 이 시기에서 주의를 요하는 부분은 1차, 2차 세계대전의 원인과 그 세계대전의 마무리과정일 것이다. 또 당시에 미국 외교정책 변화의 특징도 냉전과 연관 지어서 검토해 볼만하다. 아울러 이 시기 미국 대공황의 발생원인과 그 대책으로 나온 뉴딜정책도 그 파급효과 면에서 검토의 대상이다.

끝으로 연구 대상은 미국정권교체의 성격, 즉 민주당과 공화당간의 정권 교체와 그에 따른 세계지형의 변화일 것이다. 즉, 다시 말해서 최근까지 미국 내에서 보수와 진보의 갈등양상과 그에 따른 정권교체, 외교정책의 변화 등도 우리에게는 현대 세계 사회를 이해하는데 중요한 부분이라고 할 수 있다.

이보형이 집필한 「미국사 개설」 개정판(서울 : 일조각, 2005)의 아래 목차를 검토하면서 미국역사의 전개 과정을 살펴보도록 하자.

서장 아메리카 원주민과 신대륙의 정복

1. 아메리카 원주민과 바이킹 / 2. 서양의 신항로 모색
3. 콜럼버스와 신대륙 / 4. 스페인의 신대륙 정복 / 5. 서구제국과 신대륙
6. 문화의 상호 영향

제1장 영국 식민지의 발전

제1절 영국의 식민지 개척

1. 엘리자베스 여왕과 신대륙 / 2. 제임스타운 식민지 3. 플리머스 식민지
4. 식민지의 형태 / 5. 북부 / 6. 중부 / 7. 남부 / 8. 이주민의 종류

제2절 식민지의 정치와 경제

1. 영국의 초기 통치정책 / 2. 식민지의회의 발생

케네스 데이비스가 쓰고 이순호가 번역한 「미국에 대해 알아야 할 모든 것, 미국사」(서울 : 도서출판 책과 함께, 2004) [Kenneth C. Davis, *Don't Know much about History : Everything you need to know about American history but never learned* (Harper Collins, New York, 2003)]의 자세한 목차는 다음과 같다.

이 책은 상당히 대중적인 차원에서 이해하기 쉽게 쓰여진 것으로, 미국사의 흐름을 파악하기에 편리한 형식으로 집필되었다. 아래 목차를 살피면서, 그 물음들에 답하는 연습을 해보자.

1장 위대한 신세계

1. 누가 정말 아메리카 대륙을 발견했을까?
2. 콜럼버스가 바하마 제도에 관심이 없었다면 그는 무엇을 찾고 있었을까?
3. 콜럼버스 부하들이 정말 유럽에 매독을 전파시켰을까?
4. 콜럼버스가 아메리카 대륙을 발견한 것이 아니라면 진짜 발견자는?
5. 맞다, 아메리카 대륙을 발견한 것은 인디언이다. 그들은 어떻게 아메리카 대륙에 도달했을까? / 6. 콜럼버스가 그토록 중요했다면 왜 콜럼버스합중국이 아닌 미합중국이 되었을까? / 7. 콜럼버스는 어떻게 되었을까?
8. 신세계에서 유럽인들의 첫 정착지는?
9. 아메리카 대륙에 처음 발을 디딘 것은 에스파냐인인데 왜 제임스타운이 중요하지? / 10.북서항로란? / 11. 잃어버린 식민지는 어디?
12. 제임스타운은 언제, 어떻게 시작되었을까?
13. 포카혼타스는 정말 스미스 선장을 구했을까?
14. 하우스오브 버지시스란? / 15. 노예 무역의 창시자는?
16. 필그림은 누구이고 그들이 원한 것은? / 17. 메이플라워 서약은?
18. 필그림은 정말 플리머스록에 상륙했을까?
19. 뉴욕을 시작한 것은 누구? / 20. 인디언들은 정말 맨해튼을 단돈 24달러에 넘겼을까? / 21. 뉴암스테르담이 뉴욕이 된 내력은?
22. 프랑스인은 언제 신세계에 닿았을까? / 23. 펜실베이니아는 어떻게 퀘이커의 주가 되었을까? / 24. 최초의 13개주는?

2장 독립혁명을 원한다고 말하라

1. 필립 왕의 전쟁이란? / 2. 냇 베이컨의 반란이란?
3. 세일럼의 마녀들은 누구? / 4. 신앙 부흥 운동이란? / 5. 누가 프렌치 인디언 전쟁을 벌였나? / 6. 설탕과 인지는 독립혁명과 어떤 관계가 있을까?

5. 지하철도가 달린 곳은?
6. 1850년의 타협이란? / 7. 《톰 아저씨의 오두막》이 파장을 일으킨 이유는? / 8. 공화당은 왜 창당되었나? / 9. '피'의 캔자스가 된 이유는?
10. 드래드 스콧과 노새의 차이는? / 11. 링컨과 더글러스의 토론 내용은? / 12.존 브라운은 왜 연방 무기고를 공격했을까?
13. 남부가 연방에서 탈퇴한 이유는? / 14. 1860년의 인구조사
15. 남부연합 헌법과 연방 헌법의 차이는? / 16. 남북전쟁의 이정표
17. 남북전쟁으로 미국이 잃은 것은? / 18. 링컨은 정말 정직했을까?
19. 연방이 전쟁에서 이긴 까닭은? / 20. 링컨 암살범은?
21. 재건은 어떻게 이루어졌나? / 22. 전몰장병기념일과 준틴데이를 기리는 사람들은? / 23. 존슨 대통령은 왜 탄핵당했나?
24. 카펫배거는 누구?

5장 팽창하는 제국 : 서부개척시대에서 제1차 세계대전까지

1. 리틀빅혼 전투에서는 무슨 일이 있었나?
2. 운디드니에서 벌어진 일은? / 3. 카우보이의 실체는? / 4. 날강도 귀족이란? / 5. 헤이마켓 광장에서 일어난 일은? / 6. 포퓰리스트는 누구?
7. 금 십자가란 무엇인가? / 8. '분리 평등 정책'의 뜻은?
9. 짐 크로는 누구? / 10. 미국 에스파냐 전쟁은 누가 했나?
11. 에스파냐와의 전쟁에서 미국이 얻은 것은?
12. 파나마 운하를 건설한 사람은? / 13. 키티호크에서 일어난 일은?
14. 시어도어 루스벨트의 '방망이'란? / 15. 머크레이커는 어떤 사람인가?
16. 사회주의에 기회를? / 17. 흑인 지도자 두보이스는 누구?
18. 불무스당이란? / 19. 판초 비야는 어떤 사람인가?
20. 사라예보의 죽은 대공은 어떻게 세계대전을 일으켰나?
21. 누가 루시타니아호를 침몰시켰나? 침몰로 달라진 것은?
22. 제1차 세계대전의 대가는?

6장 붐에서 파산으로, 파산에서 다시 붐으로 : 재즈에이지와 대공황

2. 피그스 만에서는 무슨 일이? / 3. 쿠바 미사일 위기란?
4. 《여성의 신비》는 어떤 책인가? / 5. 맬컴X의 암살자는?
6. 누구 말이 옳은가? 워런위원회? 올리버 스톤? / 7. 〈미시시피 버닝〉은 실화인가? / 8. 통킹 만 사건이란? / 9. 베트남 전쟁의 이정표
10. 와츠에서 생긴 일은? / 11. 소비자 운동을 시작한 네이더는 누구인가? / 12. 미란다 원칙의 미란다는? / 13. 알리가 징집을 거부한 이유는? / 14. 미라이 촌에서는 무슨 일이 있었나? / 15. 닉슨과 키신저가 《뉴욕타임스》의 펜타곤 페이퍼 보도를 막은 이유는?
16. '제인 로'는 왜 웨이드를 고발했나? / 17. 어설픈 도둑질에서 시작된 워터게이트가 막강한 대통령을 물러나게 한 이유는?
18. 워터게이트 사건 일지 / 19. 석유수출국기구는 1970년대 미국을 어떻게 골탕먹였나? / 20. '주술 경제학'이란?
21. 챌린저호에는 무슨 일이 있었을까? / 22. 로널드 레이건이 '테플론 대통령'으로 불리는 이유는? / 23. '동성애 역병'이란?
24. 악의 제국에서 벌어지는 일은?

9장 악의 제국에서 악의 축으로

1. 사막의 폭풍 작전이란? / 2. 대통령의 크기를 어떻게 '축소시킨다'는 것인가? / 3. '부바'라 불리는 사람도 대통령이 될 수 있을까?
4. 클린턴은 왜 '미국과의 계약'을 지켰나? / 5. 클린턴의 'IS'는?
6. 그린스펀의 '적절치 못한 풍부함'은? / 7. 그 차드는 움푹 들어갔나, 튀어나왔나, 그 중간인가? / 8. 통계로 보는 2000년 미국의 모습

3. 영국과 미국의 문학공부 방식의 변화

3-1. 영국에서 영문학(English)을 하나의 과목으로 만들어서 가르치고, 공부하고, 연구한 역사는 채 100년이 되지 않는다. English가 문헌학

이나 언어학의 대상이 되어 왔었지만, 하나의 학문분야로서 정착된 것은 근대화 이후라고 할 수 있는 것이다.

그런데 영문학 교육은 영국에서 시작된 것이 아니라, 영국의 식민지였던 인도에서 19세기 초에 시작되었다는 사실도 놀라운 일이다. 영국이 인도에서 English교육을 시작한 동기는 식민지 지배를 효율적으로 하기 위하여 '문명화된' 영국적인 가치를 주입하기 위한 것이었다. 그 후 영국은 산업혁명이 일어나면서 노동자 계급이 확대되자 이들을 '문명화'하기 위하여, 다시 말하면 '무정부' 상태를 피하고 '문화'의 길로 나아가기 위하여 영국에 수입된 셈이다.

영국에서 문학 연구의 발전에 공헌한 사람은 F.R.Leavis와 그의 캠브릿지대학교 동료들이었다. 이들은 영문학 교육이 '문명화'의 임무를 가지고 있다고 강조하였고, 객관적인 판단과 정전(the canon)을 중요시하는 소위 내재적인 intrinsic 접근방법의 토대를 마련하였다.

그러나 시대가 바뀌면서 사람들의 세계관이 바뀌듯이, 문학을 읽고 공부하는 방법들도 바뀌고 다양해진 것도 사실이다. 최근 30여 년 동안 문학작품은 text의 한 종류가 되었다. 여기서 text는 인간이 의미를 부여하고, 그 의미를 각자가 있는 위치(position)에서, 즉 각자의 입장에 따라 해석할 수 있는 이 세상의 모든 것들을 일컫는다. 그래서 텍스트는 해석할 수 있는 대상이고, 읽는다는 것은 해석의 행위가 된 것이다. 따라서 텍스트의 해석, 즉 텍스트의 의미 파악, 텍스트에 의미부여 등은 우리 모두가 각기 다른 입장에 위치해 있기 때문에 다양한 복수형태가 될 수밖에 없다. 이러한 다양한 읽기와 해석의 방식들이 소위 '문학 이론'이 되는 것이다.

이론의 발전으로 인해 가장 큰 변화를 겪고 있는 분야는 초·중등학교에서의 문학교육이고 그 문학교육의 필수요소인 평가(시험)이다. 전통적인 문학교육에서 시험문제는 right answer(정답) 또는 right way(문학읽기의 한 가지 유일한 올바른 방식)를 찾는 것이었는데, 이러한 전통적 접근 방법에 대한 도전이 문학이론에 의해 활성화되고 있는 것이다. 이러한 변화에 따라 영국의 A2나 AS의 level1(우리의 수학능력시험)에서는 학생들에게 문학 텍스트의 역사적이고 현재적인 맥락 context에 대한 인식을 요구하고 강조하고 있다. 우리나라 수학능력에서 모든 문제가 객관식인데 반하여, 모든 문제가 주관식 서술형인 영국에서 일어나고 있는 변화의 쟁점이 바로 이러한 어떻게 읽을 것인가에 관한 것이다.

문학읽기에는 크게 나누어 두 가지 문학 비평적 태도가 있는데, 그것은 내재적 접근방법과 외재적 접근방법이다. 전자는 전통적인 태도로서 텍스트 안으로 들어가(into the text) 텍스트 자체의 예술적이고 도덕적인 가치를 강조하며, 텍스트의 style이나 plot 또는 등장인물들을 분석하는 미국의 New Criticism이나 formalism이 그 대표적인 이론이다.

반면에 외재적 접근 방법은 지난 30여 년간 이론의 발전에 의해 생성된 태도로서 텍스트로부터 나와서 콘텍스트로 나아가는 태도 (out from the text to the context)를 강조하며 문학 텍스트를 세계를 읽는 창으로 여기는 태도이다. 이 접근방법은 텍스트가 이 세상사에 대해 이야기 하는 바를 중요시 여기며 텍스트의 주제나 배경의 정치 · 경제 · 사회 · 문화적 의미를 분석하며 역사주의, 심리분석 비평, 정치비평, 페미니즘, 철학적 비평, 사회학적 비평 등 여러 학문 분야와 연결되어 있는 이론이다. 따라서 문학공부는 이 두가지 방식으로 나누어 진다기 보다는 내재적 태도를 거쳐 외재적 태도로 나아간다고도 할 수 있다.

3-2. 문학이란 사실 정의 내리기가 쉽지 않다. 그래서 문학은 범주화할 수 없는 범주라고도 한다. 그러나 우리는 또한 의식적으로건 무의식적으로건 문학을 거론할 때 가치판단을 한다. 여기서 생겨난 것이 바로 가치가 있다고 생각되는 텍스트들의 목록에 해당되는 정전(the canon)인데, 이러한 전통의 구축에는 앞에서 거론한 내재적 접근방법이 일조를 하였다고 할 수 있다.

그러나 문학공부를 하면서 어떻게 읽는가(How) 못지않게 무엇(what)을 읽을 것인가가 중요하기 때문에, 정전에 대한 이론의 도전이 계속되고 있다. 그동안 영·미에서 정전에 들어갔던 작가들이 주로 '작고한, 백인, 중산층, 남성'이라는 점을 생각한다면, 생존한 작가들, 유색인종, 노동계급, 여성의 반발은 더욱 커져갈 것이고, 이때 정전 결정의 기준에 대한 문제제기는 손쉽게 해결되지는 않을 것이다. 그래서 정전을 인정한다고 하더라도 이제는 다양한 기준에 따른 여러 개의 정전들이 존재하게 된 셈이다.

3–3. 이러한 맥락 속에서 볼 때, '작가의 죽음'과 동시에 '독자의 탄생'은 필연적인 것인지도 모르겠다. 텍스트와 그 의미들, 작가와 독자 간의 관계에 대한 전통적인 해석에 이의를 제기하는 프랑스 비평가 Roland Barthes는 텍스트의 의미는 작가에 의해서 결정되어 고정된 것이 아니라 작가도 여러 명의 독자와 마찬가지로 텍스트를 해석한다고 보는 것이다. '작가의 죽음'은 수사학적 표현이지만 작가가 가지고 있는 텍스트의 의미에 대한 권위의 죽음이라고 말할 수 있으며 동시에 독자의 능동적이고 적극적인 의미의 창조라고도 할 수 있다. 이제 텍스트의 의미들은 작가의 의도 보다는 독자들, 즉 우리들의 텍스트와의 상호작용에 달려 있다고 할 수 있는 것이다. 작가만큼 독자의 비중이 커진 것이 사실이기 때문에 독자의 책임도 커지고 있는 것이다. 이러한 문학공부의 경향들을 우리나라의 현실에 적용한다면 어느 정도까지 합의와 지지를 얻어낼지는 예측하기 어렵다.

아래에 있는 「미국문학 사상의 배경」의 목차를 살펴보면, 미국역사와 미국문학사를 종합한 느낌을 갖게 된다. 이 책의 제목을 요즘 식으로 바꾸어 쓴다면 「미국문학 텍스트의 콘텍스트」 정도가 될 법하다. 이 목차를 검토하면서 문학작품과 그 시대적 배경의 관계를 검토해 보는 연습을 해보자.

로드 W. 호턴, 허버트 W. 에드워즈 지음, 박거용 옮김-
「미국문학사상의 배경」(서울 : 도서출판 터, 1991)

[Rod W. Horton, Herbert W. Edwards, *Backgrounds of American Literary Thought*, third Edition, (Prentice-Hall : New Jersey, 1974)]

1장 이상주의와 기회주의

2장 청교주의

1. 신학과 종교 / 2. 종교개혁 : 루터, 쯔빙글리 그리고 캘빈
3. 잉글랜드와 스코틀랜드의 종교개혁 / 4. 청교도 대 비국교도
5. 청교도의 뉴 잉글랜드 통치 / 6. 신정 (神政) 이후

3장 식민지의 계몽운동

1. 이성의 시대 / 2. 미국의 계몽운동 / 3. 식민지의 과학
4. 정치적 경향 / 5. 발전 : 미국의 꿈

4장 초기 공화국의 정치적 형태들

1. 재산권 / 2. 세 중심 인물 : 홉스, 로크, 루소
3. 미국 헌법의 기원 / 4. 연방주의의 정 (正) : 해밀턴
5. 농업주의의 반 (反) : 제퍼슨 / 6. 평등주의 합 (合) : 잭슨

5장 일신론주의와 초절주의

1. 일신론주의 : 종교 내의 합리성 / 2. 초절주의 : 이론과 실제
3. 초절주의와 국민

6장 팽창주의

1. 애팔래치안 산맥 너머 / 2. 밖으로 향한 압력
3. 무상불하지와 투기꾼들 / 4. 프론티어 : 활동하는 민주주의

7장 산업의 승리

1. 농장이냐 공장이냐? / 2. 산업의 사춘기
3. 악덕 자본가들과 호라시오 엘저

8장 진화와 실용주의

1. 진화사상의 발생 / 2. 다윈이론과 철학 / 3. 퍼어스, 제임스 그리고 실용주의 / 4. 듀이 - 행동하는 생각들 / 5. 실용주의의 영향

9장 품위와 반감

1. 사회의 투쟁자들 / 2. 무지의 시대 / 3. 과시적 낭비 / 4. 반감과 개혁

10장 마르크스주의

1. 한 급진주의자의 형성 / 2. 헤겔과 마르크스적 합 / 3. 자본
4. 마르크스주의의 확산 / 5. 혁명 - 러시아와 미국의 변형들
6. 문학 속의 마르크스 주의

11장 문학의 자연주의

1. 결정론과 절망 / 2. 미국의 자연주의

12장 제국주의와 고립주의

1. 정치적 다윈이즘 / 2. 성조기의 행진 / 3. 반대와 반응

13장 저속한 실업인들, 밀주업자들 그리고 슬픈 청년들

1. 그렇게 즐겁지는 않은 20년대 / 2. 정상으로의 복귀 / 3. 과대선전과 표준 미국시민 / 4. 도처의 범죄들 / 5. 슬픈 젊은이들 / 6. 붕괴

14장 20년대의 지적동향 : 프로이트 이론과 다른 지적 경향들

1. 프로이트, 무의식의 개척자 / 2. 프로이트의 정신 / 3. 프로이트 이론의 문화적 응용들 / 4. 미국에서의 프로이트 / 5. 문학에서의 프로이트
6. 다른 지적 경향들

15장 비극의식 : 남부의 경험 형태들

1. 파벌주의 : 신화인가 현실인가? / 2. 왕당파 신화 / 3. 유별난 사회제도
4. 재건과 새로운 남부 / 5. 흑인의 흥망 / 6. 남부의 낭만적 보수주의

16장 실업자의 행렬과 거대한 정부

1. 대공황 / 2. 후버와 루즈벨트 / 3. 정부기관의 시대

17장 전후세계의 과학과 본질

1. 새로운 과학 / 2. 아인슈타인과 상대성 원리 / 3. 서구인의 전망
4. 실존주의 / 5. 키에르케고르 / 6. 니체 / 7. 훗설과 하이데거
8. 사르트르 / 9. 문학에 나타난 실존주의
10. 20세기 중반기 인간의 딜레마

18장 폭력, 풍요, 문화혁명

1. 전쟁과 국내의 무질서 / 2. 소수민들의 격앙 / 3. 청년과 대항문화
4. 과학기술의 한계들 / 5. 인류를 위한 위대한 발걸음
6. 더 많은 가운데 더 적게 / 7. 지도력의 실패

19장 1960년대와 1970년대의 문학의 반응

1. 60년대의 역설 / 2. 여성해방 혁명 / 3. 유태계 소설가들
4. 흑인 작가들 / 5. 스페인계 미국인과 미국인디안
6. 호색문학, 블랙유머, 극단적 낭만주의자들

4. 미국 문화와 지구촌화(세계화) 경향

4-1. 미국 문화의 특징은 무엇인가? 이 책에 실린 미국 문화사의 한 부분인 "Consumer culture and Mass culture"에서 미국 역사학자인 Charles F.McGovern은 그것을 소비(자)문화, 대중문화, 상업문화(commercial culture), popular culture 등으로 규정하고 있는 것 같다. 글쓴이는 이 글에서 1880년부터 1930년 사이에 미국에서 대중문화와 대량소비가 서로 엉켜서 출현한 궤적을, 이 둘이 미친 영향의 중요한 쟁점들을 약술하면서, 추적하고 있다.

미국에서는 미국 사회와 경제가 대량 소비에 의해 구조화되었다고 보는 견해가 주도적이었다. 19세기 중반이후, 미국의 도시화와 산업화가 이루어지면서 이민의 물결이 계속되었고 그러는 가운데 대량생산에 기초한 자본주의는 상품화와 대량소비를 부추긴 것이다. 20세기에 접어들어서는 예전의 생산과 절약, 그리고 저축과 축적의 미덕은 이제 소비가 일상화 되고 소비가 생활의 기준이 되면서 사라지고, 이제 소비중심의 대중문화, 소비(자)문화, 상업문화가 미국의 주도적인 문화로 부상하게 된 것이다.

여기서 우리가 주목할 점은 어떻게 소비자 문화가 형성되었는가 하는 점이다. 미국의 Fordism은 어떻게 노동력을 변화시켰으며, Mail order retailer들은 소비문화에 어떤 영향을 주었고, 백화점이나 chain store들은 또 어떤 역할을 하였는가? 상품과 상품명은 또 소비자에게 어떤 의미를 가지게 되었고, 판매전술에 어떻게 활용되었는가?

이어서 철도, 자동차, 비행기 등 교통수단의 발달은 사람들의 생활 패턴도 바꾸어 놓았고, 이제 노동만큼 오락과 여가생활이 중요하게 되었다. 그 대표적인 예가 amusement park의 확산과 영화의 발전과 보급이라고 할 수 있다. 저자가 주장하듯이, 이제 대중문화와 소비문화는 미국인의 공동경험이 되었고 미국인의 정체성과 시민의식을 형성하게 되었고 미국의 문화가 되었다고 할 수 있다, 물론 대중문화에는 긍정적인 면뿐만 아니라 부정적인 면들도 많지만.

4-2. 이 책에 실린 “The globalization of American culture”라는 글에서 미국의 역사학자 Petra Goedde는 미국 문화의 확산의 역사를 미국화, 근대화, 지구화라는 3단계로 설명하고, 끝으로는 국적을 초월(?)해서 문화를 일반적으로 연구하는 문화연구가 지구화되고 있다고 설명하고 있다.

미국이 막강한 경제력과 군사력을 바탕으로 문화를 전 세계적으로 수출하고 광범위하고 다양하게 문화외교를 펼쳐온 것은 주지의 사실이다. 특히 2차 대전이후, 국가안보와 공산주의와의 대결이라는 명목으로,

미국은 통합된 미국 문화라는 신화를 만들어냈고 또 그것을 냉전의 무기로 사용했던 경험도 있었다.

그러나 최근 들어서 미국 문화의 전지구적 영향에 관한 논의를 하면서 세계화가 미국화가 아닌가 그리고 더 나아가서 그것이 문화의 획일화 내지는 동질화가 아닌가 하는 비판적인 태도가 두드러졌다. 그렇다면 과연 문화의 세계화와 지역화(현지화)는 가능한 것이고, glocalization 즉, 지구화와 지역화(지방화)가 동시에 이루어지고 있는 것인가?

미국화란 미국문화의 영향이 전면화 된 2차 대전 이후, 특히 유럽에 미국 문화가 마셜 프랜 Marshall Plan에 의해 일방적으로 전파되고, 미국 기업(corporate) 문화가 미국과 대면하여 유럽이 살 수 있는 유일한 보편적인 길로 여겨지면서 확산되었다고 할 수 있다. 미국의 재즈와 헐리우드의 영화가 유럽에 일방적으로 수출된 것도 이때이다. 그러나 이러한 미국화는 미국의 문화 제국주의에 대한 반항심을 동시에 불러일으킨 것도 사실이다.

이러한 문화 제국주의에 대한 논쟁은 미국화의 부적절성이나 미국화에 대한 다른 입장에 의해 근대화 논쟁으로 진전되어서 미국화가 필연적으로 문화의 동질화와 문화정체성의 상실이 아니라 인류 보편적인 근대화의 산물이라는 논쟁으로까지 번지게 되었다. 그러나 근대화와 미국화 그리고 세계화가 미국의 영향하에서 진전되었다는 주장과 함께, 문화 세계화가 경제 · 정치 · 군사 세계화의 한 요소라는 주장도 대두되었다.

한편 민족국가 nation-state의 소멸과 함께 탈영토화deterritorialization의 추세가 강조되면서 미국 문화의 헤게모니가 약화되었다는 주장도 나오게 되었다. 미국 문화는 미국 자본이나 미국권력과 동의어가 아니라는 주장도 나오면서, 이제 도대체 미국은 어디에 있고, 미국 문화는 어디 있는가 라는 물음도 나온다. 미국 문화는 실제로 분해되어서 사라져가고 있는 것인가? 따라서 미국 문화 연구가 아니라 보편적 의미의 문화연구가 탄생하는 것인가?

5. 문화연구와 그 쟁점들

영미문화의 이해를 위해서 영어의 역사, 영국과 미국의 역사, 영국과 미국의 문학공부방법의 변화방향 그리고 미국의 대중문화와 세계화 등에 대하여 주마간산 격으로 언어, 역사, 문학, 문화 분야를 살펴보았다. 이런 공부를 하면서 우리가 갖게 되는 의문은 영미문화의 이해를 왜 하는가? 그것은 지금 우리에게 어떤 영향을 미치고 있는가? 그리고 이러한 노력은 인류의 현재 그리고 미래에 어떤 비전을 제시해 줄 수 있는 것인가?와 같은 형태일 것이다. 다시 말해서 영미문화의 이해는 지금 우리 한국인들에게 무엇이고, 그 결과는 좀 거창하고 거시적인 차원에서 우리 인류의 현재 상태를 어떻게 바꾸어서 좀 더 나은 인류의 미래를 만들어 나아갈 수 있도록 하는 것일 터이다. 그래서 영미문화의 이해가 자연스럽게 문화연구로 이어져야 한다는 말이다.

그렇다면 최근에 점점 사람들의 관심을 끌고 호기심과 연구의 대상이 되어가고 있는 문화연구는 과연 무엇인가? 이 책에 실린 문화연구에 관한 글은 우선 문화의 정의에 대하여 설명하려고 노력한다. 그 다음 문화연구의 쟁점들을 소개 한다. 인간은 어떻게 자기가 속한 집단이나 나라의 문화의 한 부분이 되는가? 인간이 문화를 만들고 문화가 인간을 만드는 상호 작용이 계속되면서, 문화연구는 세상의 일들을 어떻게 해석하는가? 문화 연구는 과거를 어떻게 이해하고, 다른 문화를 어떻게 이해하는가? 그리고 우리는 문화들 간의 관계들, 문화들의 가치, 문화와 권력의 관계를 어떻게 이해하는가? 그리고 우리는 권력으로서의 문화에 어떻게 저항하고 타협하는가? 등등의 쟁점들은 사회구조와 사회갈등에 대한 탐구로 이어진다.

다음으로 문화연구는 문화와 권력 그리고 불평등간의 상호관계, 특히 세계화가 진행되면서 계급, 인종, 젠더, 나이간의 심화되거나 치유되지 않고 있는 갈등과 불평등에 초점을 맞추고, 그 해결책을 찾으려고 노력

한다. 문화가 불평등을 생산할 뿐만 아니라 재생산 하는 기능을 하고, 또 불평등을 합리화하고 합법화 하면서 유지한다면, 그 문화는 어떻게 바꾸어야 하는가?

문화연구는 기본적으로 인간들이 의미를 생산하고 교류하는 재현 representation과 의사소통, 그리고 언어를 통한 담론 discourse 등에 초점을 맞추고 있다. 그러나 의미의 생산 · 재생산 · 소통 · 교류가 권력과 연결되고 그래서 불평등을 만들어 낸다면, 문화연구는 단지 연구차원에서 그쳐서는 안 될 것이다. 모든 학문이 그러하듯이, 문화연구도 '함께 잘 사는 세상'을 만들기 위해서 그 연구 결과를 현실에 응용해서 좀 더 나은 미래를 만들어나가는데 힘을 합쳐야 할 것이다. 다시 한 번 우리 자신에게 물어보자, 우리는 왜 공부를, 영미문화의 이해를, 문화연구를 해야 하는가?

chapter 1
A Brief History of the English Language*

English is a member of the Indo-European family of languages. This broad family includes most of the European languages spoken today. The Indo-European family includes several major branches: Latin and the modern Romance languages[1)] (French etc.); the Germanic languages (English, German, Swedish etc.); the Indo-Iranian languages (Hindi, Urdu, Sanskrit etc.); the Slavic languages (Russian, Polish, Czech etc.); the Baltic languages of Latvian and Lithuanian; the Celtic languages (Welsh, Irish, Gaelic etc.); Greek.

The influence of the original Indo-European language can be seen today, even though no written record of it exists. The word for father, for example, is vater in German, pater in Latin, and pitr in Sanskrit. These words are all cognates[2)], similar words in different languages that share the same root.

Of these branches of the Indo-European family, two are, as far as the study of the development of English is concerned, of paramount importance, the Germanic and the Romance (called that because the Romance languages derive from Latin, the language of ancient Rome). English is a member of the Germanic group of languages. It is believed that this group began as a common language in the Elbe river region about 3,000 years ago. By the second century BC, this Common Germanic language had split into three distinct sub-groups:

/ East Germanic was spoken by peoples who migrated back to southeastern Europe. No East Germanic language is spoken

---

* http://www.anglik.net/english languagehistory.htm

1) Romance language - n.라틴어에서 발전한 언어

2) cognate - n.동계언어, 같은 종류의 것

today, and the only written East Germanic language that survives is Gothic.

/ North Germanic evolved into the modern Scandinavian languages of Swedish, Danish, Norwegian, and Icelandic (but not Finnish, which is related to Hungarian and Estonian and is not an Indo-European language).

/ West Germanic is the ancestor of modern German, Dutch, Flemish, Frisian, and English.

Old English (500-1100 AD)

West Germanic invaders from Jutland and southern Denmark: the Angles (whose name is the source of the words England and English), Saxons, and Jutes began to settle in the British Isles in the fifth and sixth centuries AD. They spoke a mutually intelligible language, similar to modern Frisian - the language of the northeastern region of the Netherlands - that is called Old English. Four major dialects of Old English emerged: Northumbrian in the north of England, Mercian in the Midlands, West Saxon in the south and west, and Kentish in the Southeast.

These invaders pushed the original, Celtic-speaking inhabitants out of what is now England into Scotland, Wales, Cornwall, and Ireland, leaving behind a few Celtic words. These Celtic languages survive today in the Gaelic languages of Scotland and Ireland and in Welsh. Cornish, unfortunately, is, in linguistic terms, now a dead language. (The last native Cornish speaker died in 1777) Also influencing English at this time were the Vikings. Norse invasions and settlement, beginning around 850, brought many North Germanic words into the language, particularly in the north of England. Some examples are dream, which had meant 'joy' until the Vikings imparted its current meaning on it from the Scandinavian cognate draumr, and skirt, which continues to live alongside its native English cognate shirt.

The majority of words in modern English come from foreign, not Old English roots. In fact, only about one sixth of the known Old English words have descendants surviving today. But this is deceptive[3]; Old English is much more important than these statistics would indicate. About half of the most commonly used words in modern English have Old English roots. Words like be, water, and strong, for example, derive from Old English roots.

Old English, whose best known surviving example is the poem *Beowulf*[4], lasted until about 1100. Shortly after the most important event in the development and history of the English language, the Norman Conquest.

The Norman Conquest and Middle English (1100-1500)

William the Conqueror, the Duke of Normandy, invaded and conquered England and the Anglo-Saxons in 1066 AD. The new overlords[5] spoke a dialect of Old French known as Anglo-Norman. The Normans were also of Germanic stock[6] ("Norman" comes from "Norseman") and Anglo-Norman was a French dialect that had considerable Germanic influences in addition to the basic Latin roots.

Prior to the Norman Conquest, Latin had been only a minor influence on the English language, mainly through vestiges of the Roman occupation and from the conversion of Britain to Christianity in the seventh century (ecclesiastical terms such as priest, vicar, and mass came into the language this way), but now there was a wholesale infusion of Romance (Anglo-Norman) words.

The influence of the Normans can be illustrated by looking at two

---

3) deceptive - a.믿을 수 없는, 현혹시키는
4) Beowulf - 8세기 초에 쓰인 고대 영어의 서사시, 또 그 주인공인 영웅의 이름
5) overlord - n.(봉건 체제에서) 상급 영주, 대군주
6) stock - n.(인류 분류상의) 족, 인종, 종족

words, beef and cow. Beef, commonly eaten by the aristocracy, derives from the Anglo-Norman, while the Anglo-Saxon commoners, who tended the cattle, retained the Germanic cow. Many legal terms, such as indict[7], jury, and verdict have Anglo-Norman roots because the Normans ran the courts. This split, where words commonly used by the aristocracy have Romantic roots and words frequently used by the Anglo-Saxon commoners have Germanic roots, can be seen in many instances.

Sometimes French words replaced Old English words: crime replaced firen and uncle replaced eam. Other times, French and Old English components combined to form a new word, as the French gentle and the Germanic man formed gentleman. Other times, two different words with roughly the same meaning survive into modern English. Thus we have the Germanic doom and the French judgment, or wish and desire.

It is useful to compare various versions of a familiar text to see the differences between Old, Middle, and Modern English. Take for instance this Old English (c. 1000) sample:

> Fæder ure þu þe eart on heofonum
> si þin nama gehalgod tobecume þin rice gewurþe þin willa on eorðan swa swa on heofonum
> urne gedæghwamlican hlaf syle us to dæg
> and forgyf us ure gyltas swa swa we forgyfað urum gyltendum
> and ne gelæd þu us on costnunge ac alys us of yfele soþlice.

Rendered in Middle English (Wyclif, 1384), the same text is recognizable to the modern eye:

> Oure fadir þat art in heuenes halwid be þi name;
> þi reume or kyngdom come to be. Be þi wille don in herþe as it is doun in heuene.

7) indict - vt.~을 기소하다, 고소하다

yeue to us today oure eche dayes bred.
And foryeue to us oure dettis þat is oure synnys as we foryeuen to
oure dettouris þat is to men þat han synned in us.
And lede us not into temptacion but delyuere us from euyl.

Finally, in Early Modern English (King James Version[8], 1611) the same text is completely intelligible:

Our father which art in heauen, hallowed be thy name.
Thy kingdom come. Thy will be done in earth as it is in heauen.
Giue us this day our daily bread.
And forgiue us our debts as we forgiue our debters.
And lead us not into temptation, but deliuer us from euill.
Amen.

In 1204 AD, King John lost the province of Normandy to the King of France. This began a process where the Norman nobles of England became increasingly estranged[9] from their French cousins. England became the chief concern of the nobility, rather than their estates in France, and consequently the nobility adopted a modified English as their native tongue. About 150 years later, the Black Death (1349-50) killed about one third of the English population. And as a result of this the labouring and merchant classes grew in economic and social importance, and along with them English increased in importance compared to Anglo-Norman.

This mixture of the two languages came to be known as Middle English. The most famous example of Middle English is Chaucer's *Canterbury Tales.*[10] Unlike Old English, Middle English can be read, albeit with difficulty, by modern English-speaking people.

---

8) King James Version - 1611년 제임스 1세가 만들게 한 흠정 영역 성서 (Authoriged Version)
9) estrange - vt.~을 멀리하다, 소원하게 하다
10) *The Canterbury Tales* - 초서가 쓴 순례자들이 이야기하는 형식의 시

By 1362, the linguistic division between the nobility and the commoners was largely over. In that year, the Statute of Pleading was adopted, which made English the language of the courts and it began to be used in Parliament.

The Middle English period came to a close around 1500 AD with the rise of Modern English.

Early Modern English (1500-1800)

The next wave of innovation in English came with the Renaissance. The revival of classical scholarship brought many classical Latin and Greek words into the language. These borrowings were deliberate and many bemoaned the adoption of these "inkhorn" terms[11)], but many survive to this day. Shakespeare's character Holofernes in Loves Labor Lost is a satire of an overenthusiastic schoolmaster who is too fond of Latinisms.

Many students having difficulty understanding Shakespeare would be surprised to learn that he wrote in modern English. But, as can be seen in the earlier example of the Lord's Prayer, Elizabethan English has much more in common with our language today than it does with the language of Chaucer. Many familiar words and phrases were coined or first recorded by Shakespeare, some 2,000 words and countless idioms are his. Newcomers[12)] to Shakespeare are often shocked at the number of cliches contained in his plays, until they realize that he coined them and they became cliches afterwards. "One fell swoop," "vanish into thin air," and "flesh and blood" are all Shakespeare's. Words he bequeathed to the language include "critical," "leapfrog[13)]," "majestic," "dwindle," and "pedant."

Two other major factors influenced the language and served to

---

11) "inkhorn" terms - n.현학적인 용어, 학자연하는 말
12) Newcomer - n.초심자, 신참자
13) leapfrog - n.등짚고 뛰어넘기

separate Middle and Modern English. The first was the Great Vowel Shift. This was a change in pronunciation that began around 1400. While modern English speakers can read Chaucer with some difficulty, Chaucer's pronunciation would have been completely unintelligible to the modern ear. Shakespeare, on the other hand, would be accented, but understandable. Vowel sounds began to be made further to the front of the mouth and the letter "e" at the end of words became silent. Chaucer's Lyf (pronounced "leef") became the modern life. In Middle English name was pronounced "nam-a," five was pronounced "feef," and down was pronounced "doon." In linguistic terms, the shift was rather sudden, the major changes occurring within a century. The shift is still not over, however, vowel sounds are still shortening although the change has become considerably more gradual.

The last major factor in the development of Modern English was the advent of the printing press. William Caxton brought the printing press to England in 1476. Books became cheaper and as a result, literacy became more common. Publishing for the masses became a profitable enterprise, and works in English, as opposed to Latin, became more common. Finally, the printing press brought standardization to English. The dialect of London, where most publishing houses were located, became the standard. Spelling and grammar became fixed, and the first English dictionary was published in 1604.

Late-Modern English (1800-Present)

The principal distinction between early- and late-modern English is vocabulary. Pronunciation, grammar, and spelling are largely the same, but Late-Modern English has many more words. These words are the result of two historical factors. The first is the Industrial Revolution and the rise of the technological society. This necessitated new words for things and ideas that had not previously existed. The second was the British Empire. At its height, Britain ruled one quarter of the earth's surface, and English adopted many foreign words and made them its own.

The industrial and scientific revolutions created a need for neologisms[14] to describe the new creations and discoveries. For this, English relied heavily on Latin and Greek. Words like oxygen, protein, nuclear, and vaccine did not exist in the classical languages, but they were created from Latin and Greek roots. Such neologisms were not exclusively created from classical roots though, English roots were used for such terms as horsepower, airplane, and typewriter.

This burst of neologisms continues today, perhaps most visible in the field of electronics and computers. Byte, cyber-, bios, hard-drive, and microchip are good examples.

Also, the rise of the British Empire and the growth of global trade served not only to introduce English to the world, but to introduce words into English. Hindi, and the other languages of the Indian subcontinent, provided many words, such as pundit, shampoo, pajamas, and juggernaut[15]. Virtually every language on Earth has contributed to the development of English, from Finnish (sauna) and Japanese (tycoon) to the vast contributions of French and Latin.

The British Empire was a maritime[16] empire, and the influence of nautical terms on the English language has been great. Phrases like three sheets to the wind have their origins onboard ships.

Finally, the military influence on the language during the latter half of twentieth century was significant. Before the Great War, military service for English-speaking persons was rare; both Britain and the United States maintained small, volunteer militaries. Military slang existed, but with the exception of nautical terms, rarely influenced standard English. During the mid-20th century, however,

14) neologism - n.신어구, 신어채용
15) juggernaut - n.(인도신화) 크리슈나 신, 맹목적 미신, 엄청난 파괴력
16) maritime - a.바다의, 해상의, 해운의, 항해의

a large number of British and American men served in the military. And consequently military slang entered the language like never before. Blockbuster, nose dive, camouflage, radar, roadblock, spearhead, and landing strip[17] are all military terms that made their way into standard English.

American English and other varieties

Also significant beginning around 1600 AD was the English colonization of North America and the subsequent creation of American English. Some pronunciations and usages "froze" when they reached the American shore. In certain respects, some varieties of American English are closer to the English of Shakespeare than modern Standard English ('English English' or as it is often incorrectly termed 'British English') is. Some "Americanisms[18]" are actually originally English English expressions that were preserved in the colonies while lost at home (e.g., fall as a synonym for autumn, trash for rubbish, and loan as a verb instead of lend).

The American dialect also served as the route of introduction for many native American words into the English language. Most often, these were place names like Mississippi, Roanoke, and Iowa. Indian-sounding names like Idaho were sometimes created that had no native-American roots. But, names for other things besides places were also common. Raccoon, tomato, canoe, barbecue, savanna, and hickory have native American roots, although in many cases the original Indian words were mangled[19] almost beyond recognition.

Spanish has also been great influence on American English. Mustang, canyon, ranch, stampede[20], and vigilante are all examples

---

17) landing strip - n.(비행장의) 활주로
18) Americanism - n.미국식 어법, 미국영어, 미국 사투리
19) mangle - vt.~을 난도질하다, ~을 망쳐놓다
20) stampede - n.(로데오, 박람회 등의) 모임, 축제

of Spanish words that made their way into English through the settlement of the American West.

A lesser number of words have entered American English from French and West African languages.

Likewise dialects of English have developed in many of the former colonies of the British Empire. There are distinct forms of the English language spoken in Australia, New Zealand, South Africa, India and many other parts of the world.

Global English

English has now inarguably achieved global status. Whenever we turn on the news to find out what's happening in East Asia, or the Balkans, or Africa, or South America, or practically anywhere, local people are being interviewed and telling us about it in English. To illustrate the point when Pope John Paul II arrived in the Middle East recently to retrace Christ's footsteps and addressed Christians, Muslims and Jews, the pontiff spoke not Latin, not Arabic, not Italian, not Hebrew, not his native Polish. He spoke in English.

Indeed, if one looks at some of the facts about the amazing reach of the English language, many would be surprised. English is used in over 90 countries as an official or semi-official language. English is the working language of the Asian trade group ASEAN. It is the de facto[21)] working language of 98 percent of international research physicists and research chemists. It is the official language of the European Central Bank, even though the bank is in Frankfurt and neither Britain nor any other predominantly English-speaking country is a member of the European Monetary Union. It is the language in which Indian parents and black parents in South Africa overwhelmingly wish their children to be educated. It is believed that over one billion

21) de facto - a.실제로, 사실상

people worldwide are currently learning English.

One of the more remarkable aspects of the spread of English around the world has been the extent to which Europeans are adopting it as their internal lingua franca. English is spreading from northern Europe to the south and is now firmly entrenched as a second language in countries such as Sweden, Norway, Netherlands and Denmark. Although not an official language in any of these countries if one visits any of them it would seem that almost everyone there can communicate with ease in English. Indeed, if one switches on a television in Holland one would find as many channels in English (albeit subtitled), as there are in Dutch.

As part of the European Year of Languages, a special survey of European attitudes towards and their use of languages has just published. The report confirms that at the beginning of 2001 English is the most widely known foreign or second language, with 43% of Europeans claiming they speak it in addition to their mother tongue. Sweden now heads the league table of English speakers, with over 89% of the population saying they can speak the language well or very well. However, in contrast, only 36% of Spanish and Portuguese nationals speak English. What's more, English is the language rated as most useful to know, with over 77% of Europeans who do not speak English as their first language, rating it as useful. French rated 38%, German 23% and Spanish 6%. English has without a doubt become the global language.

A brief chronology of English[22)]

<table>
<tr><td>55 BC</td><td>Roman invasion of Britain by Julius Caesar.</td><td rowspan="4">Local inhabitants speak Celtish</td></tr>
<tr><td>AD 43</td><td>Roman invasion and occupation. Beginning of Roman rule of Britain.</td></tr>
<tr><td>436</td><td>Roman withdrawal from Britain complete.</td></tr>
<tr><td>449</td><td>Settlement of Britain by Germanic invaders begins.</td></tr>
<tr><td>450-480</td><td>Earliest known Old English inscriptions.</td><td>Old English</td></tr>
<tr><td>1066</td><td>William the Conqueror, Duke of Normandy, invades and conquers England.</td><td></td></tr>
<tr><td>c1150</td><td>Earliest surviving manuscripts in Middle English.</td><td rowspan="5">Middle English</td></tr>
<tr><td>1348</td><td>English replaces Latin as the language of instruction in most schools.</td></tr>
<tr><td>1362</td><td>English replaces French as the language of law. English is used in Parliament for the first time.</td></tr>
<tr><td>c1388</td><td>Chaucer starts writing The Canterbury Tales.</td></tr>
<tr><td>c1400</td><td>The Great Vowel Shift begins</td></tr>
<tr><td>1476</td><td>William Caxton establishes the first English printing press.</td><td rowspan="11">Early Modern English</td></tr>
<tr><td>1564</td><td>Shakespeare is born.</td></tr>
<tr><td>1604</td><td>Table Alphabeticall, the first English dictionary, is published.</td></tr>
<tr><td>1607</td><td>The first permanent English settlement in the New World (Jamestown) is established.</td></tr>
<tr><td>1616</td><td>Shakespeare dies.</td></tr>
<tr><td>1623</td><td>Shakespeare's First Folio is published.</td></tr>
<tr><td>1702</td><td>The first daily English-language newspaper, The Daily Courant, is published in London.</td></tr>
<tr><td>1755</td><td>Samuel Johnson publishes his English dictionary.</td></tr>
<tr><td>1776</td><td>Thomas Jefferson writes the American Declaration of Independence.</td></tr>
<tr><td>1782</td><td>Britain abandons its colonies in what is later to become the USA.</td></tr>
<tr><td>1828</td><td>Webster publishes his American English dictionary.</td></tr>
<tr><td>1922</td><td>The British Broadcasting Corporation is founded.</td><td rowspan="2">Late Modern English</td></tr>
<tr><td>1928</td><td>The Oxford English Dictionary is published.</td></tr>
</table>

22) http://www.englishclub.com/english-language-history.html

chapter 2

International English*

International English is the concept of the English language as a global means of communication in numerous dialects, and also the movement towards an international standard for the language. It is also referred to as Global English, World English, Common English, Continental English, General English, Engas (English as associate language), or Globish. Sometimes, these terms refer simply to the array of varieties of English spoken throughout the world.

Sometimes, "international English" and the related terms above refer to a desired standardisation, i.e. Standard English; however, there is no consensus on the path to this goal. There have been many proposals for making International English more accessible to people from different nationalities. Basic English is an example, but it failed to make progress. More recently, there have been proposals for English as a lingua franca[1)] (ELF). It has also been argued that International English is held back by its traditional spelling. There has been slow progress in adopting alternate spellings.

Historical context

The modern concept of International English does not exist in isolation, but is the product of centuries of development of the English language.

The English language evolved in England, from a set of West

* http://en.wikipedia.org/wiki/International_English

1) lingua franca - 국제어, 국제 혼성어

Germanic dialects spoken by the Angles and Saxons, who arrived from the Continent in the 5th century. Those dialects came to be known as Englisc (literally "Anglish"), the language today referred to as Anglo-Saxon or Old English (the language of the poem Beowulf). English is thus more closely related to West Frisian than to any other modern language, although less than a quarter of the vocabulary of Modern English is shared with West Frisian or other West Germanic languages because of extensive borrowings from Norse, Norman, Latin, and other languages. It was during the Viking invasions of the Anglo-Saxon period that Old English was influenced by contact with Norse, a group of North Germanic dialects spoken by the Vikings, who came to control a large region in the North of England known as the Danelaw. Vocabulary items entering English from Norse (including the pronouns she, they, and them) are thus attributable to the on-again-off-again Viking occupation of Northern England during the centuries prior to the Norman Conquest (see, e.g., Canute the Great).

Soon after the Norman Conquest of 1066, the English language ceased being a literary language (see, e.g., Ormulum) and was replaced by Anglo-Norman as the written language of England. During the Norman Period, English absorbed a significant component of French vocabulary (approximately one-third of the vocabulary of Modern English). With this new vocabulary, additional vocabulary borrowed from Latin (with Greek, another approximately one-third of Modern English vocabulary, though some borrowings from Latin and Greek date from later periods), a simplified grammar, and use of the orthographic conventions of French instead of Old English orthography, the language became Middle English (the language of Chaucer). The "difficulty" of English as a written language thus began in the High Middle Ages, when French orthographic conventions were used to spell a language whose original, more suitable orthography had been forgotten after centuries of nonuse. During the late medieval period, King Henry V of England (lived 1387-1422) ordered the use of the English of his day in proceedings before him and before the government bureaucracies. That led to the development of Chancery English, a standardised form used in the government bureaucracy. (The use of so-called Law French in English courts continued through the Renaissance, however.)

The emergence of English as a language of Wales results from the incorporation of Wales into England and also dates from approximately this time period. Soon afterward, the development of printing by Caxton and others accelerated the development of a standardised form of English. Following a change in vowel pronunciation that marks the transition of English from the medieval to the Renaissance period, the language of the Chancery and Caxton became Early Modern English (the language of Shakespeare's day) and with relatively moderate changes eventually developed into the English language of today. Scots, as spoken in the lowlands and along the east coast of Scotland, developed independently from Modern English and is based on the Northern dialects of Anglo-Saxon, particularly Northumbrian, which also serve as the basis of Northern English dialects such as those of Yorkshire and Newcastle upon Tyne. Northumbria was within the Danelaw and therefore experienced greater influence from Norse than did the Southern dialects. As the political influence of London grew, the Chancery version of the language developed into a written standard across Great Britain, further progressing in the modern period as Scotland became united with England as a result of the Acts of Union of 1707.

There have been two introductions of English to Ireland, a medieval introduction that led to the development of the now-extinct Yola dialect and a modern introduction in which Hibernian English largely replaced Irish as the most widely spoken language during the 19th century, following the Act of Union of 1800.

Received Pronunciation[2)] (RP) is generally viewed as a 19th century development and is not reflected in North American English dialects, which are based on 18th century English.

The establishment of the first permanent English-speaking colony in North America in 1607 was a major step towards the globalisation of the language. British English was only partially standardised when the American colonies were established. Isolated from each other by the Atlantic Ocean, the dialects in England and the colonies began evolving independently.

The settlement of Australia in 1788 brought the English language to Oceania. By the 19th century, the standardisation of British English was more settled than it had been in the previous century, and this relatively well-established English was brought to Africa, Asia and New Zealand. It developed both as the language of English-speaking settlers from Britain and Ireland, and as the administrative language imposed on speakers of other languages in the various parts of the British Empire. The first form can be seen in New Zealand English, and the latter in Indian English. In Europe, English received a more central role particularly since 1919, when the Treaty of Versailles was composed not only in French, the common language of diplomacy at the time, but, under special request from American president Woodrow Wilson, also in English - a major milestone in the globalisation of English.

The English-speaking regions of Canada and the Caribbean are caught between historical connections with the UK and the Commonwealth, and geographical and economic connections with the U.S. In some things, and more formally, they tend to follow British standards, whereas in others, especially commercial, they follow the U.S. standard.

2) Received Pronunciation - 표준발음 (영국에서 런던을 중심으로 한 교양있는 사람들의 일반적인 발음)

English as a global language

Braj Kachru divides the use of English into three concentric[3] circles.

The inner circle is the traditional base of English and includes countries such as the United Kingdom and Ireland and the anglophone populations of the former British colonies of the United States, Australia, New Zealand, South Africa, Canada, and various islands of the Caribbean, Indian Ocean and Pacific Ocean.

In the outer circle are those countries where English has official or historical importance ("special significance"). This includes most of the countries of the Commonwealth of Nations (the former British Empire), including populous countries such as India, Pakistan and Nigeria; and others, such as the Philippines, under the sphere of influence of English-speaking countries. Here English may serve as a useful lingua franca between ethnic and language groups. Higher education, the legislature and judiciary, national commerce, and so on, may all be carried out predominantly in English.

The expanding circle refers to those countries where English has no official role, but is nonetheless important for certain functions, notably international business. By the twenty-first century, the number of non-native English speakers had come to significantly outnumber the number of native speakers by a factor of three, according to the British Council. Darius Degher, a professor at Malmö University in Sweden, uses the term decentered English to describe this shift, along with attendant changes in what is considered to be important to English users and learners.

Research on English as a lingua franca in the sense of "English in the Expanding Circle" is comparatively recent. Linguists who have been active in this field are Jennifer Jenkins, Barbara Seidlhofer, Christiane Meierkord and Joachim Grzega.

---

3) concentric - a.(원이)동일한 중심을 가진

English as a lingua franca in foreign language teaching

English as an additional language (EAL) is usually based on the standards of either American English or British English. English as an international language (EIL) is EAL with emphasis on learning different major dialect forms; in particular, it aims to equip students with the linguistic tools to communicate internationally. Roger Nunn considers different types of competence in relation to the teaching of English as an International Language, arguing that linguistic competence has yet to be adequately addressed in recent considerations of EIL.

Several models of "simplified English" have been suggested for teaching English as a foreign language:

/ Basic English, developed by Charles Kay Ogden (and later also I. A. Richards) in the 1930s; a recent revival has been initiated by Bill Templer
/ Threshold Level English, developed by van Ek and Alexander
/ Globish, developed by Jean-Paul Nerrière
/ Basic Global English, developed by Joachim Grzega

Furthermore, Randolph Quirk and Gabriele Stein thought about a Nuclear English, which, however, has never been fully developed.

With reference to the term "Globish", Robert McCrum has used this to mean "English as global language". Jean-Paul Nerriere uses it for a constructed language.

Varying concepts

1) Universality and flexibility

International English sometimes refers to English as it is actually being used and developed in the world; as a language owned not just by native speakers, but by all those who come to use it.

Basically, it covers the English language at large, often (but not always or necessarily) implicitly seen as standard. It is certainly also commonly used in connection with the acquisition, use, and study of English as the world's lingua franca ('TEIL: Teaching English as an International Language'), and especially when the language is considered as a whole in contrast with British English, American English, South African English, and the like. McArthur (2002, p. 444–445)

It especially means English words and phrases generally understood throughout the English-speaking world as opposed to localisms. The importance of non-native English language skills can be recognised behind the long-standing joke that the international language of science and technology is broken English.

2) Neutrality

International English reaches towards cultural neutrality. This has a practical use:

"What could be better than a type of English that saves you from having to re-edit publications for individual regional markets! Teachers and learners of English as a second language also find it an attractive idea — both often concerned that their English should be neutral, without American or British or Canadian or Australian coloring. Any regional variety of English has a set of political, social and cultural connotations attached to it, even the so-called 'standard' forms." Peters (2004, International English)

According to this viewpoint, International English is a concept of English that minimises the aspects defined by either the colonial imperialism of Victorian Britain or the so-called "cultural imperialism" of the 20th century United States. While British colonialism laid the foundation for English over much of the world, International English is a product of an emerging world culture, very much attributable to the influence of the United States as well, but conceptually based on a far greater degree of cross-talk and linguistic transculturation, which tends to mitigate[4] both U.S. influence and British colonial influence.

The development of International English often centres on academic and scientific communities, where formal English usage is prevalent, and creative use of the language is at a minimum. This formal International English allows entry into Western culture as a whole and Western cultural values in general.

3) Opposition

The continued growth of the English language itself is seen by many as a kind of cultural imperialism, whether it is English in one form or English in two slightly different forms.

Robert Phillipson argues against the possibility of such neutrality in his *Linguistic Imperialism* (1992). Learners who wish to use purportedly[5] correct English are in fact faced with the dual standard of American English and British English, and other less known standard Englishes (including Australian, Scots and Canadian).

Edward Trimnell, author of *Why You Need a Foreign Language & How to Learn One* (2005) argues that the international version of English is only adequate for communicating basic ideas. For complex discussions and business/technical situations, English is not an adequate communication tool for non-native speakers of the language. Trimnell also asserts that native English-speakers have become "dependent on the language skills of others" by placing their faith in international English.

4) Appropriation theory

There are also some who reject both linguistic imperialism and David Crystal's theory of the neutrality of English. They argue that

---

4) mitigate - vt.~을 경감하다, 가볍게 하다
5) purportedly - ad.~라고 칭해지고 있듯이, ~라고 알려진 대로

the phenomenon of the global spread of English is better understood in the framework of appropriation (e.g. Spichtinger 2000), that is, English used for local purposes around the world. Demonstrators in non-English speaking countries often use signs in English to convey their demands to TV-audiences around the globe, for instance.

In English-language teaching Bobda shows how Cameroon has moved away from a mono-cultural, Anglo-centered way of teaching English and has gradually appropriated teaching material to a Cameroonian context. Non Western-topics treated are, for instance, the rule of Emirs[6], traditional medicine or polygamy (1997: 225). Kramsch and Sullivan (1996) describe how Western methodology and textbooks have been appropriated to suit local Vietnamese culture. The Pakistani textbook *Primary Stage English* includes lessons such as "Pakistan My Country", "Our Flag", or "Our Great Leader" (Malik 1993: 5,6,7) which might well sound jingoistic to Western ears. Within the native culture, however, establishing a connection between ELT, patriotism and Muslim faith is seen as one of the aims of ELT, as the chairman of the Punjab Textbook Board openly states: "The board ... takes care, through these books, to inoculate[7] in the students a love of the Islamic values and awareness to guard the ideological frontiers of your [the students] home lands" (Punjab Text Book Board 1997).

5) Many Englishes

There are many difficult choices that have to be made if there is to be further standardisation of English in the future. These include the choice over whether to adopt a current standard, or move towards a more neutral, but artificial one. A true International English might supplant both current American and British English as a variety of English for international communication, leaving these as local

6) Emir - n.(아랍국가의) 군주
7) inoculate - vt.(사상 등을) 심다, 불어넣다

dialects, or would rise from a merger[8] of General American and standard British English with admixture of other varieties of English and would generally replace all these varieties of English.

We may, in due course, all need to be in control of two standard Englishes—the one which gives us our national and local identity, and the other which puts us in touch with the rest of the human race. In effect, we may all need to become bilingual in our own language. David Crystal (1988: p. 265)

This is the situation long faced by many users of English who possess a "non-standard" dialect of English as their birth tongue but have also learned to write (and perhaps also speak) a more standard dialect. Many academics often publish material in journals requiring different varieties of English and change style and spellings as necessary without great difficulty.

As far as spelling is concerned, the differences between American and British usage became noticeable due to the first influential lexicographers (dictionary writers) on each side of the Atlantic. Samuel Johnson's dictionary of 1755 greatly favoured Norman-influenced spellings such as centre and colour; on the other hand, Noah Webster's first guide to American spelling, published in 1783, preferred spellings like center and the Latinate color. The difference in strategy and philosophy of Johnson and Webster are largely responsible for the main division in English spelling that exists today. However, these differences are extremely minor. Spelling is but a small part of the differences between dialects of English, and may not even reflect dialect differences at all (except in phonetically spelled dialogue). International English refers to much more than an agreed spelling pattern.

8) merger - n.합병, 합동, 흡수, 융합

6) Dual standard

Two approaches to International English are the individualistic and inclusive approach and the new dialect approach.

The individualistic approach gives control to individual authors to write and spell as they wish (within purported standard conventions) and to accept the validity of differences. *The Longman Grammar of Spoken and Written English*, published in 1999, is a descriptive study of both American and British English in which each chapter follows individual spelling conventions according to the preference of the main editor of that chapter.

The new dialect approach appears in *The Cambridge Guide to English Usage* (Peters, 2004) which attempts to avoid any language bias and accordingly uses an idiosyncratic[9)] international spelling system of mixed American and British forms (but tending to prefer the American English spellings).

Reference

McArthur, T. (Oxford, 1992) *The Oxford Companion to the English Language*, Oxford University Press, ISBN 0-19-214183-X

Spichtinger, David (2000). "The Spread of English and its Appropriation." Diplomarbeit zur Erlangung des Magistergrades der Philosophie eingereicht an der Geisteswissenschaftlichen Fakultät der Universität Wien. (PDF.) Retrieved June 6, 2007.

Klaire Kramsch and Patricia Sullivan (1996) "Appropriate Pedagogy". ELT Journal 50/3 199-212.

Malik, S.A. *Primary Stage English* (1993). Lahore: Tario Brothers.

Crystal, David (1988). *The English Language*. London: Penguin. ISBN 0-14-013532-4.

9) idiosyncratic - a.개성있는, 특유한

chapter 3

World Englishes*

World Englishes refers to the emergence of localised or indigenised[1] varieties of English, especially varieties that have developed in nations colonised by Great Britain or influenced by the United States. The studies of World Englishes consist of identifying varieties of English used in diverse sociolinguistic contexts globally, and analyzing how sociolinguistic histories, multicultural backgrounds and contexts of function influence the use of colonial English in different regions of the world.

The issue of World Englishes was first raised in 1978 to examine concepts of regional Englishes globally. Pragmatic factors such as appropriateness, comprehensibility and interpretability justified the use of English as an international and intra-national language. In 1988, at a Teachers of English to Speakers of Other Languages (TESOL) conference in Honolulu, Hawaii, the International Committee of the Study of World Englishes (ICWE) was formed. In 1992, the ICWE formally launched the International Association for World Englishes (IAWE) at a conference of "World Englishes Today", at the University of Illinois, USA.

Currently, there are approximately 75 territories where English is spoken either as a first language (L1) or as an unofficial or institutionalised second language (L2) in fields such as government, law and education. It is difficult to establish the total number of Englishes in the world, as new varieties of English are constantly being

* http://en.wikipedia.org/wiki/World_Englishes

1) indigenised - a.토착화된, 현지화된

developed and discovered.

(1) World English versus World Englishes

The notions of World English and World Englishes are far from similar, although the terms are often mistakenly used interchangeably. World English refers to the English language as a lingua franca used in business, trade, diplomacy and other spheres of global activity, while World Englishes refers to the different varieties of English and English-based creoles developed in different regions of the world.

(2) Historical context

1) History of English

English is a West Germanic language that originated from the Anglo-Frisian dialects brought by Germanic invaders into Britain. Initially, Old English was a diverse group of dialects, reflecting the varied origins of the Anglo-Saxon kingdoms of England. Eventually, one of these dialects, Late West Saxon, came to dominate.

The original Old English language was then influenced by two further waves of invasion: the first by speakers of the Scandinavian branch of the Germanic language family, who conquered and colonized parts of Britain in the 8th and 9th centuries; the second by the Normans in the 11th century, who spoke Old Norman and ultimately developed an English variety called Anglo-Norman. For two centuries after the Norman Conquest, French became the language of everyday life among the upper classes in England. Although the language of the masses remained English, the bilingual character of England in this period was thus formed.

During the Middle English period, France and England experienced a process of separation. This period of conflicting interests and feelings of resentment was later termed the Hundred Years' War.

At the beginning of the 14th century, English regained universal use and was the principal tongue of all England.

During the Renaissance, patriotic feelings were felt towards English, recognizing it as the national language. Also, the language was advocated for its suitability for learned and literary use. With the Great Vowel Shift, the language in this period matured to a standard and differed significantly from the Middle English period, becoming recognizably "modern".

By the 18th century, three main forces were driving the direction of the English language: (1) to reduce the language to rule and effect a standard of correct usage; (2) to refine by removing supposed defects and introducing certain improvements; and (3) to fix it permanently in the desired form. Hence, it was evident that there was a desire for system and regularity, which contrasted with the individualism and spirit of independence characterized by the previous age.

By the 19th century, the expansion of the British Empire led to the spread of English in the world. Concurrently, the rising importance of some of England's larger colonies and their eventual independence, along with the rapid development of the United States, amplified the value of the English varieties spoken in these regions. Consequently, their populations developed the belief that their distinct variety of language should be granted equal standing with the standard of Great Britain.

2) Global spread of English

– The First dispersal: English is transported to the 'new world'

The first diaspora[2)] involved relatively large-scale migrations of around 25,000 mother-tongue English speakers from England, Scotland and Ireland predominantly to North America, South Africa, Australia and New Zealand. Over time, their own English dialects

2) diaspora - n.집단이주, 이산

developed into modern American, South African and Australasia Englishes. In contrast to the English of Great Britain, the varieties spoken in modern North America, South Africa and Australasia have been modified in response to the changed and changing sociolinguistic contexts of the migrants, for example being in contact with indigenous Indian, Khoisan, Aboriginal or Maori populations in the colonies.

– The Second dispersal: English is transported to Asia and Africa

The second diaspora was the result of the colonisation of Asia and Africa, which led to the development of 'New Englishes', the second-language varieties of English. In colonial Africa, the history of English is distinct between West and East Africa. English in West Africa began due to the slave trade. English soon gained official status in Gambia, Sierra Leone, Ghana, Nigeria and Cameroon, and some of the pidgin and creoles[3] which developed from English contact, including Krio (Sierra Leone) and Cameroon Pidgin, have large numbers of speakers now.

As for East Africa, extensive British settlements were established in Kenya, Uganda, Tanzania, Malawi, Zambia and Zimbabwe, where English became a crucial language of the government, education and the law. From the early 1960s, the six countries achieved independence in succession; but English remained the official language and had large numbers of second language speakers in Uganda, Zambia, Zimbabwe and Malawi (along with Chewa).

English was formally introduced to the sub-continent of South Asia (India, Bangladesh, Pakistan, Sri Lanka, Nepal and Bhutan) during the second half of the eighteenth century. In India, English was given status through the implementation[4] of Macaulay 'Minute' of 1835, which proposed the introduction of an English educational system in India. Over time, the process of 'Indianisation' led to the

3) pidgin - n.(간소화한) 혼성어, 파격 언어
4) implementation - n.이행, 수행

development of a distinctive national character of English in India.

British influence in South-East Asia and the South Pacific began in the late eighteenth century, involving primarily the territories of Singapore, Malaysia and Hong Kong. Papua New Guinea, also a British protectorate[5], exemplified the English-based pidgin - Tok Pisin. Nowadays, English is also learnt in other countries in neighbouring areas, most notably in Taiwan, Japan and Korea, with the latter two having begun to consider the possibility of making English their official second language.

(3) Classification of Englishes

The spread of English around the world is often discussed in terms of three distinct groups of users, where English is used respectively as:

1. a native language (ENL); the primary language of the majority population of a country, such as in the United States, the United Kingdom and Australia.
2. a second language (ESL); an additional language for intranational as well as international communication in communities that are multilingual, such as in India, Nigeria, and Singapore.
3. a foreign language (EFL); used almost exclusively for international communication, such as in Japan and Germany.

Most of these Englishes developed as a result of colonial imposition of the language in various parts of the world.

5) protectorate - n.보호령, 보호국

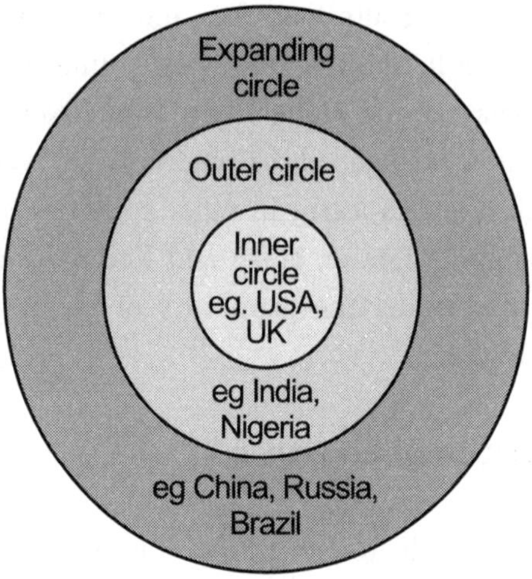

Braj Kachru's Three Circles of English[6)]

The most influential model of the spread of English is Braj Kachru's model of World Englishes. In this model the diffusion of English is captured in terms of three Concentric Circles of the language: The Inner Circle, the Outer Circle, and the Expanding Circle.

The Inner Circle refers to English as it originally took shape and was spread across the world in the first diaspora. In this transplantation of English, speakers from England carried the language to Australia, New Zealand and North America. The Inner Circle thus represents the traditional historical and sociolinguistic bases of English in regions where it is now used as a primary language: the United Kingdom, the United States, Australia, New Zealand, Ireland, Malta, anglophone Canada and South Africa, and some of Caribbean territories. English is the native language or mother tongue of most people in these countries. The total number of English speakers in the

6) http://courses.nus.edu.sg/course/elltankw/history/NE.htm

inner circle is as high as 380 million, of whom some 120 million are outside the United States.

The Outer Circle of English was produced by the second diaspora of English, which spread the language through the colonization by Great Britain and the US in Asia and Africa. In these regions, English is not the native tongue, but serves as a useful lingua franca between ethnic and language groups. Higher education, the legislature and judiciary, national commerce and so on may all be carried out predominantly in English. This circle includes India, Nigeria, the Philippines, Bangladesh, Pakistan, Malaysia, Tanzania, Kenya, non-Anglophone South Africa and others. The total number of English speakers in the outer circle is estimated to range from 150 million to 300 million.

Finally, the Expanding Circle encompasses countries where English plays no historical or governmental role, but where it is nevertheless widely used as a medium of international communication. This includes much of the rest of the world's population not categorised above: China, Russia, Japan, most of Europe, Korea, Egypt, Indonesia, etc. The total in this expanding circle is the most difficult to estimate, especially because English may be employed for specific, limited purposes, usually business English. The estimates of these users range from 100 million to one billion.

The inner circle (UK, US etc.) is 'norm-providing'; that means that English language norms is developed in these countries. The outer circle (mainly New Commonwealth countries) is 'norm-developing'. The expanding circle (which includes much of the rest of the world) is 'norm-dependent', because it relies on the standards set by native speakers in the inner circle.

1) Schneider's Dynamic Model of Postcolonial Englishes

Schneider tries to avoid a purely geographical and historical approach evident in the 'circles' models and incorporates sociolinguistic concepts pertaining to acts of identity. He outlines five characteristic stages in the spread of English:

Phase 1 – Foundation: This is the initial stage of the introduction of English to a new territory over an extended period of time. Two linguistic processes are operative at this stage: (a) language contact between English and indigenous languages; (b) contact between different dialects of English of the settlers which eventually results in a new stable dialect (see koiné). At this stage, bilingualism is marginal. A few members of the local populace may play an important role as interpreters, translators and guides. Borrowings are limited to lexical items; with local place names and terms for local fauna and flora being adopted by the English.

Phase 2 – Exonormative stabilization: At this stage, the settler communities tend to stabilize politically under British rule. English increases in prominence and though the colloquial English is a colonial koiné, the speakers look to England for their formal norms. Local vocabulary continues to be adopted. Bilingualism increases amongst the indigenous population through education and increased contacts with English settlers. Knowledge of English becomes an asset, and a new indigenous elite develops.

Phase 3 – Nativisation: According to Schneider, this is the stage at which a transition occurs as the English settler population starts to accept a new identity based on present and local realities, rather than sole allegiance to their 'mother country'. By this time, the indigenous strand has also stabilized an L2 system that is a synthesis of substrate effects, interlanguage processes and features adopted from the settlers' koiné English. Neologisms stabilize as English is made to adapt to local sociopolitical and cultural practices.

Phase 4 – Endonormative stabilization: This stage is characterized by the gradual acceptance of local norms, supported by a new locally rooted linguistic self-confidence. By this time political events have made it clear that the settler and indigenous strands are inextricably bound in a sense of nationhood independent of Britain. Acceptance of local English(es) expresses this new identity. National dictionaries are enthusiastically supported, at least for new lexis[7] (and not always for localized grammar). Literary creativity in local English begins to flourish.

Phase 5 – Differentiation: At this stage there is a change in the dynamics of identity as the young nation sees itself as less defined by its differences from the former colonial power as a composite of subgroups defined on regional, social and ethnic lines. Coupled with the simple effects of time in effecting language change (with the aid of social differentiation) the new English koiné starts to show greater differentiation.

2) Other Models of Classification

– Strevens's World Map of English

The oldest map of the spread of English is Strevens's world map of English. His world map, even predating that of Kachru's three circles, showed that since American English became a separate variety from British English, all subsequent Englishes have had affinities with either one or the other.

– McArthur's Circle of World English

McArthur's 'wheel model' has an idealized central variety called 'World Standard English', which is best represented by 'written international English'. The next circle is made of regional standards or standards that are emerging. Finally, the outer layer consists of localized varieties which may have similarities with the regional standards or emerging standards.

Although the model is neat, it raises several problems. Firstly, the three different types of English - ENL, ESL and EFL, are conflated[8] in the second circle. Secondly, the multitude of Englishes in Europe are also missing in this layer. Finally, the outside layer includes pidgins,

7) lexis - n.어휘, 사전
8) conflate - vt.(서로 다른 것을) 융합하다, 결합시키다

creoles and L2 Englishes. Most scholars would argue that English pidgins and creoles do not belong to one family: rather they have overlapping multiple memberships.

– Görlach's Circle model of English

Manfred Görlach's and McArthur's models are reasonably similar. Both exclude English varieties in Europe. As Görlach does not include EFLs at all, his model is more consistent, though less comprehensive. Outside the circle are mixed varieties (pidgins, creoles and mixed languages involving English), which are better categorized as having partial membership.

– Modiano's model of English

In Modiano's model of English, the center consists of users of English as an International Language, with a core set of features which are comprehensible to the majority of native and competent non-native speakers of English. The second circle consists of features which may become internationally common or may fall into obscurity. Finally, the outer area consists of five groups (American English, British English, other major varieties, local varieties, foreign varieties) each with features peculiar to their own speech community and which are unlikely to be understood by most members of the other four groups.

(4) Variations and Varieties

The World Englishes paradigm is not static, and neither are rapidly changing realities of language use worldwide. The use of English in the Outer and Expanding Circle societies (refer to Kachru's Three Circles of English) continues its rapid spread, while at the same time new patterns of language contact and variety differentiation emerge. The different varieties range from English in the Inner circle societies such as the USA, Canada, South Africa, Australia and New Zealand, to the Outer circle post-colonial societies of Asia and Africa. The

World Englishes initiative, in recognizing and describing the New Englishes of the Caribbean, Africa and Asia, has been partly motivated by a consideration of the local linguistic factors and partly by a consideration of the wider cultural and political contexts of language acquisition and use. This, in turn, has involved the creative rewriting of discourses towards a recognition of pluralism and multiple possibilities for scholarship. The notion of varieties in this context is similarly dynamic, as new contexts, new realities, new discourses, and new varieties continue to emerge.

The terms language and dialect are not easily defined concepts. It is often suggested that languages are autonomous, while dialects are heteronomous. It is also said that dialects, in contrast with languages, are mutually intelligible, though this is not always the case. Dialects are characteristically spoken, do not have a codified form and are used only in certain domains. In order to avoid the difficult dialect-language distinction, linguists tend to prefer a more neutral term, variety, which covers both concepts and is not clouded by popular usage. This term is generally used when discussing World Englishes.

(5) The Future of World Englishes

Two scenarios have been advanced about English's future status as the major world language: it will ultimately fragment into a large number of mutually unintelligible varieties (in effect, languages), or it will converge so that differences across groups of speakers are largely eliminated.

1) English as the language of 'others'

If English is, numerically speaking, the language of 'others', then the centre of gravity of the language is almost certain to shift in the direction of the 'others'. In the words of Widdowson, there is likely to be a paradigm shift from one of language distribution to one of language spread:

"When we talk about the spread of English, then, it is not that the conventionally coded forms and meanings are transmitted into different environments and different surroundings, and taken up and used by different groups of people. It is not a matter of the actual language being distributed but of the virtual language being spread and in the process being variously actualized. The distribution of the actual language implies adoption and conformity. The spread of virtual language implies adaptation and nonconformity. The two processes are quite different."

In this new paradigm, English spreads and adapts according to the linguistic and cultural preferences of its users in the Outer and Expanding circles (refer to Kachru's Three Circles of English). However, if English is genuinely to become the language of 'others', then the 'others' have to be accorded – or perhaps more likely, accord themselves – at least the same English language rights as those claimed by mother-tongue speakers. However, it remains to be seen whether such a paradigm shift will take place.

2) A different world languages

The other potential shift in the linguistic centre of gravity is that English could lose its international role altogether, or, at best, come to share it with a number of equals. Although this would not happen mainly as a result of native-speaker resistance to the spread of non-native speaker Englishes and the consequent abandoning of English by large numbers of non-native speakers, the latter could undoubtedly play a part. Due to the inherent difficulties of the English language, it would not be surprising if there was eventually a move to abandon English in favour of an international language with fewer complicating linguistic factors along with less of a colonial discourse attached to it. Spanish appears to be a major contender[9], with its

9) contender - n.경쟁자, 라이벌

simpler pronunciation, spelling and verb systems, and its increasing influence in both the EU and the United States. Further evidence that English may eventually give way to another language (or languages) as the world's lingua franca is provided by the Internet. According to Crystal,

"When the internet started it was of course 100 percent English because of where it came from, but since the 1980s that status has started to fall away. By 1995, it was down to about 80 per cent present of English on the internet, and the current figures for 2001 are that it is hovering somewhere between 60 percent and 70 percent, with a significant drop likely over the next four or five years."

On the other hand, there are at least 1500 languages present on the internet now and that figure is likely to increase. Nevertheless Crystal predicts that English will remain the dominant presence.

chapter 4

History of the United Kingdom*

The history of the United Kingdom as a unified sovereign state began with the political union of the kingdoms of England, which included Wales, and Scotland on 1 May 1707 in accordance with the Treaty of Union, as ratified[1] by the Acts of Union 1707. The Union created the new state of Great Britain, which shared a single constitutional monarch and a single Parliament of Great Britain at Westminster. Prior to this, the kingdoms of England and Scotland had been separate sovereign states, although in personal union following the Union of the Crowns of 1603, each with political, administrative and cultural institutions including representative governance, law systems, and distinguished contributions to the arts and sciences, upon which the institutions of the United Kingdom were later to be built. On the new kingdom, the historian Simon Schama said, "What began as a hostile merger would end in a full partnership in the most powerful going concern in the world... it was one of the most astonishing transformations in European history." A further Act of Union in 1800 added the Kingdom of Ireland to create the United Kingdom of Great Britain and Ireland.

The early years of the unified kingdom of Great Britain were marked by Jacobite risings which ended with defeat for the Stuart cause at Culloden in 1746. Later, in 1763, victory in the Seven Years War led to the dominance of the British Empire, which was to be the foremost global power for over a century and grew to become

* http://en.wikipedia.org/wiki/History_of_the_United_Kingdom

1) ratify - vt.(조약 등을) 비준하다, 재가하다

the largest empire in history. By 1921, the British Empire held sway over a population of about 458 million people, approximately one-quarter of the world's population. and as a result, the culture of the United Kingdom, and its industrial, political and linguistic legacy, is widespread.

In 1801, Great Britain and Ireland merged to form the United Kingdom of Great Britain and Ireland. In 1922, following the Anglo-Irish Treaty, Ireland effectively seceded[2] from the United Kingdom to become the Irish Free State — later, Ireland or Éire —, a new dominion of the British Empire; a day later, Northern Ireland seceded from the Free State and was confirmed by King George V as part of the United Kingdom. As a result, in 1927 the United Kingdom changed its formal title to the "United Kingdom of Great Britain and Northern Ireland," usually shortened to the "United Kingdom", the "UK" or "Britain", but the Style of the British sovereign, as the result of the dissolution of the previous Union, entirely abandoned the term "United Kingdom". It became, and remained until 1953, "By the Grace of God, of Great Britain, Ireland and the British Dominions beyond the Seas King/Queen, Defender of the Faith".

Following the Second World War, in which the UK was an allied power, most of the territories of the British Empire became independent. Many went on to join the Commonwealth of Nations, a free association of independent states. Some have retained the British monarch as their head of state to become independent Commonwealth realms. In its capacity as a great power, and as a leading member of the United Nations, European Union and NATO, the United Kingdom remains a strong economic, cultural, military and political influence in the 21st century.

2) seceded - vt. 분리하다, 탈퇴하다

(1) 18th century

1) Birth of the Union

The united kingdom of Great Britain came into being on 1 May 1707, as a result of the political union of the Kingdom of England (which included Wales) and the Kingdom of Scotland. The terms of the union had been agreed in the Treaty of Union that was negotiated the previous year and then ratified by the parliaments of Scotland and England each approving Acts of Union.

Although previously separate states, England and Scotland had shared monarchs since 1603 when James VI of Scotland become James I of England on the death of the childless Elizabeth I, an event known as the Union of the Crowns[3]. The Treaty of Union enabled the two kingdoms to be combined into a single kingdom with the two parliaments merging into a single parliament of Great Britain. Queen Anne, who reigned from 1702 to 1714, had favoured deeper political integration between the two kingdoms and became the first monarch of Great Britain. The union was valuable to England from a security standpoint, since it meant that Scotland lost the possibility to choose a different monarch on her death, reducing the chance of a European power using Scotland as a route to invading England.

Although now a single kingdom, certain aspects of the former independent kingdoms remained separate, in line with the terms in the Treaty of Union, Scottish and English law remained separate, as did the Presbyterian[4] Church of Scotland and the Anglican[5] Church of England. England and Scotland also continued to have divergent systems of education.

The creation of Great Britain happened during the War of the Spanish Succession, in which just before his death in 1702 William

---

3) the Union of the Crowns - England 와 Scotland 의 연합
4) Presbyterian - a.장로교회의
5) Anglican - a.영국국교회의, 성공회의

III had reactivated the Grand Alliance against France. His successor, Anne, continued the war. The Duke of Marlborough won a series of brilliant victories over the French. England's first major battlefield successes on the Continent since the Hundred Years War. France was nearly brought to its knees by 1709, when King Louis XIV made a desperate appeal to the French people. Afterwards, his general Marshal Villars managed to turn the tide in favour of France. A more peace-minded government came to power in Great Britain, and the treaties of Utrecht and Rastadt in 1713–1714 ended the war.

2) Hanoverian kings

Queen Anne died in 1714, and the Elector of Hanover, George Louis, became king as George I (1714-27). He paid more attention to Hanover and surrounded himself with Germans, making him an unpopular king. However he did build up the army and created a more stable political system in Britain and helped bring peace to northern Europe; Jacobite factions seeking a Stuart restoration remained strong; they instigated[6)] a revolt in 1715–1716. The son of James II planned to invade England, but before he could do so, John Erskine, Earl of Mar, launched an invasion from Scotland, which was easily defeated.

George II (1727-1760) enhanced the stability of the constitutional system, with a government run by Sir Robert Walpole during the period 1730-42. He built up the first British Empire, strengthening the colonies in the Caribbean and North America, and adding Canada. In coalition with the rising power Prussia, Britain fought and won two major wars against France and its allies, the War of the Austrian Succession (1740-1748), and the Seven Years War (1756-1763).

George III reigned 1760-1820; he was born in Britain, never visited

6) instigate - vt.남을 (...하도록) 부추기다, 교사하다

Hanover, and spoke English as his first language. Frequently reviled[7) by Americans as a tyrant and the instigator of the American War of Independence, he was considered insane off and on after 1788 as his eldest son served as regent. The last king to dominate government and politics, his long reign is noted for losing the first British Empire with a loss in the American Revolution, as France sought revenge for its defeat in the Seven Years War by aiding the Americans. The reign was notable for the building of a second empire based in India, Asia and Africa, the beginnings of the industrial revolution that made Britain an economic powerhouse, and above all the life and death struggle with the French, the French Revolutionary Wars 1793-1802, ending in a draw and a short truce, and the epic Napoleonic Wars (1803-1815, ending with the decisive defeat of Napoleon.

3) South Sea Bubble

The era was prosperous as entrepreneurs extended the range of their business around the globe. The South Sea Bubble was a business enterprise that exploded in scandal. The South Sea Company was a private business corporation set up in London ostensibly[8)] to grant trade monopolies in South America. Its actual purpose was to renegotiate previous high-interest government loans amounting to £31 million through market manipulation and speculation. It issued stock four times in 1720 that reached about 8000 investors. Prices kept soaring every day, from £130 a share to £1000, with insiders making huge paper profits. The Bubble collapsed overnight, ruining many speculators. Investigations showed bribes had reached into high places — even to the king. Robert Walpole managed to wind it down with minimal political and economic damage, although some losers fled to exile or committed suicide.

7) revile - vt.~의 욕을 하다, ~을 비방하다
8) ostensibly - ad.표면상으로는, 겉으로는

4) Warfare and finance

From 1700 to 1850, Britain was involved in 137 wars or rebellions. It maintained a relatively large and expensive Royal Navy, along with a small standing army. When the need arose for soldiers it hired mercenaries or financed allied who fielded[9] armies. The rising costs of warfare forced a shift in government financing from the income from royal agricultural estates and special imposts and taxes to reliance on customs and excise taxes[10] and, after 1790, an income tax. Working with bankers in the City, the government raised large loans during wartime and paid them off in peacetime. The rise in taxes amounted to 20% of national income, but the private sector benefited from the increase in economic growth. The demand for war supplies stimulated the industrial sector, particularly naval supplies, munitions and textiles, which gave Britain an advantage in international trade during the postwar years.

5) British Empire

The Seven Years' War, which began in 1756, was the first war waged on a global scale, fought in Europe, India, North America, the Caribbean, the Philippines and coastal Africa. The signing of the Treaty of Paris (1763) had important consequences for Britain and its empire. In North America, France's future as a colonial power there was effectively ended with the ceding[11] of New France to Britain (leaving a sizeable French-speaking population under British control and Louisiana to Spain. Spain ceded Florida to Britain. In India, the Carnatic War had left France still in control of its enclaves[12] but with military restrictions and an obligation to support British client states[13],

9) field - vt.~,를 선발하다, ~를 전선에 배치하다
10) excise tax - n.물품세, 소비세
11) ceding - vt.(권리, 영토 등을) ~에게 양도하다
12) enclave - n.타국 영토내의 자국영토
13) client states - n.보호국, 속국

effectively leaving the future of India to Britain. The British victory over France in the Seven Years War therefore left Britain as the world's dominant colonial power.

During the 1760s and 1770s, relations between the Thirteen Colonies and Britain became increasingly strained, primarily because of opposition to Parliament's repeated attempts to tax American colonists without their consent. Disagreement turned to violence and in 1775 the American Revolutionary War began. In 1776 the Patriots expelled royal officials and declared the independence of the United States of America. After capturing a British invasion army in 1777, the U.S. formed an alliance with France (and in turn Spain aided France), evening out the military balance. The British army controlled only a handful of coastal cities. 1780-81 was a low point for Britain. Taxes and deficits were high, government corruption was pervasive, and the war in America was entering its sixth year with no apparent end in sight. The Gordon Riots erupted in London during the spring of 1781, in response to increased concessions to Catholics by Parliament. In October 1781 Lord Cornwallis surrendered his army at Yorktown, Virginia. The Treaty of Paris was signed in 1783, formally terminating the war and recognising the independence of the United States. However, the British continued to maintain forts along the Canadian border until 1796 and the Great Lakes remained militarised until 1815.

The loss of the Thirteen Colonies, at the time Britain's most populous colonies, marked the transition between the "first" and "second" empires, in which Britain shifted its attention to Asia, the Pacific and later Africa. Adam Smith's *Wealth of Nations*, published in 1776, had argued that colonies were redundant[14], and that free trade should replace the old mercantilist policies that had characterised the first period of colonial expansion, dating back to the protectionism of Spain and Portugal. The growth of trade between the newly

---

14) redundant - a.불필요한, 여분의

independent United States and Britain after 1783 confirmed Smith's view that political control was not necessary for economic success.

During its first 100 years of operation, the focus of the British East India Company had been trade, not the building of an empire in India. Company interests turned from trade to territory during the 18th century as the Mughal Empire declined in power and the British East India Company struggled with its French counterpart, the La Compagnie française des Indes orientales, during the Carnatic Wars of the 1740s and 1750s. The British, led by Robert Clive, defeated the French and their Indian allies in the Battle of Plassey, leaving the Company in control of Bengal and a major military and political power in India. In the following decades it gradually increased the size of the territories under its control, either ruling directly or indirectly via local puppet rulers under the threat of force of the Indian Army, 80% of which was composed of native Indian sepoys.

On 22 August 1770, James Cook discovered the eastern coast of Australia while on a scientific voyage to the South Pacific. In 1778, Joseph Banks, Cook's botanist on the voyage, presented evidence to the government on the suitability of Botany Bay for the establishment of a penal settlement, and in 1787 the first shipment of convicts set sail, arriving in 1788.

At the threshold to the 19th century, Britain was challenged again by France under Napoleon, in a struggle that, unlike previous wars, represented a contest of ideologies between the two nations.

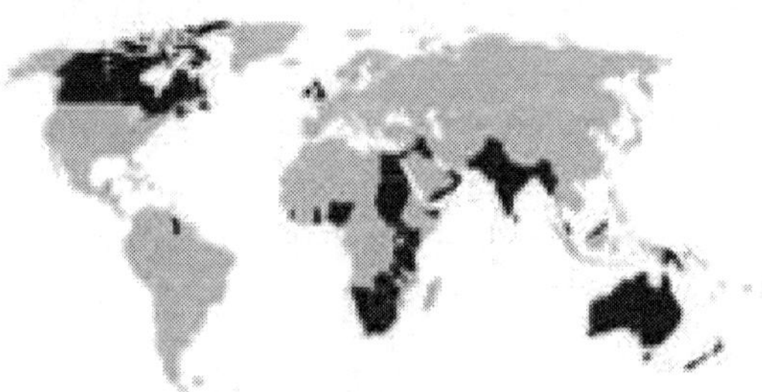

British Empire in 1921

The British government had somewhat mixed reactions to the outbreak of the French Revolution in 1789, and when war broke out on the Continent in 1792, it initially remained neutral. But the following January, Louis XVI was beheaded. This combined with a threatened invasion of the Netherlands by France spurred Britain to declare war. For the next 23 years, the two nations were at war except for a short period in 1802–1803. Britain alone among the nations of Europe never submitted to or formed an alliance with France. Throughout the 1790s, the British repeatedly defeated the navies of France and its allies, but were unable to perform any significant land operations. An Anglo-Russian invasion of the Netherlands in 1799 accomplished little except the capture of the Dutch fleet.

It was not only Britain's position on the world stage that was threatened: Napoleon threatened invasion of Britain itself, and with it, a fate similar to the countries of continental Europe that his armies had overrun.

(2) 19th century

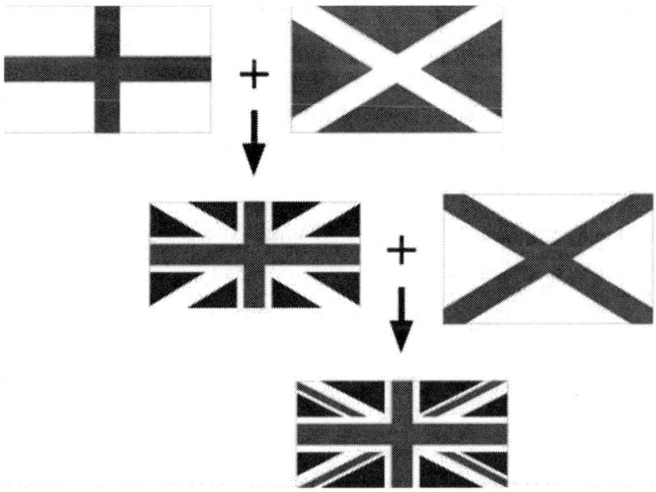

*The Flag of the united kingdom is based on the Flags of England, Scotland and Ireland.

1) Union with Ireland

Events that culminated in the union with Ireland had spanned several centuries. Invasions from England by the ruling Normans from 1170 led to centuries of strife[15] in Ireland and successive Kings of England sought both to conquer and pillage Ireland, imposing their rule by force throughout the entire island. In the early 17th century, large-scale settlement by Protestant settlers from both Scotland and England began, especially in the province of Ulster, seeing the displacement of many of the native Roman Catholic Irish inhabitants of this part of Ireland. Since the time of the first Norman invaders from England, Ireland has been subject to control and regulation, firstly by England then latterly by Great Britain.

After the Irish Rebellion of 1641, Irish Roman Catholics were barred from voting or attending the Irish Parliament. The new English Protestant ruling class was known as the Protestant Ascendancy. Towards the end of the 18th century the entirely Protestant Irish Parliament attained a greater degree of independence from the British Parliament than it had previously held. Under the Penal Laws no Irish Catholic could sit in the Parliament of Ireland, even though some 90% of Ireland's population was native Irish Catholic when the first of these bans was introduced in 1691. This ban was followed by others in 1703 and 1709 as part of a comprehensive system disadvantaging the Catholic community, and to a lesser extent Protestant dissenters. In 1798, many members of this dissenter[16] tradition made common cause with Catholics in a rebellion inspired and led by the Society of United Irishmen. It was staged with the aim of creating a fully independent Ireland as a state with a republican constitution. Despite assistance from France the Irish Rebellion of 1798 was put down by British forces.

Possibly influenced by the War of American Independence

15) strife - n.분쟁, 충돌, 불화
16) dissenter - n.반대자, 불찬성자

(1775–1783), a united force of Irish volunteers used their influence to campaign for greater independence for the Irish Parliament. This was granted in 1782, giving free trade and legislative independence to Ireland. However, the French revolution had encouraged the increasing calls for moderate constitutional reform. The Society of United Irishmen, made up of Presbyterians from Belfast and both Anglicans and Catholics in Dublin, campaigned for an end to British domination. Their leader Theobald Wolfe Tone (1763–98) worked with the Catholic Convention of 1792 which demanded an end to the penal laws. Failing to win the support of the British government, he travelled to Paris, encouraging a number of French naval forces to land in Ireland to help with the planned insurrections[17]. These were slaughtered by government forces, but these rebellions convinced the British under Prime Minister William Pitt that the only solution was to end Irish independence once and for all.

The legislative union of Great Britain and Ireland was brought about by the Act of Union 1800, creating the "United Kingdom of Great Britain and Ireland". The Act was passed in both the Parliament of Great Britain and the Parliament of Ireland, dominated by the Protestant Ascendancy and lacking representation of the country's Roman Catholic population. Substantial majorities were achieved, and according to contemporary documents this was assisted by bribery in the form of the awarding of peerages[18] and honours to opponents to gain their votes. Under the terms of the merger, the separate Parliaments of Great Britain and Ireland were abolished, and replaced by a united Parliament of the United Kingdom. Ireland thus became an integral part of the United Kingdom, sending around 100 MPs to the House of Commons at Westminster and 28 representative peers to the House of Lords, elected from among their number by the Irish peers themselves, except that Roman Catholic peers

17) insurrection - a.폭동, 반란, 모반
18) peerage - n.귀족의 작위 (지위)

were not permitted to take their seats in the Lords. Part of the trade-off[19] for the Irish Catholics was to be the granting of Catholic Emancipation, which had been fiercely resisted by the all-Anglican Irish Parliament. However, this was blocked by King George III, who argued that emancipating the Roman Catholics would breach his Coronation Oath. The Roman Catholic hierarchy had endorsed the Union. However the decision to block Catholic Emancipation fatally undermined the appeal of the Union.

2) Napoleonic wars

During the War of the Second Coalition (1799–1801), Britain occupied most of the French and Dutch colonies (the Netherlands had been a satellite of France since 1796), but tropical diseases claimed the lives of over 40,000 troops. When the Treaty of Amiens ended the war, Britain was forced to return most of the colonies. The peace settlement was in effect only a cease fire, and Napoleon continued to provoke the British by attempting a trade embargo on the country and by occupying the German city of Hanover (a fief[20] of the British crown). In May 1803, war was declared again. Napoleon's plans to invade Britain failed due to the inferiority of his navy, and in 1805, Lord Nelson's fleet decisively defeated the French and Spanish at Trafalgar, which was the last significant naval action of the Napoleonic Wars.

The series of naval and colonial conflicts, including a large number of minor naval actions, resembled those of the French Revolutionary Wars and the preceding centuries of European warfare. Conflicts in the Caribbean, and in particular the seizure of colonial bases and islands throughout the wars, could potentially have some effect upon the European conflict. The Napoleonic conflict had reached the point at which subsequent historians could talk of a "world war". Only the Seven

19) trade-off - n.교환
20) fief - n.봉토, 영지

Years' War offered a precedent for widespread conflict on such a scale.

In 1806, Napoleon issued the series of Berlin Decrees, which brought into effect the Continental System[21]. This policy aimed to eliminate the threat of the United Kingdom by closing French-controlled territory to its trade. The United Kingdom's army remained a minimal threat to France; the UK maintained a standing army of just 220,000 at the height of the Napoleonic Wars, whereas France's army exceeded a million men — in addition to the armies of numerous allies and several hundred thousand national guardsmen that Napoleon could draft into the military if necessary. The Royal Navy, however, effectively disrupted[22] France's extra-continental trade — both by seizing and threatening French shipping and by seizing French colonial possessions — but could do nothing about France's trade with the major continental economies and posed little threat to French territory in Europe although the dominance of the Royal Navy dispelled any threat of an invasion by Napolean from across the channel. In addition France's population and agricultural capacity far outstripped that of the United Kingdom.

However, the United Kingdom possessed the greatest industrial capacity in Europe, and its mastery of the seas allowed it to build up considerable economic strength through trade to its possessions from its rapidly new expanding Empire. That sufficed to ensure that France could never consolidate its control over Europe in peace or threaten British colonies outside the continent thanks to Britain's naval supremacy. However, many in the French government believed that cutting the United Kingdom off from the Continent would end its economic influence over Europe and isolate it. Though the French designed the Continental System to achieve this, it never succeeded in its objective.

The Spanish uprising in 1808 at last permitted Britain to gain a

---

21) the continental System - French system 이라고도 하며, (프랑스의 영국에 대한) 대륙 봉쇄정책

22) disrupt - vt.~을 봉쇄하다, 붕괴시키다

foothold on the Continent. The Duke of Wellington and his army of British and Portuguese gradually pushed the French out of Spain and in early 1814, as Napoleon was being driven back in the east by the Prussians, Austrians, and Russians, Wellington invaded southern France. After Napoleon's surrender and exile to the island of Elba, peace appeared to have returned, but when he escaped back into France in 1815, the British and their allies had to fight him again. The armies of Wellington and Von Blucher defeated Napoleon once and for all at Waterloo.

Simultaneous with the Napoleonic Wars, trade disputes and British impressment[23)] of American sailors led to the War of 1812 with the United States. A central event in American history, it was little noticed in Britain, where all attention was focused on the struggle with France. The British could devote few resources to the conflict until the fall of Napoleon in 1814. American frigates also inflicted a series of embarrassing defeats on the British navy, which was short on manpower due to the conflict in Europe. A stepped-up[24)] war effort that year brought about some successes such as the burning of Washington D.C., but many influential voices such as the Duke of Wellington argued that an outright victory over the US was impossible.

Peace was agreed to at the end of 1814, but not before Andrew Jackson, unaware of this, won a great victory over the British at the Battle of New Orleans in January 1815 (news took several weeks to cross the Atlantic before the advent of steam ships). The Treaty of Ghent subsequently ended the war. As a result, the Red River Basin was ceded to the US, and the Canadian border (now fixed at the 49th parallel) completely demilitarised by both countries, although fears of an American conquest of Canada persisted through the 19th century.

23) impressment - n.강제징용, 징발, 징병
24) stepped-up - a.강화된, 증가된, 속력을 올린

3) George IV and William IV

Britain emerged from the Napoleonic Wars a very different country than it had been in 1793. As industrialisation progressed, society changed, becoming more urban and less rural. The postwar period saw an economic slump, and poor harvests and inflation caused widespread social unrest. Europe after 1815 was on guard against a return of Jacobinism[25], and even liberal Britain saw the passage of the Six Acts in 1819, which proscribed[26] radical activities. By the end of the 1820s, along with a general economic recovery, many of these repressive laws were repealed and in 1828 new legislation guaranteed the civil rights of religious dissenters.

A weak ruler as regent (1811-20) and king (1820-30), George IV let his ministers take full charge of government affairs, playing a far lesser role than his father, George III. The principle now became established that the king accepts as prime minister the person who wins a majority in the House of Commons, whether the king personally favors him or not. His governments, with little help from the king, presided over victory in the Napoleonic Wars, negotiated the peace settlement, and attempted to deal with the social and economic malaise that followed. His brother William IV ruled (1830-37), but was little involved in politics. His reign saw several reforms: the poor law was updated, child labour restricted, slavery abolished in nearly all the British Empire, and, most important, the Reform Act[27] 1832 refashioned the British electoral system.

There were no major wars until the Crimean War of 1853-56. Prussia, Austria, and Russia, as absolute monarchies, tried to suppress liberalism wherever it might occur, the British came to terms with new ideas. Instead intervening in Portugal in 1826 to defend a constitutional government there and recognising the independence of

25) Jacobinism - 공포정치를 가져왔던 프랑스 혁명의 급진적 과격사상
26) proscribe - vt.~을 금지하다, 배척하다
27) the Reform Act - 선거법 개정법

Spain's American colonies in 1824. British merchants and financiers, and later railway builders, played major roles in the economies of most Latin American nations. The British intervened in 1827 on the side of the Greeks, who had been waging a war of independence against the Ottoman Empire since 1824.

4) Whig reforms of the 1830s

The Whig Party[28)] recovered its strength and unity by supporting moral reforms, especially the reform of the electoral system, the abolition of slavery and emancipation of the Catholics. Catholic emancipation was secured in the Catholic Relief Act of 1829, which removed the most substantial restrictions on Roman Catholics in Britain.

The Whigs became champions of Parliamentary reform. They made Lord Grey prime minister 1830–1834, and the Reform Act of 1832 became their signature measure. It broadened the franchise[29)] and ended the system of "rotten borough" and "pocket boroughs" (where elections were controlled by powerful families), and instead redistributed power on the basis of population. It added 217,000 voters to an electorate of 435,000 in England and Wales. The main effect of the act was to weaken the power of the landed gentry, and enlarge the power of the professional and business middle-class, which now for the first time had a significant voice in Parliament. However, the great majority of manual workers, clerks, and farmers did not have enough property to qualify to vote. The aristocracy continued to dominate the government, the Army and Royal Navy, and high society. After parliamentary investigations demonstrated the horrors of child labour, limited reforms were passed in 1833.

Chartism[30)] emerged after the 1832 Reform Bill failed to give the vote to the working class. Activists denounced the 'betrayal' of the

28) The Whig Party - n.자유당의 전신인 휘그당
29) franchise - n.투표권, 선거전, 참정권
30) Chartism - n.인민헌장운동

working class and the 'sacrificing' of their 'interests' by the 'misconduct' of the government. In 1838, Charists issued the People's Charter demanding manhood suffrage, equal sized election districts, voting by ballots, payment of MPs (so poor men could serve), annual Parliaments, and abolition of property requirements. Elites saw the movement as pathological, so the Chartists were unable to force serious constitutional debate. Historians see Chartism as both a continuation of the 18th century fight against corruption and as a new stage in demands for democracy in an industrial society.

In 1832 Parliament abolished slavery in the Empire with the Slavery Abolition Act 1833. The government purchased the slaves for £20,000,000 (the money went to rich plantation owners who mostly lived in England), and freed the slaves, especially those in the Caribbean sugar islands.

5) Victorian era

The Victorian era was the period of Queen Victoria's rule between 1837 and 1901 which signified the height of the British Industrial Revolution and the apex of the British Empire. Scholars debate whether the Victorian period — as defined by a variety of sensibilities and political concerns that have come to be associated with the Victorians — actually begins with the passage of Reform Act 1832. The era was preceded by the Regency era and succeeded by the Edwardian period. The latter half of the Victorian era roughly coincided with the first portion of the Belle Époque era of continental Europe and other non-English speaking countries.

When William IV died in 1837, his niece Victoria became queen. Her long reign would see Britain reach the zenith of its economic and political power. Exciting new technologies such as steam ships, railroads, photography, and telegraphs appeared, making the world much faster-paced. Britain again remained mostly inactive in Continental politics, and it was not affected by the wave of revolutions in 1848. The

Great London Exhibition of 1851 clearly demonstrated the country's preeminence in the world. However, by the middle of the 19th century, the British became fixated on trying to preserve the declining Ottoman Empire. It was well understood that a collapse of that country would set off a scramble for its territory and possibly plunge Europe into war.

Most importantly, Britain wanted at all costs to keep the Russians from occupying Constantinople and taking over the Bosporous Straits. In 1853, war between Russia and the Ottoman Empire broke out (the Crimean War), and under the label of preserving the balance of power, Britain and France intervened. Despite mediocre generalship[31)], they managed to capture the Russian port of Sevastopol, compelling Tsar Nicholas I to ask for peace. A second Russo-Ottoman war in 1877 led to another European intervention, although this time at the negotiating table. The Congress of Berlin saw Russia give up the harsh Treaty of San Stefano it had tried to impose on the Ottoman Empire. Despite its alliance with the French in the Crimean War, Britain viewed the Second Empire of Napoleon III with some distrust, especially as the emperor constructed ironclad warships and began returning France to a more active foreign policy. But after Napoleon's downfall in the Franco-Prussian War, he spent his last years exiled in Britain.

During the American Civil War (1861–1865), British leaders widely favoured the Confederacy[32)], as it had been a major source of cotton for textile mills, but Prince Albert was effective in defusing the Trent episode, and the British people, who depended heavily on American food imports, generally favoured the United States. What little cotton was available came from New York, as the blockade by the US Navy shut down 95% of Southern exports to Britain. In September 1862, during the Confederate invasion of Maryland, Britain (along with France) contemplated stepping in and negotiating a peace settlement, which could only mean war with the United States. But in the same

31) generalship - n.통솔력, 지도력
32) the Confederacy - n.1861년 미국에서 이탈한 남부 주들

month, US president Abraham Lincoln announced the Emancipation Proclamation. Since support of the Confederacy now meant support for slavery, there was no longer any possibility of European intervention.

Meanwhile the British sold arms to the Americans (most notably the Enfield rifle; the Confederates also acquired breech-loading cannons), built blockade runners for a lucrative trade with the Confederacy, and surreptitiously[33] allowed warships to be built for the South. The warships caused a major diplomatic row that was resolved in the Alabama Claims in 1872, in the Americans' favour.

6) Empire expands

In 1867, Britain united most of its North American colonies as the Dominion of Canada, giving it self-government and responsibility for its own defence, although Canada did not have an independent foreign policy until 1931. Several of the colonies briefly refused to join the Dominion despite pressure from both Canada and Britain; Newfoundland held out until 1949.

The second half of the 19th century saw a huge expansion of Britain's colonial empire in Asia and Africa. In the latter continent, there was talk of the Union Jack flying from "Cairo to Cape Town", which only became a reality at the end of World War I. Having possessions on six continents, Britain had to defend all of its empire with a volunteer army, for it was the only power in Europe to have no conscription[34]. Some questioned whether the country was overstretched, and in 1905 the British foreign minister said that the "empire resembles a huge, gouty[35] giant with its fingers and toes extended all over the globe, which cannot be approached without

33) surreptitiously - ad.은밀하게, 부정하게, 비밀스럽게
34) conscription - n.징병제도, 강제징집
35) gouty - a.통풍에 걸려있는

eliciting a scream." The rise of the German Empire since 1871 posed a new challenge, for it (along with the United States) threatened to take Britain's place as the world's foremost industrial power. Germany acquired a number of colonies in Africa and the Pacific, and when William II became emperor in 1888, he began using bellicose[36] language, talking of building a navy to rival Britain's.

Ever since Britain had taken control of South Africa from the Netherlands in the Napoleonic Wars, it had run afoul of[37] the Dutch settlers there, which led to the Boer (farmer in the Afrikaner language) War in 1899–1902, when the British attempted to consolidate all the local republics into a single colony. The Boers waged a guerilla war, which gave the British regulars a difficult fight, although weight of numbers, superior equipment, and often brutal tactics eventually brought about victory. The war had been costly in human life, and was widely criticised in Europe, the French being among the loudest opponents of Britain's war effort. The Boer republics were thus unified, and in 1910 gave way to the self-governing Union of South Africa.

Prime Ministers of the period included: William Pitt the Younger, Lord Grenville, Duke of Portland, Spencer Perceval, Lord Liverpool, George Canning, Lord Goderich, Duke of Wellington, Lord Grey, Lord Melbourne, Sir Robert Peel, Lord John Russell, Lord Derby, Lord Aberdeen, Lord Palmerston, Benjamin Disraeli, William Ewart Gladstone, Lord Salisbury, and Lord Rosebery.

7) Ireland and the move to Home Rule

Part of the agreement which led to the 1800 Act of Union stipulated that the Penal Laws in Ireland were to be repealed and Catholic Emancipation granted. However King George III blocked emancipation, arguing that to grant it would break his coronation

36) bellicose - a.호전적인, 투쟁을 좋아하는
37) run afoul of - (사상·이해 등이) ~와 충돌하다, 문제를 일으키다

oath to defend the Anglican Church. A campaign under lawyer and politician Daniel O'Connell, and the death of George III, led to the concession of Catholic Emancipation in 1829, allowing Catholics to sit in Parliament. O'Connell then mounted an unsuccessful campaign for the Repeal of the Act of Union.

When potato blight hit the island in 1846, much of the rural population was left without food because cash crops[38] were being exported to pay rents. British politicians such as the Prime Minister Robert Peel were at this time wedded to the economic policy of laissez-faire, which argued against state intervention of any sort. While enormous sums were raised by private individuals and charities (American Indians[who?] sent supplies, while Queen Victoria personally gave the present-day equivalent € 70,000), lack of adequate action let the problem become a catastrophe. The class of cottiers[39] or farm labourers was virtually wiped out in what became known in Britain as 'The Irish Potato Famine' and in Ireland as the Great Hunger.

Most Irish people elected as their MPs Liberals and Conservatives who belonged to the main British political parties (note: the poor didn't have a vote at that time). A significant minority also elected Unionists, who championed the cause of the maintenance of the Act of Union. A former Tory barrister turned nationalist campaigner, Isaac Butt, established a new moderate nationalist movement, the Home Rule League, in the 1870s. After Butt's death the Home Rule Movement, or the Irish Parliamentary Party as it had become known, was turned into a major political force under the guidance of William Shaw and in particular a radical young Protestant landowner, Charles Stewart Parnell. The Irish Parliamentary Party dominated Irish politics, to the exclusion of the previous Liberal, Conservative and Unionist parties that had existed. Parnell's movement proved to be a broad

---

38) cash crop - n.환금 작물, 상품 작물
39) cottier - n.소작인, 빈농

church, from conservative landowners to the Land League[40) which was campaigning for fundamental reform of Irish landholding, where most farms were held on rental from large aristocratic estates.

Parnell's movement campaigned for 'Home Rule', by which they meant that Ireland would govern itself as a region within the United Kingdom, in contrast to O'Connell who wanted complete independence subject to a shared monarch and Crown. Two Home Rule Bills (1886 and 1893) were introduced by Liberal Prime Minister Ewart Gladstone, but neither became law, mainly due to opposition from the House of Lords. The issue divided Ireland, for a significant unionist minority (largely though by no means exclusively based in Ulster) opposed Home Rule, fearing that a Catholic-Nationalist parliament in Dublin would discriminate against them and would also impose tariffs on industry; while most of Ireland was primarily agricultural, six counties in Ulster were the location of heavy industry and would be affected by any tariff barriers imposed.

(3) 20th century

Queen Victoria died in 1901 and her son Edward VII became king, inaugurating the Edwardian Era, which was characterised by great and ostentatious[41)] displays of wealth in contrast to the sombre Victorian Era. With the advent of the 20th century, things such as motion pictures, automobiles, and aeroplanes were coming into use. The new century was characterised by a feeling of great optimism. The social reforms of the last century continued into the 20th with the Labour Party being formed in 1900. Edward died in 1910, to be succeeded by George V. The Edwardian Era barely lasted longer than its namesake, for it all came crashing down in the summer of 1914, just as Europe was at the zenith of its power in the world.

40) the Land League - n.아일랜드의 소작인 동맹
41) ostentatious - a.과시하는, 허세부리는

The era was prosperous but political crises were escalating out of control. Dangerfield (1935) identified the "strange death of liberal England" as the multiple crisis that hit simultaneously in 1910-1914 with serious social and political instability arising from the Irish crisis, labor unrest, the women's suffrage movements, and partisan and constitutional struggles in Parliament. At one point it even seemed the Army might refuse orders dealing with Northern Ireland. No solution appeared in sight when the unexpected outbreak of the Great War in 1914 put domestic issues on hold. After a rough start Britain under David Lloyd George successfully mobilised its manpower, industry, finances, Empire and diplomacy, in league with the French and Americans, to fight off the Germans and Turks.

Lloyd George said after victory that "the nation was now in a molten state", and his Housing Act 1919 would lead to affordable council housing which allowed people to move out of Victorian inner-city slums. The slums, though, remained for several more years, with trams[42] being electrified long before many houses. The Representation of the People Act 1918 gave women householders the vote, but it would not be until 1928 that equal suffrage was achieved. Labour did not achieve major success until the 1922 general election.

Prime Ministers of the United Kingdom from 1900 to 1945: Marquess of Salisbury, Arthur Balfour, Sir Henry Campbell-Bannerman, Herbert Henry Asquith, David Lloyd George, Andrew Bonar Law, Stanley Baldwin, Ramsay MacDonald, Stanley Baldwin, Ramsay MacDonald, Stanley Baldwin, Neville Chamberlain and Winston Churchill.

1) World War I

In June 1914, the Austrian archduke Franz Ferdinand was assassinated by a Serbian nationalist, leading to war between those

---

42) tram - n.시가 전차

two countries. The system of alliances caused a local conflict to engulf the entire continent. The United Kingdom was part of the Triple Entente[43] with France and Russia, while the German Empire, the Austrian-Hungarian Empire, so-called Central Powers[44], were allied. Following the death of the Austrian archduke, the Austrian-Hungarian Empire attacked Serbia allied to Russia. Russia then declared war on the Austrian-Hungarian Empire leading Germany to enter into war against Russia. The western democracy Great Britain and France being allied with Russia, were to be dragged into the war with the German Empire. As the tension was rising, the German Empire first declared war on France. Britain did not enter at first, but in August the Germans invaded Belgium, and as Britain was still bound by an 1839 treaty to protect that country, it declared war on Germany and its allies. The romantic notions of warfare that everyone had expected faded as the fighting in France bogged down into trench warfare[45].

Along the Western Front the British and French launched repeated assaults on the German trench lines in 1915–1916, which killed and wounded hundreds of thousands, but failed to accomplish anything significant. By 1916, with few still willing to volunteer for the army, the British Army during World War I had to introduce conscription for the first time. The navy continued to dominate the seas, fighting the German fleet to a draw in the great 1916 Battle of Jutland. But a sensational defeat inflicted on a British squadron off the coast of South America by the Germans in November 1914 (battle of Coronel) marked the first time since the War of 1812 that Britain had lost a naval engagement outright[46]. Germany tried basically the same thing as Napoleon a century earlier, which was to break Britain's economy, only they now had submarines for this task rather than privateers[47]

43) the Triple Entente - n.3국협상
44) Central Powers - n.동맹 제국
45) trench warfare - 육지전, 참호전
46) outright - ad.분명한, 완전한, 즉각
47) privateer - n.민간 무장선 (전시에 임무를 맡는)

and unreliable allies. The waters around Britain were declared a war zone where any ship, neutral or otherwise, was a target. After the liner Lusitania was sunk in May 1915, taking many American passengers with it, protests by the United States led Germany to abandon unrestricted submarine warfare for a while (it was resumed in 1917 after the US entry into the war). A British blockade of Germany also caused widespread food and fuel shortages there.

On other fronts, the British, French, Australians, and Japanese occupied Germany's colonies and Britain fought the Ottoman Empire in Palestine and Mesopotamia. An Allied attempt to capture Constantinople in 1915 (the Gallipoli Campaign) ended in disaster, costing the lives of over 200,000 men. Exhaustion and war weariness were becoming noticeable in 1917, as the fighting in France continued with no end in sight. But that spring, the United States entered the war, and this influx of manpower finally broke the deadlock[48)] that had existed since 1915. Meanwhile, Russia's participation in the war was ended by economic turmoil and revolution. In the spring of 1918, Germany could now devote most of its resources to the Western Front. But by then, American troops were pouring into France and throughout the summer and autumn, the Germans were forced back. Germany surrendered on November 11, 1918. The war had been won by Britain and its allies, but at a terrible cost, creating a sentiment that wars should never be fought again. The League of Nations was founded with the idea that nations could resolve their differences peacefully, but these hopes were unfounded. The harsh peace settlement imposed on Germany would leave it embittered and seeking revenge.

Victorian attitudes and ideals that had continued into the first years of the 20th century changed during World War I. The army had traditionally never been a large employer in the nation, with the

---

48) deadlock - n. 교착상태, 막다른 상태

regular army standing at 247,432 at the start of the war. By 1918, there were about five million people in the army and the fledgling[49] Royal Air Force, newly formed from the Royal Naval Air Service (RNAS) and the Royal Flying Corps (RFC), was about the same size of the pre-war army. The almost three million casualties were known as the "lost generation," and such numbers inevitably left society scarred; but even so, some people felt their sacrifice was little regarded in Britain, with poems like Siegfried Sassoon's Blighters criticising the ill-informed jingoism of the home front.

Following the war, the UK gained the German colony of Tanganyika and part of Togoland in Africa. It also was granted League of Nations mandates[50] over Palestine, which was turned into a homeland for Jewish settlers, and Iraq, created from the three Ottoman provinces in Mesopotamia. The latter became fully independent in 1932. Egypt, which had been a British protectorate since 1882, became independent in 1922, although the British remained there until 1952.

2) Irish Home Rule, Partition of Ireland and Irish Independence

The 19th century and early 20th century saw the rise of Irish Nationalism especially among the Catholic population. Daniel O' Connell led a successful unarmed campaign for Catholic Emancipation. A subsequent campaign for Repeal of the Act of Union failed. Later in the century Charles Stewart Parnell and others campaigned for self government within the Union or "Home Rule", especially from 1900 John Redmond, the new leader of the Irish Parliamentary Party.

In 1912, the Irish Party had a further Home Rule bill passed by the House of Commons but was defeated in the House of Lords, as was the bill of 1893, but by this time the House of Lords had lost its veto on legislation under the 1911 Parliament Act and could only delay the

49) fledgling - n. 풋내기, 애송이
50) mandate - n. 통치 위임

bill by two years: until it was enacted as the Government of Ireland Act 1914. During these two years the threat of civil war hung over Ireland with the creation of the Unionist Ulster Volunteers opposed to the Act and their nationalist counterparts, the Irish Volunteers supporting the Act. These two groups armed themselves by importing rifles and ammunition and carried out drills openly. The outbreak of World War I in 1914 put the crisis on political hold for the duration of the war. With the involvement of Ireland in the Great War the Unionist and Nationalist volunteer forces joined Lord Kitcheners new British Service Army voluntarily in their thousands and suffered crippling losses in the trenches.

A unilaterally[51)] declared "Irish Republic" was proclaimed in Dublin in 1916 during the Easter Rising. The uprising was quelled after six days of fighting and most of its leaders were court-martialled by General Maxwell and swiftly executed. This led to a major increase in support in Ireland for the insurgents. An attempt made by David Lloyd George to introduce Home Rule at the close of the 1917-18 Irish Convention, failed due to a dual policy of simultaneously imposing conscription on Ireland. As a result in the December 1918 General Election Sinn Féin won a majority of seats, its MPs refusing to take their seats at Westminster, instead choosing to sit in the First Dáil parliament in Dublin. A declaration of independence was ratified by Dáil Éireann, the self-declared Republic's parliament in January 1919. In 1920 the Government of Ireland Act 1920 enacted the partition of Ireland along the findings[52)] of the Irish Convention, into Northern Ireland and Southern Ireland, but the latter failed to achieve acceptance. Meanwhile, an Anglo-Irish War was fought between Crown forces and the Irish Republican Army between January 1919 and June 1921.

The Anglo-Irish Treaty of December 1921, negotiated between teams

---

51) unilaterally - ad.일방적으로, 한 쪽에만 제한되게
52) finding - n.(위원회 등의)조사결과, 답신, 판결, 평결

representing the British and Irish Republic's governments, and ratified by three parliaments,4 established the Irish Free State, which was initially a British Empire Dominion in the same vein as Canada or South Africa. The moribund[53] declared Irish Republic then triggered an Irish Civil War. The Irish Free State subsequently left the British Commonwealth and became the Republic of Ireland after World War II, without constitutional ties with the United Kingdom. Six northern, predominantly Protestant, Irish counties (Northern Ireland) have remained part of the United Kingdom of Great Britain and Northern Ireland.

The United Kingdom of Great Britain and Ireland continued in name until 1927 when it was renamed as the United Kingdom of Great Britain and Northern Ireland by the Royal and Parliamentary Titles Act 1927. Despite increasing political independence from each other from 1922, and complete political independence since 1949, the union left the two countries intertwined with each other in many respects. Ireland used the Irish Pound from 1928 until 2001 when it was replaced by the Euro. Until it joined the ERM[54] in 1979, the Irish pound was directly linked to the Pound Sterling. Decimalisation of both currencies occurred simultaneously on Decimal Day in 1971. Irish Citizens in the UK have a status almost equivalent to British Citizens. They can vote in all elections and even stand for parliament. British Citizens have similar rights to Irish Citizens in the Republic of Ireland and can vote in all elections apart from presidential elections and referendums. People from Northern Ireland can have dual nationality by applying for an Irish passport in addition to, or instead of a British one.

Northern Ireland was created by the Government of Ireland Act 1920, enacted by the United Kingdom of Great Britain and Ireland parliament in May 1921. Faced with divergent demands from Irish nationalists and Unionists over the future of the island of Ireland (the former wanted an all-Irish home rule parliament to govern the

---

53) moribund - a.소멸해 가는, 죽어가는
54) ERM - n.유럽 경제 공동체 환율 조정 기구 (Exchange-rate mechanism)

entire island, the latter no home rule at all), and the fear of civil war between both groups, the British Government under David Lloyd George passed the Act in accordance with the findings of the 1917-18 Irish Convention, creating two home rule Irelands, Northern Ireland and Southern Ireland. Southern Ireland never came into being as a real state and was superseded[55] by the Irish Free State in 1922. That state is now known as the Republic of Ireland.

Having been given a Government of Northern Ireland in 1921 (even though they never sought self-government, and some like Sir Edward Carson were originally bitterly opposed) the Northern Ireland government under successive prime ministers from Sir James Craig (later Lord Craigavon) presided over discrimination against the nationalist/ Roman Catholic minority. Northern Ireland became, in the words of Nobel Peace Prize joint-winner, Ulster Unionist Leader and First Minister of Northern Ireland David Trimble, a "cold place for Catholics." Some local council boundaries were gerrymandered [56], usually to the advantage of Protestants. Voting arrangements for local elections which gave commercial companies votes and minimum income regulations also caused resentment.

3) Great Depression

The period between the two World Wars was dominated by economic weakness known as the 'Great Depression' or the 'Great Slump'. A short-lived postwar boom in 1919–1920 soon led to a depression that would be felt worldwide. The decade of the 1920s would be dominated by economic difficulties. Stanley Baldwin, prime minister from 1924 to 1929, was a modest man who sought compromise among different political factions to solve problems. One of these agreements was a major reduction in the rate of defence spending. By the late

55) supersede - vt. ~에 대신하다, ~의 지위를 빼앗다
56) gerrymandered - vt.(선거구를) ~에게 유리하도록 개편하다

'20s, economic performance had stabilised, but the overall situation was disappointing, and Britain had clearly fallen behind the United States and other countries as an industrial power. There also remained a strong economic divide between the north and south of England during this period, with the south of England and the Midlands fairly prosperous by the Thirties, while parts of south Wales and the industrial north of England became known as "distressed areas."

Particularly hardest hit by economic problems were the north of England and Wales, where unemployment reached 70% in some areas. The General Strike was called during 1926 in support of the miners and their falling wages, but little improved, the downturn[57)] continued and the Strike is often seen as the start of the slow decline of the British coal industry. In 1936, 200 unemployed men walked from Jarrow to London in a bid to show the plight of the industrial poor, but the Jarrow March, or the 'Jarrow Crusade' as it was known, had little impact and it would not be until the coming war that industrial prospects improved. George Orwell's book The Road to Wigan Pier gives a bleak overview of the hardships of the time.

4) World War II

Britain, along with the dominions and the rest of the Empire, declared war on Nazi Germany in 1939, after the German invasion of Poland. Hostilities with Japan began in December 1941, after it attacked Hong Kong. Britain formed close bonds with the Soviet Union (starting in 1941) and the United States (starting in 1940), with the U.S. giving $40 billion in munitions through Lend Lease[58)]; Canada also gave aid. (The American and British aid did not have to be repaid, but there were also loans that were repaid.)

As France collapsed under German onslaught in spring 1940

57) downturn - n.경기의 하강, 침체
58) Lend Lease - n.미국의 연합국에 대한 무기대여

the British with the thinnest of margins[59] rescued the main British army from Dunkirk (as well as many French soldiers), leaving their munitions and supplies behind. Winston Churchill came to power, promising to fight the Germans to the very end. The Germans threatened an invasion — which the Royal Navy was prepared to repel. First the Germans tried to achieve air supremacy but were defeated by the Royal Air Force in the Battle of Britain in late summer 1940.

After the failure of the Chamberlain government in 1940, the king preferred Lord Halifax as Prime Minister, rather than Winston Churchill, but appointed Churchill because he had more support. The two worked smoothly together throughout the war. Both the king and queen played major symbolic roles in the war; they were indefatigable in visiting troops, munition factories, dockyards, and hospitals all over the country. All social classes appreciated how the royals shared the hopes, fears and hardships of the people.

The war years also saw great improvements in working conditions and welfare provisions[60], which arguably paved the way for the postwar welfare state. Infant, child, and maternity services were expanded, while the Official Food Policy Committee (chaired by the deputy PM and Labour leader Clement Attlee) approved grants of fuel and subsidised milk to mothers and to children under the age of five in June 1940. A month later, the Board of Education decided that free school meals should become more widely available. By February 1945, 73% of children received milk in school, compared with 50% in July 1940. Free vaccination against diphtheria was also provided for children at school. In addition, the Town and Country Planning Act 1944 gave consideration to those areas damaged in bombing raids and enabled local authorities to clear slums, while the Housing (Temporary Accommodation) Act passed that same year made £150 million available for the construction of temporary dwellings.

---

59) margin - n.(가능성 등의) 한계, 극한
60) provision - n.대책, 지급량

The media called it a "people's war" — a term that caught on and signified the popular demand for planning and an expanded welfare state. The Royal family played major symbolic roles in the war. They refused to leave London during the Blitz[61] and were indefatigable in visiting troops, munition factories, dockyards, and hospitals all over the country. Princess Elizabeth joined the Auxiliary Territorial Service (ATS — a part of the army) and repaired trucks and jeeps. All social classes appreciated how the royals shared the hopes, fears and hardships of the people.

5) Postwar

The end of World War II saw a landslide General Election victory for Clement Attlee and the Labour Party. They were elected on a manifesto of greater social justice with left wing policies such as the creation of a National Health Service, an expansion of the provision of council housing[62] and nationalisation of the major industries. The UK at the time was poor, relying heavily on loans from the United States of America (which were finally paid off in February 2007) to rebuild its damaged infrastructure. Rationing and conscription dragged on into the post war years, and the country suffered one of the worst winters on record. Nevertheless, morale was boosted by events such as the marriage of Princess Elizabeth in 1947 and the Festival of Britain.

As the country headed into the 1950s, rebuilding continued and a number of immigrants from the remaining British Empire were invited to help the rebuilding effort. As the 1950s wore on, the UK had lost its place as a superpower and could no longer maintain its large Empire. This led to decolonisation, and a withdrawal from almost all of its colonies by 1970. Events such as the Suez Crisis showed that the UK's status had fallen in the world. The 1950s and 1960s were, however, relatively prosperous times after the Second World War, and saw the

61) the Blitz - n.(군사) 전격전, 기습
62) council housing - n.공영주택(단지)

beginning of a modernisation of the UK, with the construction of its first motorways for example, and also during the 1960s a great cultural movement began which expanded across the world.

The postwar period also witnessed a dramatic rise in the average standard of living, as characterised by a 40% rise in average real wages from 1950 to 1965. Those in traditionally poorly-paid semi-skilled and unskilled occupations saw a particularly marked improvement in their wages and living standards. As summed up by R. J. Unstead, "Opportunities in life, if not equal, were distributed much more fairly than ever before and\ the weekly wage-earner, in particular, had gained standards of living that would have been almost unbelievable in the thirties."

The significant real wage increases in the 1950s and '60s led to a rapid increase in working-class consumerism, with British consumer spending rising by 45% between 1952 and 1964. In addition, entitlement to various fringe benefits[63] was improved. In 1955, 96% of manual labourers were entitled to two weeks' holiday with pay, compared with 61% in 1951. By the end of the 1950s, Britain had become one of the world's most affluent countries, and by the early Sixties, most Britons enjoyed a level of prosperity that had previously been known only to a small minority of the population. For the young and unattached, there was, for the first time in decades, spare cash for leisure, clothes, and luxuries. In 1959, Queen magazine declared that "Britain has launched into an age of unparalleled lavish[64] living." Average wages were high while jobs were plentiful, and people saw their personal prosperity climb even higher. Prime Minister Harold Macmillan claimed that "the luxuries of the rich have become the necessities of the poor." Levels of disposable income rose steadily, with the spending power of the average family rising by 50% between 1951 and 1979, and by the end of the Seventies, 6 out of 10 families had

---

63) fringe benefit - n.(근로자의 연금·유급휴가·건강 보험 따위) 특별 급여
64) lavish - a. 사치스러운, 낭비하는

come to own a car.

As noted by Martin Pugh, "Keynesian economic management enabled British workers to enjoy a golden age of full employment which, combined with a more relaxed attitude towards working mothers, led to the spread of the two-income family. Inflation was around 4 per cent, money wages rose from an average of £8 a week in 1951 to £315 a week by 1961, home-ownership spread from 35 per cent in 1939 to 47 per cent by 1966, and the relaxation of credit controls boosted the demand for consumer goods."

Between 1950 and 1970, however, Britain was overtaken by most of the countries of the European Common Market in terms of the number of telephones, refrigerators, television sets, cars, and washing machines per 100 of the population (although Britain remained high in terms of bathrooms and lavatories per 100 people). Although the British standard of living was increasing, the standard of living in other countries increased faster. In addition, while educational opportunities for working-class people had widened significantly since the end of the Second World War, a number of developed countries came to overtake Britain in some educational indicators. By the early 1980s, some 80% to 90% of school leavers in France and West Germany received vocational training, compared with 40% in the United Kingdom. By the mid-1980s, over 80% of pupils in the United States and West Germany and over 90% in Japan stayed in education until the age of eighteen, compared with barely 33% of British pupils.

6) Empire to Commonwealth

Britain's control over its Empire loosened during the interwar period. Nationalism strengthened in other parts of the empire, particularly in India and in Egypt.

Between 1867 and 1910, the UK had granted Australia, Canada, and New Zealand "Dominion" status (near complete autonomy within the Empire). They became charter members of the British Commonwealth of Nations (known as the Commonwealth of Nations since 1949), an informal but close-knit association that succeeded the British Empire. Beginning with the independence of India and Pakistan in 1947, the remainder of the British Empire was almost completely dismantled[65]. Today, most of Britain's former colonies belong to the Commonwealth, almost all of them as independent members. There are, however, 13 former British colonies, including Bermuda, Gibraltar, the Falkland Islands, and others, which have elected to continue their political links with London and are known as British Overseas Territories.

Although often marked by economic and political nationalism, the Commonwealth offers the United Kingdom a voice in matters concerning many developing countries, and is a forum for those countries to raise concerns. Notable non-members of the Commonwealth are Ireland, the United States and the former middle-eastern colonies and protectorates. In addition, the Commonwealth helps preserve many institutions deriving from British experience and models, such as Westminster-style parliamentary democracy, in those countries.

7) From the Troubles to the Belfast Agreement

In the 1960s, moderate unionist Prime Minister of Northern Ireland Terence O'Neill tried to reform the system and give a greater voice to Catholics who comprised 40% of the population of Northern Ireland. His goals were blocked by militant Protestants led by the Rev. Ian Paisley. The increasing pressures from nationalists for reform and from unionists for No surrender led to the appearance of the civil rights movement under figures like John Hume, Austin Currie and others. Clashes escalated out of control as the army could barely contain the Provisional Irish Republican Army (IRA) and the Ulster Defence Association. British leaders feared their withdrawal would give a "Doomsday Scenario," with widespread communal strife,

---

65) dismantle - vt. 철거하다, 무장해제하다

followed by the mass exodus of hundreds of thousands of refugees. London shut down Northern Ireland's parliament and began direct rule. By the 1990s, the failure of the IRA campaign to win mass public support or achieve its aim of a British withdrawal led to negotiations that in 1998 produced the 'Good Friday Agreement'. It won popular support and largely ended the Troubles.

8) The economy in the late 20th century

After the relative prosperity of the 1950s and 1960s, the UK experienced extreme industrial strife and stagflation[66] through the 1970s following a global economic downturn. A strict modernisation of its economy began under the controversial leader Margaret Thatcher during the 1980s, which saw a time of record unemployment as deindustrialisation saw the end of much of the country's manufacturing industries but also a time of economic boom as stock markets became liberalised and State-owned industries became privatised. However the miners' strike of 1984-1985 saw the end of most of the UK's coal mining. The exploitation of North Sea gas and oil brought in substantial tax and export revenues to aid the new economic boom. This was also the time that the IRA took the issue of Northern Ireland to Great Britain, maintaining a prolonged bombing campaign on the British mainland.

After the economic boom of the 1980s a brief but severe recession[67] occurred in 1992 following the economic chaos of Black Wednesday under the John Major government. However the rest of the 1990s saw the beginning of a period of continuous economic growth that lasted over 16 years and was greatly expanded under the New Labour government of Tony Blair following his landslide election victory in 1997.

---

66) stagflation - n.경기침체속의 인플레이션
67) recession - n.(경기 회복의 과정에서) 일시적인 불경기, 경기 후퇴

9) Common Market (EEC), then EU, membership

Britain's wish to join the Common Market (as the European Economic Community was known in Britain) was first expressed in July 1961 by the Macmillan government, was negotiated by Edward Heath as Lord Privy Seal[68)], but was vetoed in 1963 by French President Charles de Gaulle. After initially hesitating over the issue, Harold Wilson's Labour Government lodged the UK's second application (in May 1967) to join the European Community, as it was now called. Like the first, though, it was vetoed by de Gaulle in November that year.

In 1973, as Conservative Party leader and Prime Minister, Heath negotiated terms for admission and Britain finally joined the Community, alongside Denmark and Ireland in 1973. In opposition, the Labour Party was deeply divided, though its Leader, Harold Wilson, remained in favour. In the 1974 General Election, the Labour Party manifesto included a pledge to renegotiate terms for Britain's membership and then hold a referendum on whether to stay in the EC on the new terms. This was a constitutional procedure without precedent in British history. In the subsequent referendum campaign, rather than the normal British tradition of "collective responsibility", under which the government takes a policy position which all cabinet members are required to support publicly, members of the Government (and the Conservative opposition) were free to present their views on either side of the question. A referendum was duly held on 5 June 1975, and the proposition to continue membership was passed with a substantial majority.

The Single European Act (SEA) was the first major revision of the 1957 Treaty of Rome. In 1987/7, the Conservative government under Margaret Thatcher enacted it into UK law.

The Maastricht Treaty transformed the European Community

---

68) Lord Privy Seal - n.옥새관

into the European Union. In 1992, the Conservative government under John Major ratified it, against the opposition of his backbench Maastricht Rebels.

The Treaty of Lisbon introduced many changes to the treaties of the Union. Prominent changes included more qualified majority voting in the Council of Ministers, increased involvement of the European Parliament in the legislative process through extended codecision with the Council of Ministers, eliminating the pillar system and the creation of a President of the European Council with a term of two and a half years and a High Representative of the Union for Foreign Affairs and Security Policy to present a united position on EU policies. The Treaty of Lisbon will also make the Union's human rights charter, the Charter of Fundamental Rights, legally binding. The Lisbon Treaty also leads to an increase in the voting weight of the UK in the Council of the European Union from 8.4% to 12.4%. In July 2008, the Labour government under Gordon Brown approved the treaty and the Queen ratified it.

10) Devolution for Scotland and Wales

On 11 September 1997, (on the 700th anniversary of the Scottish victory over the English at the Battle of Stirling Bridge), a referendum was held on establishing a devolved[69] Scottish Parliament. This resulted in an overwhelming 'yes' vote both to establishing the parliament and granting it limited tax varying powers. Two weeks later, a referendum in Wales on establishing a Welsh Assembly was also approved but with a very narrow majority. The first elections were held, and these bodies began to operate, in 1999. The creation of these bodies has widened the differences between the Countries of the United Kingdom, especially in areas like healthcare. It has also brought to the fore the so-called West Lothian question which is a complaint

69) devolve - vt.(권리·의무 따위를) 넘겨주다, 양도하다

that devolution for Scotland and Wales but not England has created a situation where all the MPs in the UK parliament can vote on matters affecting England alone but on those same matters Scotland and Wales can make their own decisions.

(4) 21st century

1) War in Afghanistan and Iraq, and terrorist attacks at home

In the 2001 General Election, the Labour Party won a second successive victory, though voter turnout[70] dropped to the lowest level for more than 80 years. Later that year, the September 11th attacks in the United States led to American President George W. Bush launching the War on Terror, beginning with the invasion of Afghanistan aided by British troops in October 2001. Thereafter, with the US focus shifting to Iraq, Tony Blair decided to support the United States in the 2003 invasion of Iraq, despite huge anti-war marches held in London and Glasgow. Forty-six thousand British troops, one-third of the total strength of the British Army's land forces, were deployed to assist with the invasion of Iraq and thereafter British armed forces were responsible for security in southern Iraq in the run-up[71] to the Iraqi elections of January 2005.

The Labour Party won the 2005 general election and a third consecutive term in office despite support dropping to just 35% of those who voted. However the effects of the War on Terror following 9/11 increased the threat of international terrorists plotting attacks against the UK. On 7 July 2005, a series of four suicide bombings struck London's public transport system during the morning rush hour. The four incidents killed a total of 52 commuters, in addition to the four bombers. Later in 2007, Muslim extremists drove a Jeep

70) turnout - n. 출석자, 참석자
71) run-up - n.전초적 예고

Cherokee, loaded with propane canisters, into the glass doors of Glasgow International Airport, setting it ablaze. The intention was to drive the vehicle into the airport and have the car explode inside the terminal, but the car was hindered by security bollards, causing no civilian deaths.

2) Nationalist government in Scotland

2007 saw the first ever election victory for the pro-independence Scottish National Party (SNP) in the Scottish Parliament elections. They formed a minority government with plans to hold a referendum before 2011 to seek a mandate "to negotiate with the Government of the United Kingdom to achieve independence for Scotland." Most opinion polls show minority support for independence, although support varies depending on the nature of the question. The response of the unionist parties was to establish the Calman Commission to examine further devolution of powers, a position that had the support of the Prime Minister.

Responding to the findings of the review, the UK government announced on 25 November 2009, that new powers would be devolved to the Scottish Government, notably on how it can raise tax and carry out capital borrowing, and the running of Scottish Parliament elections. These proposals were detailed in a white paper setting out a new Scotland Bill, to become law before the 2015 Holyrood elections. The proposal was criticised by the UK parliament opposition parties for not proposing to implement any changes before the next general election. Scottish Constitution Minister Michael Russell criticised the white paper, calling it "flimsy" and stating that their proposed Referendum (Scotland) Bill, 2010, whose own white paper was to be published five days later, would be "more substantial". According to The Independent, the Calman Review white paper proposals fall short of what would normally be seen as requiring a referendum.

The 2011 election saw a decisive victory for the SNP which was able to form a majority government intent on delivering a referendum on independence. Within hours of the victory, Prime Minister David Cameron guaranteed that the UK government would not put any legal or political obstacles in the way of such a referendum. Some unionist politicians, including former Labour First Minister Henry McLeish, have responded to the situation by arguing that Scotland should be offered 'devo-max' as an alternative to independence, and First Minister Alex Salmond has signalled his willingness to include it on the referendum ballot paper.

3) The 2008 economic crisis

In the wake of the global economic crisis of 2008, the United Kingdom economy contracted, experiencing negative economic growth throughout 2009. The announcement in November 2008 that the economy had shrunk for the first time since late 1992 brought an end to 16 years of continuous economic growth. Causes included an end to the easy credit of the preceding years, reduction in consumption and substantial depreciation[72)] of sterling (which fell 25% against the euro between January 2008 and January 2009), leading to increased import costs, notably of oil.

On 8 October 2008, the British Government announced a bank rescue package of around £500 billion ($850 billion at the time). The plan comprised three parts.: £200 billion to be made available to the banks in the Bank of England's Special Liquidity Scheme; the Government was to increase the banks' market capitalization[73)], through the Bank Recapitalization Fund, with an initial £25 billion and another £25 billion to be provided if needed; and the Government was to temporarily underwrite any eligible lending between British

---

72) depreciation - n.화폐 가치의 저하
73) capitalization - n.(사업에의) 투자, 현시가 계상

banks up to around £250 billion. With the UK officially coming out of recession in the fourth quarter of 2009 - ending six consecutive quarters of economic decline - the Bank of England decided against further quantitative easing.

4) The 2010 coalition government

The United Kingdom General Election of 6 May 2010 resulted in the first hung[74)] parliament since 1974, with the Conservative Party winning the largest number of seats, but falling short of the 326 seats required for an overall majority. Following this, the Conservatives and the Liberal Democrats agreed to form the first coalition government for the UK since the end of the Second World War, with David Cameron becoming Prime Minister and Nick Clegg Deputy Prime Minister.

Under the coalition government, British military aircraft participated in the UN-mandated intervention in the 2011 Libyan civil war, flying a total of 3,000 air sorties against f-orces loyal to the Libyan dictator Muammar Gaddafi between March and October 2011. 2011 also saw England suffer unprecedented rioting in its major cities in early August, killing five people and causing over £200 million worth of property damage.

In late October 2011, the Heads of Government of the Commonwealth of Nations voted to grant gender equality in the British royal succession, ending the male-preference primogeniture[75)] that was mandated by the 1701 Act of Settlement. The amendment also ended the ban on the monarch marrying a Catholic.

74) hung - vi.결정짓지 못하다
75) primogeniture - n.장자 상속

chapter 5

History of the United States*

The history of the United States traditionally starts with the Declaration of Independence in the year 1776, although its territory was inhabited by Native Americans since prehistoric times and then by European colonists who followed the voyages of Christopher Columbus starting in 1492. The largest settlements were by the English on the East Coast, starting in 1607. By the 1770s the Thirteen Colonies contained two and half million people, were prosperous, and had developed their own political and legal systems. The British government's threat to American self-government led to war in 1775 and the Declaration of Independence in 1776. With major military and financial support from France, the patriots won the American Revolution. In 1789 the Constitution became the basis for the United States federal government, with war hero George Washington as the first president. The young nation continued to struggle with the scope of central government and with European influence, creating the first political parties in the 1790s, and fighting a second war for independence in 1812.

U.S. territory expanded westward across the continent, brushing aside Native Americans and Mexico, and overcoming modernizers who wanted to deepen the economy rather than expand the geography. Slavery of Africans was abolished in the North, but heavy world demand for cotton let it flourish in the Southern states. The 1860 election of Abraham Lincoln calling for no more expansion

* http://en.wikipedia.org/wiki/History_of_the_United_States

of slavery triggered a crisis as eleven slave states seceded to found the Confederate States of America in 1861. The bloody American Civil War (1861–65) redefined the nation and remains the central iconic event. The South was defeated and, in the Reconstruction era, the U.S. ended slavery, extended rights to African Americans, and readmitted secessionist states with loyal governments. The national government was much stronger, and it now had the explicit duty to protect individuals. Reconstruction was never completed by the US government and left the blacks in a world of Jim Crow[1] political, social and economic inferiority. The entire South remained poor while the North and West grew rapidly.

Thanks to an outburst of entrepreneurship in the North and the arrival of millions of immigrant workers from Europe, the U.S. became the leading industrialized power by 1900. Disgust with corruption, waste, and traditional politics stimulated the Progressive movement, 1890s-1920s, which pushed for reform in industry and politics and put into the Constitution women's suffrage and Prohibition of alcohol (the latter repealed in 1933). Initially neutral in World War I, the U.S. declared war on Germany in 1917, and funded the Allied victory. The nation refused to follow President Woodrow Wilson's leadership and never joined the League of Nations. After a prosperous decade in the 1920s the Wall Street Crash[2] of 1929 marked the onset of the decade-long world-wide Great Depression. A political realignment[3] expelled the Republicans from power and installed Democrat Franklin D. Roosevelt and his elaborate and expensive New Deal programs for relief, recovery, and reform. Roosevelt's Democratic coalition, comprising ethnics in the north, labor unions, big-city machines[4], intellectuals, and the white South, dominated national politics into the

1) Jim Crow - n.흑인차별대우, a.흑인차별 (격리)의
2) crash - n.파산, 붕괴
3) realignment - n.재편성, 재조정
4) machine - n.기관, 기구, 정당 조직, 간부

1960s. After the Japanese attack on Pearl Harbor in December 1941, the U.S. entered World War II alongside the Allies and helped defeat Nazi Germany in Europe and, with the detonation of newly-invented atomic bombs, Japan in Asia and the Pacific.

The Soviet Union and the U.S. emerged as opposing superpowers after the war and began the Cold War confronting indirectly in an arms race, the Space Race, and intervention in Europe and eastern Asia. Liberalism reflected in the civil rights movement and opposition to war in Vietnam peaked in the 1960s–70s before giving way to conservatism in the early 1980s. The Cold War ended when the Soviet Union dissolved in 1991, leaving the U.S. to prosper in the booming Information Age economy that was boosted, at least in part, by information technology. International conflict and economic uncertainty heightened by 2001 with the September 11 attacks and subsequent War on Terror and the late-2000s recession.

(1) Pre-Columbian era

It is not definitively known how or when the Native Americans first settled the Americas and the present-day United States. The prevailing theory proposes that people migrated from Eurasia across Beringia, a land bridge that connected Siberia to present-day Alaska, and then spread southward throughout the Americas. This migration might have begun as early as 30,000 years ago and continued through to about 10,000 years ago, when the land bridge became submerged by the rising sea level caused by the ending of the last glacial period. These early inhabitants, called Paleoamericans[5], soon diversified into many hundreds of culturally distinct nations and tribes.

The pre-Columbian era incorporates all period subdivisions in the history and prehistory of the Americas before the appearance

5) Paleoamerican - paleo : ~old 라는 뜻의 연결형 (접두어)

of significant European influences on the American continents, spanning the time of the original settlement in the Upper Paleolithic period to European colonization during the Early Modern period. While technically referring to the era before Christopher Columbus' voyages of 1492 to 1504, in practice the term usually includes the history of American indigenous cultures until they were conquered or significantly influenced by Europeans, even if this happened decades or even centuries after Columbus' initial landing.

(2) Colonial period

After a period of exploration by people from various European countries, Spanish, Dutch, English, French, Swedish, and Portuguese settlements were established. In the 16th century, Europeans brought horses, cattle, and hogs to the Americas and, in turn, took back to Europe maize[6)], potatoes, tobacco, beans, and squash[7)]. The disease environment was very unhealthy for explorers and early settlers. The Native Americans became exposed to new diseases such as smallpox and measles and died in very large numbers, usually before large-scale European settlement began.

1) Spanish, Dutch, and French colonization

Spanish explorers were the first Europeans to arrive in what is now the United States with Christopher Columbus' second expedition, which reached Puerto Rico on November 19, 1493; others reached Florida in 1513. Quickly Spanish expeditions reached the Appalachian Mountains, the Mississippi River, the Grand Canyon and the Great Plains. In 1540, Hernando de Soto undertook an extensive exploration of Southeast. Also in 1540 Francisco Vázquez de Coronado explored

6) maize - n.옥수수 (Indian corn)
7) squash - n.호박류

from Arizona to central Kansas. The Spanish sent some settlers, creating the first permanent European settlement in the continental United States at St. Augustine, Florida in 1565, but it attracted few permanent settlers. Much larger and more important Spanish settlements included Santa Fe, Albuquerque, San Antonio, Tucson, San Diego, Los Angeles and San Francisco.

New Netherland was the 17th century Dutch colony centered on New York City and the Hudson River Valley, where they traded furs with the Native Americans to the north and were a barrier to Yankee expansion from New England. The Dutch were Calvinists who built the Reformed Church in America, but they were tolerant of other religions and cultures. The colony was taken over by Britain in 1664. It left an enduring legacy on American cultural and political life, including a secular broadmindedness and mercantile pragmatism in the city, a rural traditionalism in the countryside typified by the story of Rip Van Winkle, and politicians such as Martin Van Buren, Theodore Roosevelt, Franklin D. Roosevelt and Eleanor Roosevelt.

New France was the area colonized by France from 1534 to 1763. There were few permanent settlers outside Quebec, but Indian tribes often became military allies in France's wars with Britain. After 1750 the Acadians — French settlers who had been expelled by the British from Acadia (Nova Scotia) — resettled in Louisiana, where they developed a distinctive rural Cajun[8] culture that still exists. They became American citizens in 1803 with the Louisiana Purchase. Other French villages along the Mississippi and Illinois rivers were absorbed when the Americans started arriving after 1770.

2) British colonization

The strip of land along the eastern seacoast was settled primarily by English colonists in the 17th century, along with much smaller

8) Cajun - n.프랑스계 이민의 자손

numbers of Dutch and Swedes. Colonial America was defined by a severe labor shortage that employed forms of unfree labor such as slavery and indentured[9] servitude, and by a British policy of benign[10] neglect (salutary neglect) that permitted the development of an American spirit distinct from that of its European founders. Over half of all European immigrants to Colonial America arrived as indentured servants.

The first successful English colony was established in 1607, on the James River at Jamestown. It languished for decades until a new wave of settlers arrived in the late 17th century and established commercial agriculture based on tobacco. Between the late 1610s and the Revolution, the British shipped an estimated 50,000 convicts[11] to their American colonies. One example of conflict between Native Americans and English settlers was the 1622 Powhatan uprising in Virginia, in which Native Americans had killed hundreds of English settlers. The largest conflict between Native Americans and English settlers in the 17th century was King Philip's War in New England, although the Yamasee War may have been bloodier.

New England was initially settled primarily by Puritans who established the Massachusetts Bay Colony in 1630, although there was a small earlier settlement in 1620 by a similar group, the Pilgrims, at Plymouth Colony. The Middle Colonies, consisting of the present-day states of New York, New Jersey, Pennsylvania, and Delaware, were characterized by a large degree of diversity. The first attempted English settlement south of Virginia was the Province of Carolina, with Georgia Colony the last of the Thirteen Colonies established in 1733. The colonies were characterized by religious diversity, with many Congregationalists in New England, German and Dutch Reformed in the Middle Colonies, Catholics in Maryland, and Scotch Irish

9) indenture - vt.계약서로 약정하다, 시한부 고용으로 들이다
10) benign - a.상냥한, 친절한
11) convict - n.유죄로 입증된 피고, 기결수, 수형자, 죄수

Presbyterians on the frontier. *The First Great Awakening*. Many royal officials and merchants were Anglicans. Religion expanded greatly after the First Great Awakening, a religious revival in the 1740s led by preachers such as Jonathan Edwards. American Evangelicals[12)] affected by the Awakening added a new emphasis on divine outpourings of the Holy Spirit and conversions that implanted within new believers an intense love for God. Revivals encapsulated those hallmarks and forwarded the newly created evangelicalism into the early republic, setting the stage for the Second Great Awakening beginning in the late 1790s.

3) Political integration and autonomy

The French and Indian War (1754–1763) was a watershed event in the political development of the colonies. The influence of the main rivals of the British Crown in the colonies and Canada, the French and North American Indians, was significantly reduced. Moreover, the war effort resulted in greater political integration of the colonies, as symbolized by Benjamin Franklin's call for the colonies to "Join or Die".

Following Britain's acquisition of French territory in North America, King George III issued the Royal Proclamation of 1763 with the goal of organizing the new North American empire and stabilizing relations with the native Indians. In ensuing years, strains developed in the relations between the colonists and the Crown. The British Parliament passed the Stamp Act of 1765, imposing a tax on the colonies to help pay for troops stationed in North America following the British victory in the Seven Years' War.

The British government felt that the colonies were the primary beneficiaries[13)] of this military presence, and should pay at least a portion of the expense. The colonists did not share this view. Rather,

12) Evangelicals - n.복음서의 가르침을 따르는 복음주의자들
13) beneficiary - n.은혜(이익)을 받는 사람

with the French and Indian threat diminished, the primary outside influence remained that of Britain. A conflict of economic interests increased with the right of the British Parliament to govern the colonies without representation being called into question.

The Boston Tea Party in 1773 was a direct action by colonists in the town of Boston to protest against the taxes levied[14)] by the British government. Parliament responded the next year with the Coercive Acts, which sparked outrage and resistance in the Thirteen Colonies. Colonists convened the First Continental Congress to coordinate their resistance to the Coercive Acts. The Congress called for a boycott of British trade, published a list of rights and grievances[15)], and petitioned the king for redress of those grievances.

The Congress also called for another meeting if their petition did not halt enforcement of the Coercive Acts. Their appeal to the Crown had no effect, and so the Second Continental Congress was convened in 1775 to organize the defense of the colonies at the onset[16)] of the American Revolutionary War.

(3) Formation of the United States of America (1776–1789)

The Thirteen Colonies began a rebellion against British rule in 1775 and proclaimed their independence in 1776 as the United States of America. In the American Revolutionary War (1775–1783) the American capture of the British invasion army at Saratoga in 1777 secured the Northeast and encouraged the French to make a military alliance with the United States. France brought in Spain and the Netherlands, thus balancing the military and naval forces on each side as Britain had no allies. General George Washington (1732–1799) proved an excellent organizer and administrator, who

---

14) levy - vt.(세금 따위)를 부과하다, 할당하다, 거두다
15) grievance - 불평(불만)의 원인, 부당한 압박
16) onset - n.시작, 개시, 공격

worked successfully with Congress and the state governors, selecting and mentoring his senior officers, supporting and training his troops, and maintaining an idealistic Republican Army. His biggest challenge was logistics[17)], since neither Congress nor the states had the funding to provide adequately for the equipment, munitions, clothing, paychecks[18)], or even the food supply of the soldiers. As a battlefield tactician Washington was often outmaneuvered by his British counterparts. As a strategist, however, he had a better idea of how to win the war than they did. The British sent four invasion armies. Washington's strategy forced the first army out of Boston in 1776, and was responsible for the surrender of the second and third armies at Saratoga (1777) and Yorktown (1781). He limited the British control to New York and a few places while keeping Patriot control of the great majority of the population. The Loyalists, whom the British counted upon too heavily, comprised about 20% of the population but never were well organized. As the war ended, Washington watched proudly as the final British army quietly sailed out of New York City in November 1783, taking the Loyalist leadership with them. Washington astonished the world when, instead of seizing power for himself, he retired quietly to his farm in Virginia. Political scientist Seymour Martin Lipset observes, "The United States was the first major colony successfully to revolt against colonial rule. In this sense, it was the first 'new nation'."

On July 4, 1776, the Second Continental Congress, meeting in Philadelphia, declared the independence of "the United States of America" in the Declaration of Independence. July 4 is celebrated as the nation's birthday. The new nation was founded on Enlightenment[19)] ideals of liberalism in what Thomas Jefferson called the unalienable rights to "life, liberty and the pursuit of happiness,"

17) logistics - n.(수송·보급·야영에 관한) 병참술
18) payckeck - n.급료, 봉급
19) Enlightenment - n.18세기 유럽의 계몽운동, 계몽사조

and dedicated strongly to republican principles. Republicanism emphasized the people are sovereign[20] (not hereditary kings), demanded civic duty, feared corruption, and rejected any aristocracy.

In the 1780s the national government was able to settle the issue of the western territories, which were ceded by the states to Congress and became territories; soon they became states. Nationalists worried that the new nation was too fragile to withstand an international war, or even internal revolts such as the Shays' Rebellion of 1786 in Massachusetts. Nationalists — most of them war veterans — organized in every state and convinced Congress to call the Philadelphia Convention in 1787. The delegates from every state wrote a new Constitution that created a much more powerful and efficient central government, one with a strong president, and powers of taxation. The new government reflected the prevailing republican ideals of guarantees of individual liberty and upon constraining the power of government through a system of separation of powers.

To assuage[21] the Anti-Federalists who feared a too-powerful national government, the nation adopted the United States Bill of Rights in 1791. Comprising the first ten amendments of the Constitution, it guaranteed individual liberties such as freedom of speech and religious practice, jury trials, and stated that citizens and states had reserved rights (which were not specified).

1) Civil religion

The American Revolution was the main source of the non-denominational[22] American civil religion that shaped patriotism ever since. It produced a Moses-like leader (George Washington), prophets (Thomas Jefferson, Tom Paine) and martyrs (Boston Massacre, Nathan Hale), as well as devils (Benedict Arnold), sacred places (Valley

---

20) sovereign - a.주권이 있는, 최고의 권력을 가진
21) assuage - vt.달래다, 완화하다, 만족시키다
22) non-denominational - a.비종파의, 종파에 속하지 않는

Forge), rituals (raising the Liberty Tree), flags (the Betsey Ross flag), sacred holidays (July 4) and a holy scripture (The Declaration of Independence, the Constitution and the Bill of Rights).

(4) Early national era (1789–1849)

George Washington — a renowned hero of the American Revolutionary War, commander-in-chief[23] of the Continental Army, and president of the Constitutional Convention—became the first President of the United States under the new Constitution in 1789.

The major accomplishments of the Washington Administration were creating a strong national government that was recognized without question by all Americans, and, following the plans of Treasury[24] Secretary Alexander Hamilton, assuming the debts of the states (the debt holders received federal bonds), creating the Bank of the United States to stabilize the financial system, setting up a uniform system of tariffs (taxes on imports) and other taxes to pay off the debt and provide a financial infrastructure. To support his programs Hamilton created a new political party — the first in the world based on voters — the Federalist Party. Thomas Jefferson and James Madison led the opposition, forming an opposition Republican Party (usually called the Democratic-Republican Party by historians). Hamilton and Washington presented the country in 1794 with the Jay Treaty that reestablished good relations with Britain. The Jeffersonians vehemently protested, and the voters aligned behind one party or the other, thus setting up the First Party System. The treaty passed, but politics became very heated.

The Whiskey Rebellion in 1794, when western settlers protested against a federal tax on liquor, was the first serious test of the federal government. Washington called out the state militia and personally led

23) commander-in-chief - n.최고 사령관, 총사령관
24) Treasury - n.재무부

an army, as the insurgents melted away and the power of the national government was firmly established.

Washington refused to serve more than two terms — setting a precedent — and in famous his farewell address, he extolled the benefits of federal government and importance of ethics and morality while warning against foreign alliances and formation of political parties.

John Adams, a Federalist, defeated Jefferson in the 1796 election. War loomed with France and the Federalists used the opportunity to try to silence the Republicans with the Alien and Sedition Acts, build up a large army with Hamilton at the head, and prepare for a French invasion. However, the Federalists became divided after Adams sent a successful peace mission to France that ended the Quasi-War of 1798. Jefferson defeated Adams for the presidency in the 1800 election.

United States Territorial expansion

Although the Constitution included a Supreme Court, its functions were vague until John Marshall, the Chief Justice[25] (1801–35), defined them, especially the power to overturn acts of Congress that violated

25) Chief Justice - n.대법원장

the Constitution, first enunciated in 1803 in Marbury v. Madison. The Louisiana Purchase, in 1803, removed the French presence from the western border of the United States and provided U.S. settlers with vast potential for expansion west of the Mississippi River.

In response to multiple grievances, the Congress declared war on Britain in 1812. The grievances included humiliating the Americans in the Chesapeake incident of 1807, continued British impressment[26)] of American sailors into the Royal Navy, restrictions on trade with France, and arming hostile Indians in Ohio and the western territories. The War of 1812 ended in a draw after bitter fighting that lasted until January 8, 1815, during the Battle of New Orleans. The Americans gained no territory but were cheered by a sense of victory in what they called a "second war of independence". The war was a major loss for Native American tribes in the Northwest and Southeast who had allied themselves with Britain and were defeated on the battlefield.

As strong opponents of the war, the Federalists held the Hartford Convention in 1814 that hinted at disunion. National euphoria[27)] after the victory at New Orleans ruined the prestige of the Federalists and they no longer played a significant role. President Madison and most Republicans realized it had been a mistake to let the Bank of the United States close down, for its absence greatly hindered the financing of the war. So they chartered[28)] the Second Bank of the United States in 1816. The Republicans also imposed tariffs designed to protect the infant industries that had been created when Britain was blockading the U.S. With the collapse of the Federalists as a party, the adoption of many Federalist principles by the Republicans, and the systematic policy of President James Monroe in his two terms (1817–25) to downplay[29)] partisanship, the nation entered an Era of Good

---

26) impressment - n.강제 징용, 징병, 징발
27) euphoria - n.행복감, 다행증
28) chartered - vt.~에게 특허(특권)을 주다, 설립을 인가하다
29) downplay - vt.~을 중시하지 않다, 얕보다

Feelings, with far less partisanship than before (or after), and closed out the First Party System.

The Monroe Doctrine, expressed in 1823, proclaimed the United States' opinion that European powers should no longer colonize or interfere in the Americas. This was a defining moment in the foreign policy of the United States. The Monroe Doctrine was adopted in response to American and British fears over Russian and French expansion into the Western Hemisphere.

In 1830, Congress passed the Indian Removal Act, which authorized the president to negotiate treaties that exchanged Native American tribal lands in the eastern states for lands west of the Mississippi River. This established Andrew Jackson, a military hero and President, as a proponent of the forcible removal of native populations to the West. The act resulted most notably in the Trail of Tears, a forced migration of several native tribes to the West, with several thousand people dying en route. Many of the Seminole Indians in Florida refused to move west; they fought the Army for years in the Seminole Wars.

According to the U.S. Bureau of the Census (1894), "The Indian wars under the government of the United States have been more than 40 in number. They have cost the lives of about 19,000 white men, women and children, including those killed in individual combats, and the lives of about 30,000 Indians."

After 1840 the abolitionist movement redefined itself as a crusade against the sin of slave ownership. It mobilized support (especially among religious women in the Northeast affected by the Second Great Awakening). William Lloyd Garrison published the most influential of the many anti-slavery newspapers, *The Liberator*, while Frederick Douglass, an ex-slave, began writing for that newspaper around 1840 and started his own abolitionist newspaper *North Star* in 1847. The great majority of anti-slavery elements[30)] rejected its moralism and

30) element - n.소부대, 분대

held that slavery was an unfortunate social evil, not a sin.

The Republic of Texas was annexed in 1845, which Mexico had warned meant war. The U.S. army, using regulars and large numbers of volunteers, easily won the Mexican-American War, 1846-48. Public sentiment in the U.S. was divided as Whigs and anti-slavery elements opposed the war. The 1848 Treaty of Guadalupe Hidalgo ceded California, New Mexico, and adjacent areas to the United States, with the residents given full citizenship. Simultaneously gold was discovered, pulling over 100,000 men to northern California in a matter of months in the California Gold Rush.

(5) Civil War era (1849–1865)

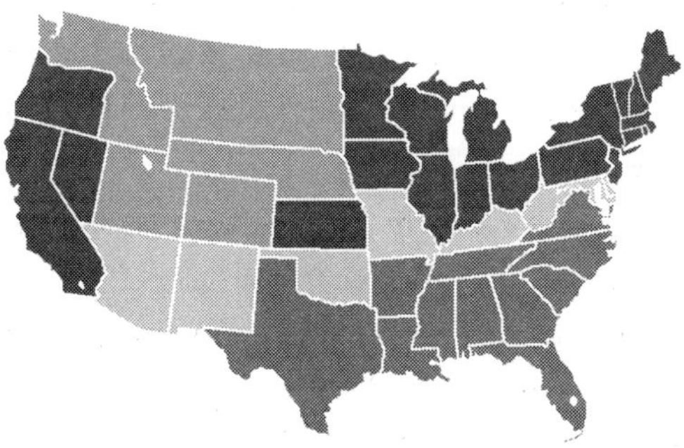

The Union: blue (free), yellow (slave);The Confederacy: brown
*territories in light shades

The churches split on slavery, with the Methodists[31)] and Baptists dividing into northern and southern denominations. In the North, the Methodists, Congregationalists[32)] and Quakers included many abolitionists, especially among women activists. The Catholic, Episcopal[33)] and Lutheran denominations ignored the slavery issue.

31) Methodist - n. 감리교 신자
32) Congregationalist - n.조합 교회주의자
33) Episcopal - a.(영국 국교회회계의) 감독 파의

The issue of slavery in the new territories was seemingly settled by the Compromise of 1850 brokered by Whig Henry Clay and Democrat Stephen Douglas; the Compromise included admission of California as a free state. The sore point was the Fugitive Slave Act to make it easier for masters to reclaim runaway slaves; with abolitionists used it to attack slavery, as in Uncle Tom's Cabin by Harriet Beecher Stowe. The Compromise of 1820 was repealed in 1854 with the Kansas-Nebraska Act, promoted by Senator Douglas in the name of "popular sovereignty[34)]" and democracy. It permitted settlers to decide on slavery in each territory, and allowed Douglas to say he was neutral on the slavery issue. Antislavery forces rose in anger and alarm, forming the new Republican Party. Pro and anti-forces rushed to Kansas to vote slavery up or down, resulting in a mini civil war called Bleeding Kansas. By the late 1850s the young Republican Party dominated nearly all northern states and thus the electoral college[35)], and insisted that slavery would never be allowed to expand (and thus would slowly die out).

By 1860, there were nearly four million slaves residing in the United States, nearly eight times as many from 1790; within the same time period, cotton production in the U.S. boomed from less than a thousand tons to nearly one million tons per year. There were some slave rebellions—including by Gabriel Prosser (1800), Denmark Vesey (1822), and Nat Turner (1831)—but they all failed and led to tighter slave oversight in the south and distrust of Yankees as abolitionists. The Supreme Court's 1857 decision in Dred Scott v. Sandford took the Southern position of making slavery legal everywhere, which outraged northerners.

After Abraham Lincoln won the 1860 election, eleven Southern states seceded from the union between late 1860 and 1861, establishing a new government, the Confederate States of America, on February 8,

34) sovereignty - n.국민주권설
35) electoral college - n.(rkr 주에서 선출·구성된) 선거위원회

1861. Along with the northwestern portion of Virginia, which became West Virginia, four of the five northernmost "slave states" did not secede and became known as the Border States.

1) Civil War

The Civil War began on April 12, 1861, when Confederate forces attacked a U.S. military installation at Fort Sumter in South Carolina. In response to the attack, on April 15, Lincoln called on the states to send detachments totaling 75,000 troops to recapture forts, protect the capital, and "preserve the Union", which in his view still existed intact despite the actions of the seceding states. The two armies had their first major clash at the First Battle of Bull Run, which ended in a surprising Union defeat, but, more importantly, proved to both the Union and Confederacy that the war was going to be much longer and bloodier than they had originally anticipated.

The war soon divided into two theaters[36]: Eastern and Western. In the western theater, the Union was quite successful, with major battles, such as Perryville, producing strategic Union victories and destroying major confederate operations.

In the Eastern theater, things did not start well for the Union as the Confederates won at Manassas Junction (Bull Run), just outside Washington. Major General George B. McClellan was put in charge of the Union armies. After reorganizing the new Army of the Potomac, McClellan failed to capture the Confederate capital of Richmond, Virginia in his Peninsula Campaign and retreated after attacks from newly appointed Confederate General Robert E. Lee.

Feeling confident in his army after defeating the Union at Second Bull Run, Lee embarked on an invasion of the north that was stopped by McClellan at the bloody Battle of Antietam. Despite this, McClellan was relieved from command for refusing to pursue Lee's crippled army.

---

36) theater - n.현장, 활동의 무대

The next commander, General Ambrose Burnside, suffered a humiliating defeat by Lee's smaller army at the Battle of Fredericksburg late in 1862, causing yet another change in commanders. Lee won again at the Battle of Chancellorsville in May 1863, while losing his top aide, Stonewall Jackson. But Lee pushed too hard and ignored the Union threat in the west. Lee invaded Pennsylvania in search of supplies and to cause war weariness in the North. In perhaps the turning point of the war, Lee's army was badly beaten at the Battle of Gettysburg, July 1–3, 1863, and barely made it back to Virginia.

Simultaneously on July 4, 1863, Union forces under the command of General Ulysses S. Grant gained control of the Mississippi River at the Battle of Vicksburg, thereby splitting the Confederacy. Lincoln made General Grant commander of all Union armies.

The last two years of the war was bloody for both sides, with Grant launching a war of attrition[37)] against General Lee's Army of Northern Virginia. This war of attrition was divided into three main campaigns. The first of these, the Overland Campaign forced Lee to retreat into the city of Petersburg where Grant launched his second major offensive, the Richmond-Petersburg Campaign in which he sieged[38)] Petersburg. After a near ten-month siege, Petersburg surrendered. However, the defense of Fort Gregg allowed Lee to move his army out of Petersburg. Grant pursued and launched the final, Appomattox Campaign which resulted in Lee surrendering his Army of Northern Virginia on April 9, 1865, at Appomattox Court House. Other Confederate armies followed suit and the war ended.

Based on 1860 census figures, about 8% of all white males aged 13 to 43 died in the war, including about 6% in the North and approximately 18% in the South, establishing the American Civil War as the deadliest war in American history. Its legacy includes ending slavery in the United States, restoring the Union, and strengthening

---

37) a war of attrition - n.지구전, 소모전
38) siege - vt.~을 포위(공격) 하다, 공략하다

the role of the federal government. The social, political, economic and racial issues of the war decisively shaped the Reconstruction era, which lasted through 1877, and brought about changes that would eventually help make the country a united superpower.

(6) Reconstruction and a rise in power (1865–1918)

1) Reconstruction

Reconstruction took place for most of the decade following the Civil War. During this era, the "Reconstruction Amendments" were passed to expand civil rights for black Americans. Those amendments included the Thirteenth Amendment, which outlawed slavery, the Fourteenth Amendment that guaranteed citizenship for all people born or naturalized[39] within U.S. territory, and the Fifteenth Amendment that granted the vote for all men regardless of race. While the Civil Rights Act of 1875 forbade discrimination in the service of public facilities, the Black Codes[40] denied blacks privileges readily available to whites.

In response to Reconstruction, the Ku Klux Klan (KKK) emerged around the late 1860s as a white-supremacist organization opposed to black civil rights. Congress passed the Ku Klux Klan Act of 1870 and vigorous enforcement closed down the Klan and classified the KKK as a terrorist group. However, an 1883 Supreme Court decision nullified the Civil Rights Act of 1875 and ended federal efforts to stop private acts of violence designed to suppress legal rights.

During the era, many regions of the southern U.S. were military-governed and often corrupt; Reconstruction ended after the disputed 1876 election between Republican candidate Rutherford B. Hayes and Democratic candidate Samuel J. Tilden. Hayes won the election, and

---

39) naturalize - vt.~을 귀화시키다
40) the Black Codes - n.(흑인의 권리를 제한하는) 남부의 주법

the South soon re-entered the national political scene.

2) Gilded Age and Progressivism

The "Gilded Age" was a term that Mark Twain used to describe the period of the late 19th century when there had been a dramatic expansion of American wealth and prosperity. Reform of the Age included the Civil Service Act, which mandated a competitive examination for applicants for government jobs. Other important legislation included the Interstate Commerce Act, which ended railroads' discrimination against small shippers[41], and the Sherman Antitrust Act, which outlawed monopolies in business. Twain believed that this age was corrupted by such elements as land speculators, scandalous politics, and unethical business practices.

By 1890 American industrial production and per capita income exceeded those of all other world nations. In response to heavy debts and decreasing farm prices, wheat and cotton farmers joined the Populist Party. An unprecedented wave of immigration from Europe served to both provide the labor for American industry and create diverse communities in previously undeveloped areas. From 1880 to 1914, peak years of immigration, more than 22 million people migrated to the United States. The workers' demand for control of their workplace led to the often-violent rise of the labor movement in the cities and mining camps. Industrial leaders included John D. Rockefeller in oil and Andrew Carnegie in steel; both became leaders of philanthropy, giving away their fortunes to create the modern system of hospitals, universities, libraries and foundations.

Dissatisfaction on the part of the growing middle class with the corruption and inefficiency of politics as usual, and the failure to deal with increasingly important urban and industrial problems, led to the dynamic Progressive Movement starting in the 1890s. In every major

41) shipper - n.하주, 화물 주인

city and state, and at the national level as well, and in education, medicine, and industry, the progressives called for the modernization and reform of decrepit[42] institutions, the elimination of corruption in politics, and the introduction of efficiency as a criterion for change. Leading politicians from both parties, most notably Theodore Roosevelt, Charles Evans Hughes, and Robert LaFollette on the Republican side, and William Jennings Bryan on the Democratic side, took up the cause[43] of progressive reform. Women became especially involved in demands for woman suffrage, prohibition, and better schools; their most prominent leader was Jane Addams of Chicago. Progressives implemented anti-trust laws and regulated such industries of meat-packing, drugs, and railroads. Four new constitutional amendments — the Sixteenth through Nineteenth — resulted from progressive activism, bringing the federal income tax, direct election of Senators, prohibition, and woman suffrage. The Progressive Movement lasted through the 1920s; the most active period was 1900–1918.

3) Imperialism

The United States emerged as a world economic and military power after 1890. The main episode was the Spanish–American War, which began when Spain refused American demands to reform its oppressive policies in Cuba. The "splendid little war", as one official called it, involved a series of quick American victories on land and at sea. At the Treaty of Paris peace conference the United States acquired the Philippines, Puerto Rico, and Guam. Cuba became an independent country, under close American tutelage[44]. Although the war itself was widely popular, the peace terms proved controversial. William Jennings Bryan led his Democratic Party in opposition to control of the Philippines, which he denounced as imperialism unbecoming

---

42) decrepit - a.노쇠한, 노후한
43) cause - n.지당한 이유, (사회적인)운동, 대의명분, 목적
44) tutelage - n.후견, 보호, 감독

to American democracy. President William McKinley defended the acquisition, and was riding high as the nation had returned to prosperity and felt triumphant in the war. McKinley easily defeated Bryan in a rematch in the 1900 presidential election. After defeating an insurrection by Filipino nationalists, the United States engaged in a large-scale program to modernize the economy of the Philippines, and dramatically upgrade the public health facilities. By 1908, however, Americans lost interest in an empire, and turned their international attention to the Caribbean, and especially the building of the Panama Canal. The canal opened in 1914, and increased trade with Japan and the rest of the Far East. A key innovation was the Open Door Policy, whereby the imperial powers were given equal access to Chinese business, with no one of them allowed to take control of China.

4) World War I

As World War I raged in Europe from 1914, President Woodrow Wilson took full control of foreign policy, declaring neutrality but warning Germany that resumption[45)] of unrestricted submarine warfare against American ships would mean war. Germany decided to take the risk and try to win by cutting off Britain; the U.S. declared war in April 1917. American money, food and munitions arrived quickly, but troops had to be drafted, trained; by summer 1918 American soldiers under General John J. Pershing arrived at the rate of 10,000 a day, while Germany was unable to replace its losses. The result was Allied victory in November 1918. President Woodrow Wilson demanded Germany depose[46)] the Kaiser and accept his terms, the Fourteen Points. Wilson dominated the 1919 Paris Peace Conference but Germany was treated harshly by the Allies in the Treaty of Versailles (1919) as Wilson put all his hopes in the

45) resumption - n.재개, 속행
46) depose - vt.~을 퇴위시키다, ~을 면직하다

new League of Nations. Wilson refused to compromise with Senate Republicans over the issue of Congressional power to declare war, and the Senate rejected the Treaty and the League.

5) Woman suffrage

The women's suffrage movement began with the 1848 Seneca Falls Convention, organized by Elizabeth Cady Stanton and Lucretia Mott, and the Declaration of Sentiments demanding equal rights for women. Many of the activists became politically aware during the abolitionist movement. The women's rights campaign during "first-wave feminism" was led by Mott, Stanton, Susan B. Anthony, among many others. The movement reorganized after the Civil War, gaining experienced campaigners, many of whom had worked for prohibition in the Women's Christian Temperance[47)] Union. By the end of the 19th century a few western states had granted women full voting rights, though women had made significant legal victories, gaining rights in areas such as property and child custody.

Around 1912 the feminist movement, which had grown sluggish, began to reawaken, putting an emphasis on its demands for equality and arguing that the corruption of American politics demanded purification by women, because men could not do that job. Protests became increasingly common as suffragette Alice Paul led parades through the capital and major cities. Paul split from the large National American Woman Suffrage Association (NAWSA), which favored a more moderate approach and supported the Democratic Party and Woodrow Wilson, led by Carrie Chapman Catt, and formed the more militant National Woman's Party. Suffragists were arrested during their "Silent Sentinels" pickets at the White House, the first time such a tactic was used, and were taken as political prisoners.

Finally, the suffragettes were ordered released from prison,

---

47) Temperance - n.금주, 절주, 자제, 극기

and Wilson urged Congress to pass a Constitutional amendment enfranchising[48] women. The old anti-suffragist argument that only men could fight a war, and therefore only men deserve the right to vote, was refuted by the enthusiastic participation of tens of thousands of American women on the home front in World War I. Across the world, grateful nations gave women the right to vote. Furthermore, most of the Western states had already given the women the right to vote in state and national elections, and the representatives from those states, including the first woman Jeannette Rankin of Montana, demonstrated that woman suffrage was a success. The main resistance came from the south, where white leaders were worried about the threat of black women voting. Nevertheless Congress passed the Nineteenth Amendment in 1919. It became constitutional law on August 26, 1920, after ratification by the 36th required state.

NAWSA became the League of Women Voters and the National Woman's Party began lobbying for full equality and the Equal Rights Amendment which would pass Congress during the second wave of the women's movement in 1972. Politicians responded to the new electorate by emphasizing issues of special interest to women, especially prohibition, child health, and world peace. The main surge of women voting came in 1928, when the big-city machines realized they needed the support of women to elect Al Smith, while rural organizations mobilized women to support Prohibition and vote for Republican Herbert Hoover.

48) enfranchising - vt.~에게 선거권(참정권)을 주다

(7) Roaring Twenties, the Great Depression, and World War II (1918–1945)

Following World War I, the U.S. grew steadily in stature as an economic and military world power. The United States Senate did not ratify the Treaty of Versailles imposed by its Allies on the defeated Central Powers; instead, the United States chose to pursue unilateralism, if not isolationism. The aftershock of Russia's October Revolution resulted in real fears of communism in the United States, leading to a three-year Red Scare[49]. In 1918 the U.S. lost 675,000 people to the Spanish flu pandemic.

In 1920, the manufacture, sale, import and export of alcohol were prohibited by the Eighteenth Amendment. Prohibition encouraged illegal breweries and dealers to make substantial[50] amounts of money selling alcohol illegally. The Prohibition ended in 1933, a failure. Additionally, the KKK re-formed during that decade and gathered nearly 4.5 million members by 1924, and the U.S. government passed the Immigration Act of 1924 restricting foreign immigration. The 1920s were also known as the Roaring Twenties, due to the great economic prosperity during this period. Jazz became popular among the younger generation, and thus was also called the Jazz Age.

1) Great Depression

During most of the 1920s, the United States enjoyed a period of unbalanced prosperity: farm prices and wages fell, while new industries and industrial profits grew. The boom was fueled by an inflated stock market, which later led to the Stock Market Crash on October 29, 1929. This, along with many other economic factors, triggered a worldwide depression known as the Great Depression. During this

49) Red Scare - n.공산주의 공포, 적색 공포
50) substantial - a.상당한, 다대한

time, the United States experienced deflation, unemployment soared from 3% in 1929 to 25% in 1933, and manufacturing output collapsed by one-third.

In 1932, Democratic presidential nominee Franklin D. Roosevelt promised "a new deal for the American people", a phrase that has endured as a label for his administration and its many domestic achievements. The desperate economic situation, along with the substantial Democratic victories in the 1932 elections, gave Roosevelt unusual influence over Congress in the "First Hundred Days" of his administration. He used his leverage[51)] to win rapid passage of a series of measures to create welfare programs and regulate the banking system, stock market, industry and agriculture, along with many other government efforts to end the Great Depression and reform the American economy. Some programs that were a part of Roosevelt's New Deal include the Works Progress Administration (WPA) relief program, the Social Security Act, the Emergency Banking Act, and the Economy Act.

2) World War II

In the Depression years the United States remained focused on domestic concerns while democracy declined across the world and many countries fell under the control of dictators. Imperial Japan asserted dominance in East Asia and in the Pacific. Nazi Germany and Fascist Italy militarized to and threatened conquests, while Britain and France attempted appeasement[52)] to avert another war in Europe. U.S. legislation in the Neutrality Acts sought to avoid foreign conflicts; however policy clashed with increasing anti-Nazi feelings following the German invasion of Poland in September 1939 that started World War II. Roosevelt positioned the U.S. as the "Arsenal of Democracy"

51) leverage - n.(영향을 미치는)수단, 세력, 지레 장치
52) appeasement - n.유화(정책), 진정, 완화

pledging full-scale financial and munitions support for the Allies — but no soldiers. Japan tried to neutralize America's power in the Pacific by attacking Pearl Harbor on December 7, 1941, which catalyzed American support to enter the war and seek revenge.

The main contributions of the U.S. to the Allied war effort comprised money, industrial output, food, petroleum, technological innovation, and (especially 1944-45), soldiers. Much of the focus in Washington was maximizing the economic output of the nation. The overall result was a dramatic increase in GDP, the export of vast quantities of supplies to the Allies and to American forces overseas, the end of unemployment, and a rise in civilian consumption even as 40% of the GDP went to the war effort. This was achieved by tens of millions of workers moving from low-productivity occupations to high efficiency jobs, improvements in productivity through better technology and management, and the move into the active labor force of students, retired people, housewives, and the unemployed, and an increase in hours worked. It was exhausting; leisure activities declined sharply. People tolerated the extra work because of patriotism, the pay, and the confidence it was only "for the duration" and life would return to normal as soon as the war was won. Most durable goods became unavailable, and meat, clothing, and gasoline were tightly rationed. In industrial areas housing was in short supply as people doubled up and lived in cramped quarters. Prices and wages were controlled, and Americans saved a high portion of their incomes, which led to renewed growth after the war instead of a return to depression.

The Allies — the U.S., Britain and the Soviet Union, as well as China, Canada and other countries — fought the Axis powers of Germany, Italy, and Japan. The Allies saw Germany as the main threat, and gave highest priority to Europe. The U.S. dominated the war against Japan, and stopped Japanese expansion in the Pacific in 1942. After losing to the Japanese Pearl Harbor and in the Philippines, and drawing the Battle of the Coral Sea (May 1942), the American Navy inflicted a decisive blow at Midway (June 1942). American ground forces assisted in the North African Campaign that eventually concluded with the collapse of Mussolini's fascist government in 1943, as Italy switched to the Allied side. A more significant European front was opened on D-Day, June 6, 1944, in which American and Allied forces invaded Nazi-occupied France from Britain.

On the home front, mobilization of the U.S. economy was managed by Roosevelt's War Production Board. The wartime production boom led to full employment, wiping out the vestige of the Great Depression. Indeed, labor shortages encouraged industry to look for new sources of workers, finding new roles for women and blacks.

However the fervor also inspired anti-Japanese sentiment, which responded by removing everyone of Japanese descent from the West Coast war zone. Research and development took flight as well, best seen in the Manhattan Project, a secret effort to harness nuclear fission[53)] to produce highly destructive atomic bombs.

The Allied pushed the Germans out of France, but faced an unexpected counterattack at the Battle of the Bulge in December. The final German effort failed, and as 1945 opened Allied armies in East and West were converging on Berlin, as the Nazis hurriedly tried to kill the last remaining Jews. The western front stopped short, leaving Berlin to the Soviets as the Nazi regime formally capitulated in May 1945, ending the war in Europe. Over in the Pacific, the U.S. implemented an island hopping strategy toward Tokyo, establishing airfields for bombing runs[54)] against mainland Japan from the Mariana Islands and achieving hard-fought victories at Iwo Jima and Okinawa in 1945. Bloodied at Okinawa, the U.S. prepared to invade Japan's home islands when B-29's dropped two atomic bombs on Japanese cities,

53) fission - n.핵분열
54) (bombing) runs - n.폭격항정, 직선비행, 활주

forcing the empire's surrender in a matter of days and thus ending World War II. The U.S. occupied Japan (and part of Germany), sending Douglas MacArthur to restructure the Japanese economy and political system along American lines.

Though the nation lost more than 400,000 soldiers, the mainland prospered untouched by the devastation of war that inflicted a heavy toll on Europe and Asia.

Participation in postwar foreign affairs marked the end of predominant American isolationism. The awesome[55)] threat of nuclear weapons inspired both optimism and fear. Nuclear weapons were never used after 1945, as both sides drew back from the brink and a "long peace" characterized the Cold War years, 1947–1991. There were, however, regional wars in Korea and Vietnam.

(8) The Cold War begins (1945–1964)

Following World War II, the United States emerged as one of the two dominant superpowers. The U.S. Senate on a bipartisan[56)] vote approved U.S. participation in the United Nations (UN), which marked a turn away from the traditional isolationism of the U.S. and toward increased international involvement.

The primary American goal of 1945–48 was to rescue Europe from the devastation of World War II and to contain the expansion of Communism, represented by the Soviet Union. The Truman Doctrine of 1947 provided military and economic aid to Greece and Turkey to counteract the threat of Communist expansion in the Balkans. In 1948, the United States replaced piecemeal financial aid programs with a comprehensive Marshall Plan, which pumped money into the economy of Western Europe, and removed trade barriers, while modernizing the managerial practices of businesses and governments.

---

55) awesome - a.무시무시한, 두려움을 일으키게 하는
56) bipartisan - a.초당파적인, 양당의

The Plan's $13 billion budget was in the context of a U.S. GDP of $258 billion in 1948, and was on top of $12 billion in American aid to Europe between the end of the war and the start of the Marshall Plan. Soviet head of state Joseph Stalin prevented his satellites from participating, and from that point on Eastern Europe, with inefficient centralized economies, fell further and further behind Western Europe in terms of economic development and prosperity. In 1949, the United States, rejecting the long-standing policy of no military alliances in peacetime, formed the North Atlantic Treaty Organization (NATO) alliance, which continues into the 21st century. In response the Soviets formed the Warsaw Pact of communist states.

In August 1949 the Soviets tested their first nuclear weapon, thereby escalating the risk of warfare. Indeed, the threat of mutually assured destruction prevented both powers from going too far, and resulted in proxy wars[57], especially in Korea and Vietnam, in which the two sides did not directly confront each other. Within the United States, the Cold War prompted concerns about Communist influence. The unexpected leapfrogging[58] of American technology by the Soviets in 1957 with Sputnik, the first Earth satellite, began the Space Race, won by the Americans as Apollo 11 landed astronauts on the moon in 1969. The angst about the weaknesses of American education led to large-scale federal support for science education and research.

In the decades after World War II, the United States became a global influence in economic, political, military, cultural, and technological affairs. Beginning in the 1950s, middle-class culture became obsessed with consumer goods. White Americans made up nearly 90% of the population in 1950.

In 1960, the charismatic politician John F. Kennedy was elected as the first and — thus far — only Roman Catholic President of the United States. The Kennedy family brought a new life and vigor to

---

57) proxy wars - n.대리전쟁
58) leapfrogging - n.앞섬, 앞서 나아가기

the atmosphere of the White House. His time in office was marked by such notable events as the acceleration of the United States' role in the Space Race; escalation of the American role in the Vietnam War; the Cuban missile crisis; the Bay of Pigs Invasion; the jailing of Martin Luther King, Jr. during the Birmingham campaign; and the appointment of his brother Robert F. Kennedy to his Cabinet as Attorney General[59]. Kennedy was assassinated in Dallas, Texas, on November 22, 1963, leaving the nation in profound shock.

(9) Climax of liberalism

The climax of liberalism came in the mid-1960s with the success of President Lyndon B. Johnson (1963–69) in securing congressional passage of his Great Society programs, including civil rights, the end of segregation, medicare, extension of welfare, federal aid to education at all levels, subsidies for the arts and humanities, environmental activism, and a series of programs designed to wipe out poverty. As recent historians have explained:

"Gradually, liberal intellectuals crafted a new vision for achieving economic and social justice. The liberalism of the early 1960s contained no hint of radicalism, little disposition to revive new deal era crusades against concentrated economic power, and no intention to fast and class passions or redistribute wealth or restructure existing institutions. Internationally it was strongly anti-Communist. It aimed to defend the free world, to encourage economic growth at home, and to ensure that the resulting plenty was fairly distributed. Their agenda — much influenced by Keynesian economic theory — envisioned massive public expenditure that would speed economic growth, thus providing the public resources to fund larger welfare, housing, health, and educational programs."

59) Attorney General - n.법무장관

Johnson was rewarded with an electoral landslide in 1964 against conservative Barry Goldwater, which broke the decades-long control of Congress by the Conservative coalition. But the Republicans bounced back in 1966 and elected Richard Nixon in 1968. Nixon largely continued the New Deal and Great Society programs he inherited; conservative reaction would come with the election of Ronald Reagan in 1980.

Meanwhile, the American people completed a great migration from farms into the cities and experienced a period of sustained economic expansion. At the same time, institutionalized racism across the United States, but especially in the South, was increasingly challenged by the growing Civil Rights movement. The activism of African American leaders Rosa Parks and Martin Luther King, Jr. led to the Montgomery Bus Boycott, which launched the movement. For years African Americans would struggle with violence against them, but would achieve great steps towards equality with Supreme Court decisions, including Brown v. Board of Education and Loving v. Virginia, the Civil Rights Act of 1964, the Voting Rights Act of 1965, and the Fair Housing Act of 1968, which ended the Jim Crow laws that legalized racial segregation between Whites and Blacks.

Martin Luther King, Jr., who had won the Nobel Peace Prize for his efforts to achieve equality of the races, was assassinated in 1968. Following his death others led the movement, most notably King's widow, Coretta Scott King, who was also active, like her husband, in the Opposition to the Vietnam War, and in the Women's Liberation Movement. Over the first nine months of 1967, 128 American cities suffered 164 riots. The late 1960s and early 1970s saw the strengthening of Black Power, however the decade would ultimately bring about positive strides toward integration.

1) The Women's Movement

A new consciousness of the inequality of American women began sweeping the nation, starting with the 1963 publication of Betty Friedan's best-seller, *The Feminine Mystique*, which explained how many housewives felt trapped and unfulfilled, assaulted American culture for its creation of the notion that women could only find fulfillment through their roles as wives, mothers, and keepers of the home, and argued that women were just as able as men to do every type of job. In 1966 Friedan and others established the National Organization for Women, or NOW, to act for women as the NAACP did for African Americans.

Protests began, and the new Women's Liberation Movement grew in size and power, gained much media attention, and, by 1968, had replaced the Civil Rights Movement as the U.S.'s main social revolution. Marches, parades, rallies, boycotts, and pickets brought out thousands, sometimes millions; Friedan's Women's Strike for Equality (1970) was a nation-wide success. The Movement was split into factions by political ideology early on, however (with NOW on the left, the Women's Equity Action League (WEAL) on the right, the National Women's Political Caucus (NWPC) in the center, and more radical groups formed by younger women on the far left).

Along with Friedan, Gloria Steinem was an important feminist leader, co-founding the NWPC, the Women's Action Alliance, and editing the Movement's magazine, *Ms.* The proposed Equal Rights Amendment to the Constitution, passed by Congress in 1972 and favored by about seventy percent of the American public, failed to be ratified in 1982, with only three more states needed to make it law. The nation's conservative women, led by activist Phyllis Schlafly, defeated the ERA by arguing that it degraded the position of the housewife, and made young women susceptible[60] to the military draft.

---

60) susceptible - a.(~의)여지 (가망)이 있는 (~이) 가능한

However, many federal laws (i.e. those equalizing pay, employment, education, employment opportunities, credit, ending pregnancy discrimination, and requiring NASA, the Military Academies, and other organizations to admit women), state laws (i.e. those ending spousal abuse and marital rape), Supreme Court rulings (i.e. ruling the equal protection clause of the Fourteenth Amendment applied to women), and state ERAs established women's equal status under the law, and social custom and consciousness began to change, accepting women's equality. The controversial issue of abortion, deemed by the Supreme Court as a fundamental right in Roe v. Wade (1973), is still a point of debate today.

(10) The Counterculture Revolution and Cold War Détente (1964–1980)

Amid the Cold War, the United States entered the Vietnam War, whose growing unpopularity fed already existing social movements, including those among women, minorities and young people. President Lyndon B. Johnson's Great Society, social programs and numerous rulings by the Warren Court added to the wide range of social reform during the 1960s and 1970s. Feminism and the environmental movement became political forces, and progress continued toward civil rights for all Americans. The Counterculture Revolution swept through the nation and much of the western world in the late sixties and early seventies, dividing the already hostile environment but also bringing forth more liberated social views.

Johnson was succeeded in 1969 by Republican Richard Nixon, who turned the war over to the South Vietnamese forces and ended American combat roles; he negotiated a peace treaty in 1973, secured the release of POWs and ended the draft. The war had cost the lives of 58,000 American troops. Nixon manipulated the fierce distrust between the Soviet Union and China to the advantage of the United States, achieving détente (cooperation) with both parties. The Watergate scandal, involving Nixon's cover-up of his operatives[61] break-in into the Democratic National Committee headquarters at the Watergate office complex, destroyed his political base, sent many aides to prison, and forced Nixon's resignation on August 9, 1974. He was succeeded by Vice President Gerald Ford, who was subsequently helpless to prevent the conquest of South Vietnam when North Vietnam invaded in 1975.

The OPEC oil embargo marked a long-term economic transition, as for the first time energy prices skyrocketed and American factories faced serious competition from foreign automobiles, clothing, electronics and consumer goods. By the late 1970s the economy suffered an energy crisis, slow economic growth, high unemployment, and very high inflation coupled with high interest rates (the term stagflation was coined). While economists agreed on the wisdom of deregulation, many of the New Deal era regulations were ended, as in transportation, banking and telecommunications.

Jimmy Carter, running as someone who was not a part of the Washington political establishment, was elected president in 1976. On the world stage, Carter brokered[62] the Camp David Accords between Israel and Egypt. In 1979, Iranian students stormed the U.S. embassy in Tehran and took 66 Americans hostage, resulting in the Iran hostage crisis. With the hostage crisis and continuing stagflation, Carter lost the 1980 election to the Republican Ronald Reagan. On January 20, 1981, minutes after Carter's term in office ended, the remaining U.S. captives held at the U.S. embassy in Iran were released, ending the 444-day hostage crisis.

61) operative - n.비밀 첩보원, 스파이
62) brokered - v.(~의) 중개 (알선) 일을 하다

(11) The end of the Cold War (1980–1991)

Ronald Reagan produced a major realignment with his 1980 and 1984 landslide elections. Reagan's economic policies (dubbed "Reaganomics") and the implementation of the Economic Recovery Tax Act of 1981 lowered income taxes from 70% to 28% over the course of seven years. Reagan continued to downsize government taxation and regulation. The U.S. experienced a recession in 1982 but the negative indicators reversed, as the inflation rate decreased from 11% to 2%, the unemployment rate decreased from 10.8% in December 1982 to 7.5% in November 1984, and the economic growth rate increased from 4.5% to 7.2%.

Reagan ordered a massive buildup of the U.S. military, incurring a costly budget deficit[63]. Reagan introduced a complicated missile defense system known as the Strategic Defense Initiative (dubbed "Star Wars" by opponents) in which, theoretically, the U.S. could shoot down missiles with laser systems in space. Though it was never fully developed or deployed, the Soviets were genuinely concerned about the possible effects of the program and the research and technologies of SDI paved the way for the anti-ballistic missile systems of today.

The Reagan administration also provided covert funding and assistance to anti-Communist resistance movements worldwide. Reagan's interventions against Grenada and Libya were popular in the U.S., though his backing of the Contra rebels was mired[64] in controversy. The arms-for-hostages scandal led to the convictions of such figures as Oliver North and John Poindexter.

Reagan met four times with Soviet leader Mikhail Gorbachev, who ascended to power in 1985, and their summit conferences led to the signing of the Intermediate-Range Nuclear Forces Treaty. Gorbachev tried to save Communism in the Soviet Union first by ending

63) deficit - n.적자, 부족액, 결손
64) mire - vt.~을 궁지에 몰아넣다

the expensive arms race with America, then by shedding the East European empire in 1989. The Soviet Union collapsed in 1991, ending the U.S.–Soviet Cold War.

(12) World superpower (1991–present)

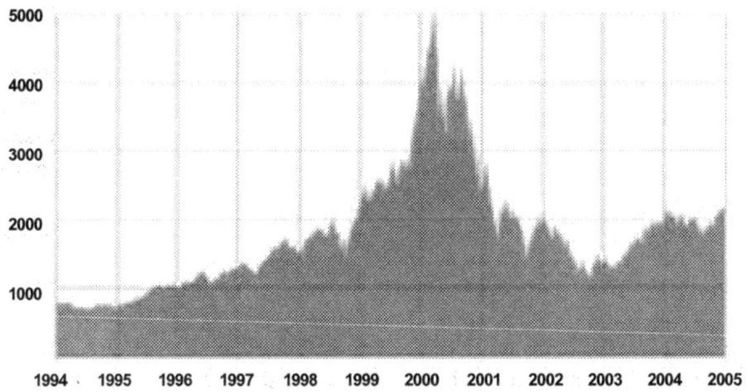

The NASDAQ Composite index swelled with the dot-com bubble in the optimistic "New Economy". The bubble burst in 2000.

The United States emerged as the world's sole remaining superpower and continued to intervene in international affairs during the 1990s, including the 1991 Gulf War against Iraq. Following his election in 1992, President Bill Clinton oversaw one of the longest periods of economic expansion and unprecedented gains in securities [65] values, a side effect of the digital revolution and new business opportunities created by the Internet. He also worked with the Republican Congress to pass the first balanced federal budget in 30 years. In 1998, Clinton was impeached[66] by the House of Representatives on charges of "high crimes and misdemeanors" for lying about a sexual relationship with White House intern Monica

65) security - n.유가증권
66) impeach - vt.~를 탄핵하다, 고발 (고소) 하다

Lewinsky, but was later acquitted[67] by the Senate. The failure of impeachment and the Democratic gains in the 1998 election forced House Speaker Newt Gingrich, a Republican, to resign from Congress.

The presidential election in 2000 between George W. Bush and Al Gore was one of the closest in U.S. history, and helped lay the seeds for political polarization to come. The vote in the decisive state of Florida was extremely close and produced a dramatic dispute over the counting of votes. The U.S. Supreme Court in Bush v. Gore ended the recount with a 5–4 vote. That meant Bush, then in the lead, carried Florida and the election.

1) 9/11 and the War on Terror

Once again the United States was attacked by terrorism with the September 11, 2001 attacks (9/11) in which al-Qaeda terrorists hijacked four transcontinental airliners and intentionally crashed two of them into the twin towers of the World Trade Center and one into the Pentagon killing 3,000 people. President George W. Bush announced a "War on Terror" in response. The United States and NATO launched an invasion of Afghanistan to overthrow the Taliban regime that had harbored[68] al-Qaeda and its leader Osama bin Laden. The federal government established new domestic efforts to prevent future attacks. The controversial USA PATRIOT Act increased government's power to monitor communications and removed legal restrictions on information sharing between federal law enforcement and intelligence services. A cabinet-level agency called the Department of Homeland Security was created to lead and coordinate federal counter-terrorism activities. Some of these anti-terrorism efforts, particularly the U.S. government's handling of detainees at the prison at Guantanamo Bay, led to allegations[69] toward the U.S. government of human rights

---

67) acquit - vt.~를 사면하다, 무죄로 하다
68) harbored - vt.~에게 거처를 주다, 숨기다

violations.

In 2003, the United States launched an invasion of Iraq, which led to the collapse of the Iraqi government and the eventual capture of Iraqi dictator Saddam Hussein, with whom the U.S. had long-standing tense relations. The reasons for the invasion cited by the Bush administration included the spreading of democracy, the elimination of weapons of mass destruction (a key demand of the UN as well, though later investigations found parts of the intelligence reports to be inaccurate) and the liberation of the Iraqi people. Despite some initial successes early in the invasion, the continued Iraq War fueled international protests and gradually saw domestic support decline as many people began to question whether or not the invasion was worth the cost. In 2007, after years of violence by the Iraqi insurgency, President Bush deployed more troops in a strategy dubbed "the surge". While the death toll decreased, the political stability of Iraq remained in doubt.

In 2008, the unpopularity of President Bush and the Iraq war, along with the 2008 financial crisis, led to the election of Barack Obama, the first African American President of the United States. After he took office, Obama began to decrease troop levels in Iraq, and officially ended combat operations in the country on August 31, 2010. He kept 50,000 in Iraq to assist Iraqi forces, help protect withdrawing forces, and work on counter-terrorism until December 2011, when the war was declared formally over and the last troops left the country. At the same time, Obama increased American involvement in Afghanistan, starting a surge strategy using an additional 30,000 troops, while proposing to begin withdrawing troops in July 2011. In May 2011, after nearly a decade in hiding, Osama bin Laden was killed in Pakistan by U.S. armed forces acting under President Obama's direct orders.

---

69) allegation - n.혐의, (충분한 증거가 없는) 주장, 단언

2) Recent events

In December 2007, the United States, and most of Europe, entered the longest post–World War II recession, which included a housing market crisis, a subprime mortgage crisis, soaring oil prices, an automotive industry crisis, rising unemployment, and the worst financial crisis since the Great Depression. The financial crisis hit a critical point in September 2008 when Lehman Brothers and other important financial institutions failed. Starting the following month the federal government lent $245 billion to financial institutions through the Troubled Asset Relief Program which was signed into law under the Bush administration. Shortly after taking office, President Obama signed into law a $787 billion economic stimulus package[70] aimed at helping the economy recover from the deepening recession. In addition to the economic stimulus, the government took steps to rescue the auto industry and prevent future economic meltdowns[71]. These included a bailout[72] of General Motors and Chrysler, putting ownership temporarily in the hands of the government, and the "cash for clunkers[73]" program which temporarily boosted new car sales. Congress enacted the Dodd–Frank Wall Street Reform and Consumer Protection Act, a bill that makes sweeping changes to the financial regulatory system. In June 2009, the recession officially ended and the U.S. economy began to expand once again. The unemployment rate peaked at 10.1% in October, followed by a slow economic recovery.

The beginning of the 2010s saw the rise of various social and political movements across the world, such as the conservative Tea Party movement in the U.S., the international populist Occupymovement and the pro-democratic Arab Spring movement in the

70) package - n.종합(일괄)대책
71) meltdown - n.폭락 파국
72) bailout - n.구제조치, 구제금융, 긴급 금융지원
73) clunker - n.고물자동차

Middle East. The 111th Congress saw the passage of major legislation such as the Patient Protection and Affordable Care Act, the Dodd-Frank Wall Street Reform and Consumer Protection Act and the Don't Ask, Don't Tell Repeal Act, which were signed into law by President Obama. Some of these bills were controversial and ran into heated Republican opposition in Congress. In the 2010 midterm elections, the Republicans regained control of the House and installed John Boehner as Speaker, and they also made some gains in the Senate. The new divided Congress presided over a period of elevated gridlock[74] and heated debates over whether or not raise the debt ceiling and whether or not to extend tax cuts for citizens making less than $250,000 annually. As a result of growing public frustration with both parties in Congress, their approval rating fell to an all time low of 11%.

As of January 2012, debates continue over the economy, the 8.5% unemployment rate, economic inequality, deficit spending, health care reform, the financial crisis in state government, the role of corporate spending in election campaigns, and U.S. involvement in Afghanistan.

---

74) gridlock - n.정체상태, 마비

chapter 6

Critical attitudes*

/ Where should we start with thinking about how we read?
/ What is the intrinsic attitude?
/ What is the extrinsic attitude?

English can appear to be quite daunting[1] once you realise that there's an infinite number of ways you can read. If you're told to explore different methods of interpretation, challenge your presuppositions[2] and think about how you read, where are you supposed to start.

In the last chapter, I suggested that learning about different critical approaches or theories is a process that you go through. A step in this process is to look for patterns in the way these critical approaches work. To do this is to look for the presuppositions behind them and to think about the contexts in which texts are understood. In this chapter I shall outline one pattern which can be used as a starting point for thinking about a wide variety of critical approaches.

Into the text or out from the text?

If you look at a painting, are you looking through a window to another world or are you simply looking at the composition of colour and shape on a flat canvas? If you see a painting as a window, you

---

* Robert Eagleston - *Doing English : A guide for literature students* (3rd edition) Routledge : London and New York, 2009, *Ch:4(pp.39-46)*

1) daunting - a.위압적인, 기를 죽이는
2) presuppositions - n.전제(조건), 가정

might be concerned with what is going on behind the window: who the people are, say, and why they had their picture painted. You might ask about the historical significance of, for example, the skull on the shelf or even why the painter chose that particular subject in the first place. If, however, a picture is only a flat canvas, then you would ask different questions: about how the tones contrast, or how the shapes relate to one another. You might just be struck[3)] by the beautiful range of colours.

This same contrast occurs in thinking about literature. When you read a novel, poem or play, how do you approach it? Do you look at it as a beautifully woven fabric of language? Or as an example of writing which tells you about the historical period in which it was written? Is it stimulating because it puts words together in a new way? Or because it pours out on paper the intense experiences and interesting ideas of a particular writer? When we do English, do we study literary works for their pure artistic merit or because they reveal things about the world and their authors? Do you think of yourself as going into the text for itself or coming out from the text to explore other issues?

One of the longest debates in English has been about whether interpretation should focus on the text as a text itself (a flat canvas) or on the text as evidence for something else, such as its historical period and its attitudes, or an author's life (a window on a world). In an influential book called *Theory of Literature*, published as long ago as 1949, two critics, René Wellek and Austin Warren, called these two contrasting positions the intrinsic and extrinsic approaches to literature. These two terms are not the names for critical approaches themselves - instead they name contrasting sorts of presuppositions, tendencies or attitudes taken by approaches to literary texts. This debate, because it discusses what happens when we interpret in different ways and compares different methods of interpretation, is an

3) struck - v.~에 감명을 받다, 매료되다

example of hermeneutics, the study of interpretation. Certainly the debate has become more complex since 1949, but it is a very good place to start.

Intrinsic attitudes: into the text

The intrinsic attitude is often called 'formalism' because it is concerned, above all else, with the form of the text, its structure and language. It assumes that there is something special and uniquely 'literary' in the way literary texts use language. Because of this, the intrinsic attitude concentrates on the language of the text as its central object, considering things like the choice of metaphors, the use of symbols, structure, style, contrasts, images, and the development of the plot, to work out what a text means. Although these forms of criticism might sound rather dull and unrewarding, following the intricate paths taken in a text and looking closely at the twists and turns of its language can produce quite remarkable readings and effects. In fact, the very intense scrutiny of the 'words on the page' can result in the most unusual and challenging interpretations of texts, as the multiple and often unclear meanings of each word are weighed up[4)] and evaluated. As you concentrate on the words themselves, their meaning becomes not clearer, but more ambiguous (or indeterminate). This is most obvious when looking at poetry.

For example, there is a sonnet by the English poet William Wordsworth (1770-1850) called 'Composed upon Westminster Bridge', which describes all of London, seen from the bridge at dawn, stretched out and radiant: 'Earth has not anything to show more fair' and the city 'like a garment' wears 'the beauty of the morning'. The poem finishes with these lines:

Dear God! The very houses seem asleep
And all that mighty heart is lying still.

4) weighed up - vt.~음미하다, 숙고하다

The first meaning of 'lying still' is that the city is spread out, not moving, lying motionless asleep. But the word 'lying' has another meaning, of course: to lie is not to tell the truth. Perhaps the sonnet is implying that the city, despite all the beauty of the morning light, is still not telling the truth. The sunrise makes London look wonderful but really the city, 'that mighty heart', is still a den[5)] of deceit, corruption, falsehood and lies. By concentrating on the language - on the form of the text - two separate readings have emerged. On the one hand, London is beautiful, quiet and still in the dawn light. On the other, London seems beautiful, but underneath and despite all this beauty it is deceitful and corrupt. These readings are contradictory and mutually exclusive: either London is really deeply beautiful and peaceful or it's actively scheming, lying and dishonest. Which reading you choose depends on the way you interpret 'lying still'.

All ways of reading share this concentration on language to some extent, but, for the critics who tend towards the intrinsic attitude, doing English is principally a matter of looking at the words on the page with great rigour. This sort of criticism first characterised the subject of English in the 1920s and 1930s. It was first most fully outlined in I. A. Richards' book *Practical Criticism* (1929). Richards gave poems out to his students, without the poets' names, dates, or any other information that might give the students ideas about the texts outside 'the words on the page'. He asked for their responses ('practical criticism') and collected the results. He felt that this was a useful way to study what he considered to be special about literature - its 'literary-ness'. For Richards, and those he inspired, 'literary-ness' is the special sort of manipulation of language that happens, they argue, only in literature, and this is where its value, and possibly its 'moral worth', lies. This idea spread to the USA in the 1930s and 1940s and

5) den - n.(은둔자, 도적 등의) 소굴

became a key presupposition of the approach to literature known as 'New Criticism'. The methods of interpretation that take this intrinsic approach for granted are often still called 'practical criticism' or 'close reading'.

This sort of intrinsic approach to literature is still very influential and important (in fact, some form of 'close reading' of texts is central to most subjects). When you are asked to do a 'practical criticism', 'write an appreciation' or 'appraisal', 'analyse the main poetic methods', pay 'close attention to meaning, language and structure', investigate the 'style' or 'narrative technique' or even 'comment on the author's skill in suggesting unspoken feelings through incident and description', you are being asked to take an intrinsic approach to literature. Even questions on character or plot, although they seem to have a wider focus, usually lead you to take this approach. Think about how you'd read a text in order to answer the following questions (typical of the 'old' A level):

/ How far do you see the relationship between Hamlet and Claudius as the central conflict of the play?
/ What is the function of the minor characters in the novel?
/ Describe a dramatic scene from the novel and discuss its importance to the novel as a whole.

You wouldn't need any knowledge outside of the play or the novel to be able to answer the questions.

Although it might offer some interesting insights, used alone this intrinsic attitude does have blind spots and rests upon some rather large assumptions, as I outlined in Chapter 2. To recap : some critics claim that intrinsic types of criticism lead to 'objective' readings, the idea that texts can be independent of their historical, social and personal context, and that 'literary-ness' makes a text a valuable work of art, which is worth studying in its own right. However, even if you claim only to be looking at the text by itself you bring your own ideas, expectations and experiences to it. How can any judgement of worth be objective?

Extrinsic attitudes: out of the text

In contrast, extrinsic methods of interpretation take it for granted that the literary text is part of the world and rooted in its context. An extrinsic critic considers that the job of criticism is to move from the text outwards to some other, not specifically literary, object or idea. Such critics use literary texts to explore other ideas about things in the world, and in turn use other ideas to explain the literary text.

Perhaps the most important and widespread sort of extrinsic criticism is the way of reading that puts texts firmly into their historical context. This is why the extrinsic attitude is often referred to as historicist. Historicist criticism, and there are many versions of it, uses literary texts to explore or discuss historical issues, and conversely it uses history and context to explain literary texts. In dealing with Shakespeare's King Lear, for example, a historicist critic might look through the play to find clues about what was expected of a king at the time Shakespeare was writing, and how the ruler and the nation were thought to be woven together. By the same token[6], a historicist critic might also use evidence from Shakespeare's time and its historical context to explain the play. But historicist criticism is not limited to works from the past: you could use another form of historical criticism to study a contemporary popular novel - a 'bestseller'. Looking at the way people behave in the novel, even if it might not be considered a great work of art, would reveal all sorts of interesting

contemporary social attitudes. If the leading female character, for

6) by the same token - 같은 이유로, 게다가

example, is constantly and obsessively counting the calories she consumes, units of alcohol she drinks and number of cigarettes she smokes, this might indicate, for example, how strongly women in contemporary Western society feel forced to live up to an 'ideal' model of body-shape and behaviour.

Many of the newer ways of reading are based on the extrinsic attitude. Critics who use psychoanalysis as a way of reading might understand a literary text as a product of the author's psychology, or as a way of understanding parts of the human mind in general. In fact, the work of Sigmund Freud (1856-1939) and other psychoanalysts has been widely used to interpret literary works. Those who explicitly champion[7] political positions use literary texts as evidence for wider historical and political arguments. The many forms of feminist criticism use literary texts to explore the roles of women and men, amongst other things. Other critics start with the text and draw conclusions about, say, nature, humanity or the pitfalls of love. Even approaches that consider the author's intention or her or his life display the extrinsic attitude, since neither the author nor her or his biography are actually in the text.

The idea of looking beyond a text to 'the world' is very attractive to those who emphasise the way in which literature is linked to the world. Many new forms of extrinsic criticism have emerged in the last twenty years or so as academics have sought ways of reflecting the changes in contemporary society. The emphasis on new literary theories at university means that you spend a lot of time learning about extrinsic approaches. The new assessment objectives for AS and A2, by mentioning contexts and different readers' interpretations, have also begun to move towards extrinsic approaches. Those who oppose extrinsic critical attitudes point to the fact that in using this approach

7) champion - vt. ~을 옹호하다

you start with a literary text, but move away to an object or idea that is not specifically literary. They argue that in doing so you do not actually deal with literature itself at all, but rather with politics, the mind, history, gender relations, biography and so on. If you approach a text as if it were a piece of evidence for history, opponents say, then it is no different from a treaty, a will, or any other piece of historical documentation. If you read a novel to learn about the author, the novel itself is no more than a piece of evidence for a biography and no different from a diary entry. What makes the text special as 'literature' is not of interest.

Contrasting these two attitudes

Looking at the key aspects of these attitudes, as shown in Table 4.1, is a useful way to compare and contrast them.

Table 4.1 Intrinsic and extrinsic critical attitudes

Intrinsic attitude	*Extrinsic attitude*
Into the text	Out from the text to the context
A flat canvas	A window
Literature is worth studying in its own right: it uses language in a unique way	Literature is worth studying for what it tells us about other things
'Great texts' are the focus because they have artistic and possibly moral worth	Any sort of text is worthy of study, as they all reveal 'the world'
'Formalism'	'Historicism'
'Words on the page'	Context
Meanings often indeterminate	Context decides meaning

Practical criticism, 'close reading' and New Criticism	Historicism; psychoanalytical criticism; explicitly political criticism; feminisms; philosophical criticism; biography and other sorts of criticism
Text stands alone	Text only has meaning in context
Knowledge of the text alone	Knowledge of the context (history, author's life and so on)
Style, plot, character	Theme, setting

These oppositions have been the subject of fierce debate and you will come across signs of this at different levels and in different ways right through the discipline of English. Both these general attitudes are valid, as are the critical methods they stimulate. Even if they do have 'blind spots', both have a role to play in English as a whole. Sometimes the most useful works of criticism are produced by a coming-together of these two attitudes in different ways.

Thinking about these general patterns helps to orient you by explaining why approaches to literature have developed in the way they have. This introductory guide to critical attitudes also makes it more straightforward for you to draw parallels between different approaches and to explore the presuppositions and blind spots of any particular approach.

Summary

/ One way to think about the presupposition of reading is to divide critical theories into two broad groups or attitudes: intrinsic and extrinsic.

/ Intrinsic ways of reading concentrate on words on the page. A work is considered separate from the world and the focus is on its internal features. Critics who support the intrinsic attitude rely on language and structure to decide what a text means.

/ Extrinsic ways of reading look beyond the text to the context. The literary text is seen as part of the world and critics move through the words on the page to broader, non-literary ideas, like history or biography, which are in turn used to explain what a text might mean.

/ Both these attitudes have blind spots and gaps. Intrinsic approaches are criticised for assuming that there can be an objective way of reading and for separating literature from 'the real world'. Extrinsic attitudes are criticised for failing to see 'literature' as something special and preferring to discuss non-literary ideas.

/ Thinking about these general patterns helps to orient you when you look at different critical approaches, helps you to draw parallels between different approaches and to explore the presuppositions of any particular approach.

chapter 7

Literature, value and the canon*

/ Can literature be defined?
/ What is literary value?
/ What is the canon?
/ How does the canon affect you?

If, as I have argued, we need to think about how we read, we also need to think about what we read. Debates over the texts you should read, and even what literature is, have become very important to English studies.

Can literature be defined?

When we go into a bookshop or library, we know basically what to expect in the literature section. But if we try to answer the question 'What is literature?', no definition seems satisfactory. There are always countless exceptions to every rule. For example, if you defined literature as fiction, where would you put fact-based writing, such as autobiographies, or plays and novels that portray historical events? Where would you put the poems that claim not to be fictional but to reveal a 'higher' truth? If you wanted to suggest that literature 'represents the world' (that it was, to use the technical term, mimetic), what would you do with the surreal poems, plays and novels, which

---

* Robert Eagleston - *Doing English : A guide for literature students* (3rd edition) Routledge : London and New York, 2009, *Ch:5(pp.49-60)*

don't seem to represent the world at all? And, after all, don't other forms of writing - historical, scientific - claim to represent the world as well? Literature can't exclusively be something that 'tells a story', either. How would this be any different from, for example, a medical textbook 'telling the story' of the symptoms caused by a particular disease or a scientist detailing what happens in an experiment to measure cosmic rays?

You might argue that a work of literature was something that moved you or entertained you, but what would you call a novel that moved one of your friends but left you cold? You might call it 'bad literature', but would you say it wasn't literature at all? Again, if you wanted to argue that literature should convey a message, what would you do with writing that didn't seem to convey messages, or literature that was utterly unclear about exactly what message it might be carrying? Besides any of this, couldn't you argue that a song or a sandwich might move you just as much as words on paper?

It is easier to understand literature not as something that can be defined, but as something that overflows or escapes from any attempt to limit it or put it in a box. As you try to give it a definite meaning, literature slips through your fingers like water. But then, perhaps literature is not a 'thing' at all, which is why it slips away when you try to categorise it. Reading, after all, is more like a process you are engaged in, something you do. Perhaps literature is more like a verb, a 'doing', than it is a noun or thing.

All this is made more complex by the fact that, historically, the category of texts known as 'literature' has changed a great deal. In fact, as Rob Pope argues in The English Studies Book, when the word was first used in the English language, from the late fourteenth century, it didn't mean a type of text at all, but rather what we now call 'literacy', a sort of 'knowledge of books'. In the nineteenth century, 'literature' did mean a body of writing, but included what we would call history, biography, philosophy, sociology, science and much more. It simply meant something written on a certain subject. We still have this sense of literature - a pile of pamphlets about technological advances might be called 'scientific literature' - but somehow we have invented a separate category called Literature, with a capital L, which means something quite different.

The philosophical and historical discussions over the identity of literature lead to fundamental question for anyone studying English: if there is no clear, defined area of study, how do you decide which texts to read? After all, there are too many books to read in any one lifetime. When we do English, we choose our literary texts or, more accurately, the texts are chosen for us. Those who have made the choices and shaped the English syllabus have done so with a certain idea in mind: that of literary value.

What is literary value?

Often when we say literature, we say it with a capital L, Literature. Knowingly or not, the term is used to make a value judgement about the worth of a piece of writing. People say 'this is a truly great novel, it's Literature' or they say 'that's only a thriller (or horror story or romance), it's not proper[1] Literature'. In this sense, Literature doesn't just mean words on pages, but a certain sort of highly valued and important writing. It used to be taken for granted that people studying literature read only 'great' literature - or Literature. There are even lists of 'great books' we should read and admire, known as 'the canon'. This is why the same novels, poems and plays turn up again and again on literature courses and in exams. In no small way, doing English means reading, studying and writing about the canon. It affects your courses, exams, results and everything else about doing English. The content of the canon and the criteria for selection are among the most contentious[2] issues in English - but what is the canon?

1) proper - a.엄격한 의미에 있어서의, 진정한
2) contentious - a.이론의 여지가 있는, 논쟁을 불러일으키는

What is the canon?

The origins of the canon

Where the idea of the canon came from is unclear: the term itself comes from the Christian Church. Faced with a number of texts about Jesus and the early Christians and with the Hebrew Scriptures, and also with disputes about which sources to trust, the Catholic Church decided at the Council of Trent[3)] in 1546 that some of the texts were true sources of 'divine revelation[4)]' - and so were 'canonical' - and that others were not. The aim was to create a list of religious texts that everybody would accept as authentic and authoritative[5)]. Eighteenth-century philologists took this desire for 'authentic[6)] and authoritative' texts into the study of language. Because there were a huge number of forgeries of ancient Greek and Roman texts, these philologists aimed to establish a 'canon' of texts that were really Greek and Roman.

The poets and writers of the Renaissance (roughly 1450-1650) also produced lists, ranking the most important types, or genres, of writing ('genre' means 'kind' or 'type' of literary text). These days we have many genres of literary text, normally divided not by form but by content. In any bookshop there are shelves for all sorts of novel genres: thrillers, romances, science fiction, fantasy. Theses definitions can be even more detailed: a genre of novels set in universities (the 'campus novel'), thrillers where the lead character is a forensic[7)] scientist, perhaps. Many types of novel are often dismissed as simply 'genre fiction' and are almost always excluded from the traditional canon, although there is no reason to suppose that a science fiction novel, for example, would not be as interesting or rewarding to read as a 'literary' novel. Each genre has its own generic conventions, parts of plot or

3) council of Trent - n.이탈리아 북부의 트랜트에서 열린 로마 카톨릭의 교회 회의
4) revelation - n.신의 계시
5) authoritative - a.권위있는, 믿을 만한, 당국의
6) authentic - a.인증된, 진짜의
7) forensic - a.법정에 관한

style that are special to that genre. These occur both in the content (you expect a murder in a whodunit[8], or a marriage at the end of a comic play) and in the style (for example, a spare[9], terse[10] style in a hard-boiled detective story). Occasionally, texts mix up or blur these conventions for effect. In the Renaissance, however, these boundaries and definitions, so important to us today, were just beginning to take shape. In his book Kinds of Literature, Alastair Flowler shows how the British poet Sir Phillip Sidney (1554-1586) produced a list that classed poetry by type: epic, lyric, comic, satiric, elegiac, amatory[11], pastoral sonnet, epigram. Epic poetry was the greatest, most enduring and most significant form, while short poems about love were the most transient and insubstantial. By the eighteenth century it was common to find debates not only over the worth of particular genres of poetry, but also over the worth of particular writers. A critic called Joseph Warton (1722-1800) wrote that in 'the first class I would place our only three sublime and pathetic poets: Spense, Shakespeare, Milton' ('pathetic' meant 'moving' or 'poignant' at this time). Such a reference to 'our' poets shows how the idea of literary value was becoming linked to that of nationalism.

The ideas of authority, authenticity, value and nationalism began to come together even more closely in the nineteenth century. Perhaps most influential in the formation of the canon were the many anthologies of poetry popular in the nineteenth century. The most famous of these was the *Golden Treasury of English Verse*, compiled by Francis Turner Palgrave (1824-1897), first published in 1861, often re-edited and republished. It's still in print and still popular today. The title of the *Golden Treasury of English Verse* is itself very revealing: just as the national treasury[12] has the authority to make financial

8) whodunit - n.추리소설(who done it)
9) spare - a.수식어가 거의 없는
10) terse - a.간결한, 간명한
11) amatory - a.사랑의, 연애의
12) treasury - n.재무부, 재무성, 사화집

decisions on behalf of the nation, so a treasury of poetry has taken upon itself the authority to decide which poems should be considered the most valuable by its readers. Just as a nation's treasury contains the material goods - money - most valuable to its people, this treasury contains the poems most valuable to its readers. On the very first page, Palgrave said that he aimed to 'include... all the best original Lyrical pieces and songs in our language, by writers not living - and none but the best'. In judging what to include or exclude, Palgrave used two criteria: the types (genres) of poetry and the 'genius' of the poet. No didactic poems (poems intended to instruct), no humorous poems and no narrative poems (those simply telling a story) were allowed in. Only poems relying on what he called 'some single thought, feeling or situation' were worthy to be allowed into the *Golden Treasury*. But the poems also had to be 'worthy of the writer's genius'. This means that the writer already had to be recognised as a major poet to be included, and the poem had to show off their particular talent. However is it possible to be, as Palgrave claims he is, without 'caprice[13] or particularity[14]' about a writer's talent? In the 1861 edition of the *Golden Treasury*, for example, there were no poems by the radical working-class poet William Blake (1757-1827). Even more significantly, there were no poems by women in the early editions of the anthology. Does this show that a poet had to be of a certain class and gender before Palgrave would even consider their poems?

T.S. Eliot, the Leavises and the canon

These historial threads[15] form the backdrop to the development of the modern canon. What we recognise as the canon today grew up hand in hand with the discipline of English in the 1920s. It is here

13) caprice - n.변덕스러운 성질
14) particularity - n.까다로움, 특이성
15) threads - n.맥락, 줄거리

that the assumptions of value, authenticity and authority come clearly into focus and become ever more closely linked with nationalism. As mentioned in Chapter 1, major figures in this development were the poet and critic T. S. Eliot (1888-1965) and the critics F. R. Leavis (1895-1978) and Q. D. Leavis (1906-1981).

Although T. S. Eliot is now thought of principally as a poet, his essays of literary criticism in the 1920s were extremely influential; indeed, E. M. W. Tillyard, a critic of the time, described them as 'revolutionary'. One of his most important essays was 'Tradition and the Individual Talent', published in two parts in 1919, in which Eliot argues that each artist writes in relation to a tradition,

> *not merely with his own generation in his bones, but with a feeling that the whole of the literature of Europe from Homer and within it the whole of the literature of his own country has a simultaneous existence and composes a simultaneous order.*

For Eliot, a tradition isn't just the past but a living thing, organised, structured and present in the mind - or even in the bones - of a great writer (always a 'he' for Eliot). This 'living tradition' of great literature makes up what Eliot later calls an 'ideal order', which ranks the great and valuable works. This is clearly a canon. In order to write a great poem, novel or play, or to appreciate a great work of literary art fully, Eliot argues that it is necessary that 'we' have these works in their 'ideal order' in our 'bones'. If this order is in our bones, it is part of who we are, not something we have to think about. 'We' must have internalised and accepted not only the list of works that people like Palgrave decided were great but, more importantly, the criteria that guided their judgement.

Eliot's idea has two consequences. The first concerns what these authoritative texts are authoritatively telling you. An authoritative list of Classical texts tells you that certain texts are authentically ancient Greek or Roman and not forgeries or inventions; the authority of books of scripture lies in the fact that they are thought to reveal the authentic word of God. But what authenticity does an authoritative list of works of literature reveal? For Eliot and those influenced by him, what underlies a great literary work, what a great work reveals and so therefore what makes it 'authentic' are the values of Western European (and within that English) culture and life. The canon, he argues, is the 'storehouse of Western values'. These Western European values are unquestioningly assumed to be universal human values, the most important values that apply to all people at all times and in all places.

This leads to the second consequence: if a text doesn't seem to demonstrate these 'universal' values or expresses different ones, it is not considered valuable, and so is excluded from the canon. Eliot's seemingly innocent metaphor of 'bones' in fact reveals a rather frightening idea. It is as if it is not enough just to study the tradition - it must be in your bones, in your body. If you don't 'genetically' share the idea of the canon and the 'universal' Western European values underlying it, you can neither properly appreciate nor write great books. In their book The Decolonization of African Literature, Chinweizu, Onwuchekwa Jemie and Ihechukwu Madubuike, a trio of African writers and critics, sum this up from their perspective:

> *most of the objections to ... the African novel sound like*
> *admonitions from*
> *imperialist mother hens to their wayward or outright rebellious*
> *captive chickens. They cluck: 'Be Universal! Be Universal!'*
> *And what they don't consider universal they denounce as*
> *anthropological,*
> *atavistic*[16] *[i.e. reverting to an earlier, primitive state],*
> *autobiographical, sociological, journalistic, topical ephemera,*
> *as not literary.*

---

16) atavistic - a.격세유전의

Again, what doesn't reveal Western values (masquerading as universal values) simply isn't authentic literature, is not worth reading and couldn't be part of the canon.

The idea was further developed by F. R. Leavis. Following Eliot's lead, he drew up a list of 'great writers'. Then, rather than saying that these were his 'favourites', he asserted that they were quite simply the best. For example, he begins his very influential work of 1948, The great Tradition, by stating that the 'great English Novelists are Jane Austen, George Eliot, Henry James and Joseph Conrad'. Although he admits that other novelist have merits, the best - the ones who most authentically reveal the values he cherishes - are these four at the heart of the canon. The reasons he chooses these four are hard to pin down[17] exactly. He writes that 'they are significant in terms of that human awareness they promote: awareness of the possibilities of life', and that they are 'creative geniuses whose distinction is manifested in their being alive in their time'. This manages to sound both convincing and authoritative and also rather vague. Of course, it is interesting to find out which books acute and well-read critics like the Leavises think are good. But their stamp of authority establishes this not just as a list, but as the list we should all share. As discussed earlier, they rely upon a personal sensibility to make judgements they claim to be objective, again because they assume that everyone shares or should share the same English and European values. One of the reasons the Leavisees fostered the study of English was to cultivate a sense of national community, and it is clear that it also lay behind the choice of books in their canon.

---

17) pin down - vt.~을 명확하게 정의하다

How does the canon affect you?

The canon today

The canon is still with us today. It is deeply woven into the fabric not just of English as a subject but into all forms of culture. TV and film adaptations tend to be of 'canonical' novels; publishers print 'classics'; to count as educated you are supposed to have read a smattering[18)] of 'canonical novels'. Why is the canon such a powerful idea?

First, the canon is a reflection that English always has a social context and could never be done in a vacuum. The canon represents the meeting point between (1) judgements of the artistic (or aesthetic) value of a text, and (2) the presupposition and interests, either implicit or explicit, of those who make those judgements and have the power to enforce them. What makes the issue difficult is that, despite claims to be 'objective' or 'neutral', it is very, very hard to separate out an artistic or aesthetic judgement from a judgement based on position and interests. These two are interwoven.

Second, the canon is self-perpetuating. In English at all levels, the same canonical texts come up[19)] again and again, year after year. A person who studied English and has become a teacher often teaches the texts she or he was taught, in part because she or he was taught that these texts were the most important. As students, you expect to study texts you have heard of and assume are worthwhile and, of course, resources that support your study, such as websites, IT resources, guidebooks or videos of production, concentrate on canonical texts, which in a way makes them easier to study. (After all, why would a company produce a guidebook to a novel that only a few people have heard of?) Many textbooks for English and books on literature in general assume a familiarity with the canon, which

---

18) smattering - n.수박 겉핥기식의 지식
19) come up - 언급되다, 화제가 되다

also underlines its centrality. In fact, textbooks from earlier in the twentieth century were often made up literally of lists and descriptions of great books. A more recent version of this is The Western Canon from 1994, by the American critic Harold Bloom. This book is a long defence of the idea of the canon, and ends with a list of the thousand books (he thinks) everyone 'cultured' should have read. The canon, then, is the list of books you expect to study when you do English, and reading the canon is doing English. The subject and the canon in part define each other.

However, even those who make and publish actual lists of 'great books' admit that sometimes the lists can change, as certain books come into and out of favour. But the third reason the canon is so powerful is that it creates the criteria by which texts are judged. It sounds like common sense to say that the texts you study must be of 'high quality' and worthy of 'serious consideration', but these sort of statements give no sort of yardstick to measure this; the values that make a work substantial[20)] and give it 'quality' are not revealed. New or rediscovered texts are judged by the canon's standards. This means that even when, for example, AS and A2 exam boards choose books from a wider selection of texts than normal, they will probably first ask if the books have 'universal significance', 'positive values' or 'human significance'. Saying that a new novel fits the canon because it 'has' these, reaffirms the idea that an older novel 'had' them too. Paradoxically, the canon is not broken up, but reaffirmed.

The fourth reason the canon remains powerful is that it is involved with the senses of identity to which countries and groups aspire, and with the struggle to define identities[21)]. As the history of the canon suggested, its development was tied in with the development of ideas about nationality. It is for this reason that Toni Morrison (b. 1931), the Nobel prize-winning American author, wrote in 1989 that

---

20) substantial - a.실제적인, 확실한, 본질적인
21) identity - n.정체성, (~와) 동일함, 신원

> *Canon building is empire building. Canon defence is national defence.*
> *Canon debate, whatever the terrain, nature and range*
> *(of criticism, of history, of the history of knowledge,*
> *of the definition of language, the universality of aesthetic*
> *principles, the sociology of art, the humanist imagination)*
> *is the clash of cultures. And all the interests are vested.*

Because it is canonical texts that are taught, studied, examined, published, sold, bought, performed, made into TV mini-series, adapted for YouTube parodies, updated into contemporary settings in films and for bestsellers and so on, the canon plays a significant role in creating a sense of shared culture and of collective national identity. Deciding which texts are in the canon is all part of deciding who we are and how we want to see ourselves, and a threat to the canon is a threat to national identity. But does the person creating your course ask how you want to see yourself? As Toni Morrison says, all the interests are vested[22].

Canons tomorrow?

Because there are simply too many books to read within the limits of any course, decisions have to be made. However, since the canon and the texts you study are so important, these decisions stimulate furious debate. Brian Cox (1928-2008), a key figure in the development of the discipline of English from the 1960s to the present day, believes that 'our ideas of the canon constantly change, and lists of great books should never be inscribed in a parliamentary[23] order, and so inscribed in stone'. He was outraged when he discovered that, after curriculum revisions in 1992, 'it soon became apparent that the lists of set authors

---

22) vested - vt.(~에 권력·권리등)을 주다, 부여하다 vested interest - n.기득권
23) parliamentary - a.국회에서 제정한

would include very few non-British writers, with an occasional name such as Derek Walcott thrown in[24) as a token gesture'. (Walcott is a Nobel prize-winning poet and playwright. He was born in St Lucia in the Caribbean in 1930 and writes in English.) The debates over the canon and course specifications[25) will go on. But, slowly, the canon is breaking down, as new approaches and new ideas affect which books people decide to teach and study.

Indeed, English at secondary level and in higher education is playing a role in changing the canon in the UK. The QCA demand that more living writers and a wider range of genres are to be studied has already changed what is thought of as 'canonical'.

Nevertheless, the idea of the canon is still very powerful. If the single monolithic canon is breaking down, an array[26) of separate canons has taken its place. There are canons of African-American writing, of women's writing, and of science fiction, for example. Texts that were previously marginalised by 'the canon' now are considered important and have canons of their own. Those doing English have more freedom to choose one canon over another.

The power of the canon makes it essential for us to question what we read. How did it get into the canon? Why? What were the values of those who chose the text? As part of this process of questioning the canon, I will now turn to the figure at the centre of the canon, and (some might argue) at the centre of the discipline of English itself: William Shakespeare.

Summary

/ No definitions of 'literature' seem to be adequate: literature overflows or escapes from any attempt to categorise it.

---

24) thrown in - v.~을 덤으로 보태다
25) specification - n.설계명세서, 내역, 특허설명서 (약자는 spec)
26) array - n.진용, 나열

/ Often unknowingly, we make value judgements about writing: literature comes to mean a certain sort of highly valued and important writing.

/ The list of 'great books' that we should read and admire is known as 'the canon'. The process by which texts are chosen to be part of the canon depends upon (questionable) ideas of authenticity, authority, nationalism and literary value.

/ The canon is still with us today, woven into the fabric of Western culture. It is meeting point between artistic judgement and wider presuppositions; it is self-perpetuating; it sets up the criteria by which texts are judged; it is involved with our sense of identity.

/ The canon appears to be changing, and developing into 'canons'. However it is still vital to know how and why any canon is constructed.

chapter 8

The author is dead?*

/ Who decides what a text means : the author or the reader?
/ What is the traditional view of the author, meaning and the text?
/ What are the problems with this view?
/ How else can we determine the meaning of the text?
/ Why has the author always seemed so important?
/ What are the consequences of all of this?

Having looked at how we read and what we read, I'm going to move on to other debates in English that centre on questions of literature, meaning and how we see the world. Chapter 7 is about the relationship between texts and meaning, authors and readers.

How important is the author in deciding what a work of literature means?

At first this might look like a silly question : after all, the writer wrote the text and must have meant something by it. However, for literary critics this very question has been the focus of one of the most heated debates of the last sixty years. Roughly, the debate has two sides : those who believe that authorial intention - or what the author 'meant' - is central to working out[1)] the meaning of a text and those who believe that a text has no fixed meaning and that

* Rogert Eagleston - *Doing English : A guide for linterature students* (3rd edition) Routledge : London and New York, 2009, *Ch:7(pp.79-90)*

1) working out - v.성취하다, ~을 만들어내다

any understanding depends on the individual reader's interpretation. Perhaps the most influential figure on this second side of the debate was the French writer and critic Roland Barthes (1915-1980), who wrote an article called 'The Death of the Author'. While the whole discussion is more formally known as the debate over the 'intentional fallacy' or over 'authorial intention', it is often referred to as the 'author is dead' debate, in an echo of Barthes's title.

For 'authorial intention': the authority of the author

The Examiners[2)] are unanimously of the opinion that the proper interpretation of a first person pronoun in a piece of writing is to take that individual to be the writer unless there is internal evidence to the contrary. This is the only logical course to take. Teachers who urge upon their students the term 'persona[3)]' or invite them to use 'safe' phrases such as 'the speaker in the poem' cause their hapless candidates enormous trouble(Associated Examining Board Report 1995: 27).

For these examiners, and for many people teaching and studying literature, it is 'common sense' that when a poem is written in the first person, 'I', then that I' is the author. They are claiming that any other approach is illogical, and causes confusion. It is even more 'common sense' that what the text means is what its author intended it to mean. However, 'common sense' is often the pretext for taking an idea for granted. If the aim of studying literature is to think about how we read, then it is exactly these sort of presuppositions that need to be examined. What, then, are the ideas wrapped up in this 'common-sense' attitude?

Those who share this attitude believe that the text means what

2) examinor - n. 시험위원, 출제위원
3) persona - n.(문학 작품속의) 등장인물

the author intended it to means, and nothing else. The text itself, they imply, is like a code, in which the author has encrypted[4] her or his meaning. In reading, the reader decodes the language of the text to find the ideas the writer has hidden within. A diagram to express this might look like Figure 7.1.

This seemingly simple idea - that reading a poem or a novel, seeing a play, is just decoding what the author intended - makes at least four presuppositions that have profound consequences for the study of English.

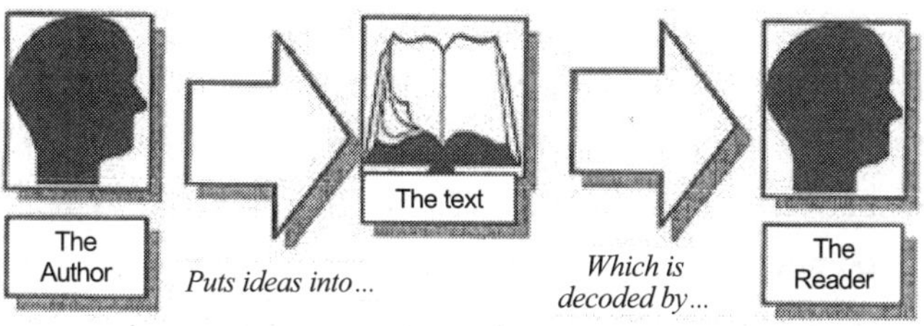

Figure 7.1 The 'traditional' approach

(i) Meaning

If a text is understood as the encoding of the author's intention, it leads to the assumption that the text has one definite meaning, just as a code has a definite meaning. Once the reader has cracked[5] the code, they have explained the text and have solved the riddle: they can give a final and accurate account of meaning and there is nothing more to say. However, works of literature often have ambiguous phrasing and seem to offer two or more meanings. Then people who argue this point of view suggest that the author intended to be ambiguous, and meant both things at once (with the implication that she or he was

4) encrypted - vt.암호화하다
5) cracked - vt.(어려운 것등)을 풀다, 해독하다

very clever to be able to do that). In general, this assumption leads to essay and exam questions like: 'How does Shakespeare convey the strengths and weaknesses of Othello's character?' If the reader sees Othello as both strong and weak, it is because Shakespeare intended it to be so. The assumption also leads to some interpretations of texts being described as wrong because they are not considered to be what the author intended.

(ii) Biographical evidence

If you accept that what the author intended is what the text means, it seems possible that you could understand a text without even reading it. Imagine finding some evidence - a letter from the author to a friend, for example - that says, 'I mean my novel to be about the conflict between good and evil.' Then you could say: 'This novel is about good and evil. I know this because the author said so!' It would be like seeing the original message before it was put into code. This sort of interpretation, autobiographical criticism, uses the writer's life story, through letters, diaries and so on, to explain the text.

(iii) Authorial presence

All these assumptions rely on the idea that the author is, in some strange way, present in the text, actually there. Through reading the text, you are in direct communication with the author. This assumption leads to questions like: 'In Paradise Lost Book 1, does Milton convince you that Satan is both attractive and corrupt?' This ghostly presence of the author is the final 'authority' that can decide what the text means.

(iv) Simple evaluation

Once it is known what the author intended and so what the text means, it is possible to judge the text by how well the author achieved what she or he set out to do. This assumes that judging a work of literature is like judging someone in a race. If you know the sprinter intends to run 100 metres in 10 seconds, you can judge whether she or he fails to live up to her or his intention. If you know what an author intended to do, you can ask questions like: 'How successfully does Jane Austen show the growth of her female characters?'

While many forms of interpretation rely upon this idea of authorial intention, and it might appear to be 'common sense', it has been criticised for a range of reasons. These criticisms are outlined below.

Against 'authorial intention': the death of the author

Throughout this book I have argued that texts are always interpreted and open to different interpretations, stemming from reader's different world views. The idea that by uncovering the authorial intention it is possible to find out the 'true meaning' or the 'right answer' runs directly against this and underlies all the major objections to authorial intention.

(i) Meaning: is literature a code?

Is literature simply a code? Certainly, this is the impression given to many students of 'traditional' English courses, such as the 'old' A-level. It is taken for granted that literature is about something - the 'theme' - and that the job of the student is to discover what this theme might be. So is this really the case?

I would argue absolutely not, for (at least) two reasons. First, the idea is self-contradictory. If literary texts were simply codes, then, paradoxically, literature wouldn't need to exist. Wouldn't it be much simpler to convey a message in a straightforward[6] way, rather than

---

6) straightforward - a.간단한, 직접의

turn it into a work of fiction? Why write a novel to say 'war is evil' when you could just say it, or go on a demonstration, or form a political party, or lobby (or even become) your own representative in government? Of course, there are texts with polemical messages, but when you respond to the message - for example, 'imperialism is wrong' - it's the message or the argument you are responding to, not the work of literature itself.

But there is a more important reason why literature is not simply a code to be worked out. A code works like this: two (or more) people share a cipher where, for example, the letter 'A' is represented by the number '1' and so on. One encodes, using the cipher, and the other decodes, using the same cipher[7]. Thinking back to Figure 2.3(see P.24), this cipher represents the 'same way of looking' at a text, so both parties are agreed that 14, 5, 13, 15, 14, 9, 5 is a name in code and not just collections of numbers. But, as I have argued, part of the point of literature is that it encourages different way of looking at texts, creating different results. So, in fact, reading cannot mean decoding the secret message, because there is no shared cipher, no one set of presuppositions we all share. Could you really see a text in the same way as a nineteenth-century author? Or even how your classmates view it? In having 'many ways of looking' we have many different ciphers which lead to many different 'meanings'.

(ii) Biographical evidence

This is also very much open to question. First, reading a letter or diary is not the same thing as interpreting a poem or novel. It would be interesting to find out what a text meant to its author, but that is not the same thing as thinking about what it means to you. Two critics, W.K. Wimsatt and Monroe Beardsley, in a very famous article called 'The Intentional Fallacy' (1946) put it like this:

---

7) chipher - n.암호, 부호

> In the spirit of a man who would settle a bet, the critic writes to [the poet] Eliot and asks what he meant [in his poem 'Prufrock']. . . our point is that such an answer to such an inquiry would have nothing to do with the poem 'Prufrock'; it would not be a critical inquiry. Critical inquiries, unlike bets, are not settled in this way. Critical inquiries are not settled by consulting the Oracle[8].

Reading a text, interpreting a text, is not an activity that has a right or wrong answer. It is not like making a bet[9].

Second, whatever the 'oracle' author said is itself another text open to interpretation. A letter saying, 'I intended such and such' is not firm evidence. Not only could it be a lie, plain and simple, but it is also open to interpretation because it is written within a certain historical period, where certain ideas were dominant, and because we, perhaps centuries later, may know things that the author didn't (and, clearly, vice versa). Authors might have very astute[10] things to say about their own work, but what they say is only as valid as what a reader might say in determining the meaning of a text. Interpreting their work, an author is doing the same job as anybody else looking at a text. Another way of thinking about this is to ask, 'Who owns words?' Wimsatt and Beardsley, discussing poetry, say that a text 'is detached from the author at birth and goes about the world beyond his power to intend about it or control it'. They argue that authors might shape language, but that ultimately it is public property and readers may make of it what they will. This is not a modern idea: at the end of this long poem, Troilus and Cressidye, Geoffrey Chaucer (c. 1343/4-1400) wrote 'go little book, go'. He knew that, once created, the poem was out of his hands, and people were free to interpret it in any way they wished.

If an author's comments about intention are not authoritative,

8) Oracle - n.하느님의 말씀, 권위있는 말
9) making a bet - 내기하다
10) astute - a.예리한, 빈틈없는

biographies are even less useful, being, after all, only an interpretation of somebody's life. It will certainly inform the reader about the author and her or his period, but will not provide a 'correct interpretation' for a literary text.

(iii) Authorial presence

Authorial presence is perhaps the most difficult assumption to understand. The question 'In Paradise Lost Book 1, does Milton convince you that Satan is both attractive and corrupt?' and others like it are, in a way, very confused. For they conjure up[11] the rather worrying image of Milton appearing to you and arguing passionately that Paradise Lost Book 1 shows Satan as both attractive and corrupt. Surely, it is the text of Paradise Lost Book 1 and how you read it that would convince you (or not), rather than Milton himself. A text does not magically bring the author into the room with you - writing is just marks on paper. More than that, the very presence of the writing shows up[12] the absence of the author. If the author was actually there, she or he could simply talk to you: the written text itself implies their absence, like an empty chair at a celebratory meal[13]. (Look in this book, and others, at all the moments where the text says 'As I have discussed ...' or 'We said earlier ...' In fact, none of these things are actually 'discussed' or 'said' at all; they are written down. Using the sorts of words that imply real speech is a way of suggesting that the author is actually there, present and talking to you. But this is metaphorical, not real. While you read this, I'm off somewhere else!)

Some critics argue that the author speaks through the text, but how could you tell when this was happening? In many novels or plays, several points of view are presented, for example through different characters. Which point of view is the author's? And even if

---

11) conjure up - vt.출현시키다, 불러내다
12) show up - ~의 정체를 밝히다, ~을 폭로하다
13) a celebratory meal - n.기념만찬, 추모만찬

there are passages written in the first person 'I', how do we know if this is the author? It is with such questions that Barthes's essay on the 'Death of the Author' begins. He finds part of a novel where it just isn't clear who is speaking. Is it the author's voice? The voice of a role the author is playing (as the narrator, or as 'the spirit of the age')? Is it always clear who, or what, is speaking? Is the author wearing a mask? Or, suddenly, does the 'real' author appear? His point is that if you are looking for the 'authentic' authorial meaning through a moment where the author 'speaks', it is, in fact, very hard indeed to pin down for certain where on the page that moment is.

If writers are absent, how could we ever get to grips with the 'authorial intention'? We can't ask them and we can't even find out if there is a part of the text which was written to tell us 'what they really meant'. With the person irrecoverable, it seems foolish to try to work out his or her intention. Instead, perhaps, we should make what we can of the text.

(iv) Simple evaluation

Apart from the question of what you are to evaluate, if you cannot trace authorial intention, how should you evaluate? Who sets the standards? Does the question 'How successfully does Jane Austen show the growth of her female characters?' mean there is some fixed model of how successfully the growth of female characters should be shown? Or could you compare Jane Austen to another novelist of the period, Frances Burney (1752-1840), and judge who was better? The idea of judgement implies an objective neutrality that nobody could have and demands that everybody thinks in the same way. While it used to be thought that the job of the critic was to judge what 'great works' were and who the 'great writers' were, it is clear that judging a writer's 'success' is more a result of the way the discipline has developed than a useful task in itself.

With these new ideas in mind, we could redraw the 'traditional' diagram of the relationship between text and meaning as follows (see Figure 7.2).

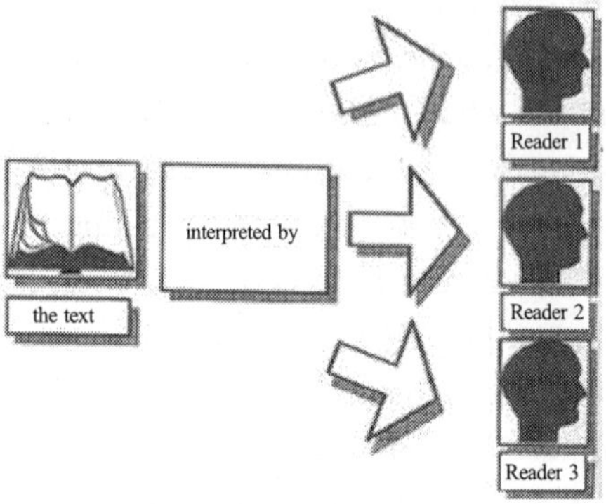

Figure 7.2 **After the 'death of the author' texts are open to interpretations**

The author, in saying what she or he meant by her or his work, can be seen as another reader, with an interpretation only as valid as that of any other person looking at the text. The author is no longer the all-important figure: The Author, as the saying[14)] goes, is Dead.

So why has the author always seemed so important?

Those who claim that the author is 'dead' also look at how the figure of the author was 'born', claiming this as another argument against authorial intention. The 'author' and the importance that the role has had in Western European culture was, like all ideas, invented. Of course, with broad concepts and categories of this sort it is impossible to say exactly when it was invented, but it has been argued very convincingly that this idea of the author came into being in or around the eighteenth century. This is obviously not to say that people

14) saying - n.속담, 경구, 금언

didn't write before this time, but that their sense of identity as an author and their relation to their texts were different. Mass printing in England began after William Caxton (c.1415/24–c.1491/2) introduced the first printing press in 1466 or 1467. Before this, who the author was simply wasn't important for thinking about what things meant. Medieval stories and romances were almost always without named authors (Chaucer is an exception). Gawain and the Green Knight is anonymous, but people read it without knowing or caring who the author was. (In contrast, if present-day writers stay anonymous it is precisely because it does matter who they are: they might want to escape persecution[15], or paying taxes, or scandal, for example.)

The concept of the author as the 'true source' of meaning perhaps developed most fully during the eighteenth century: the period of the Industrial Revolution. During this time of massive change, writing became property, something that could be sold. It was possible to have a career as an author without a patron, living by selling what one wrote. Since 'ownership' of the word was important to generate income, the importance of attribution[16] grew. Another major influence that fostered the idea of the author was the Romantic movement - a loose collection of poets, thinkers, philosophers and writers in Europe in the late eighteenth and early nineteenth centuries. They focused on the created idea of the writer as genius, which didn't just mean 'very intelligent' as it does today. A 'genius' was a person whose immense creative and artistic power was a conduit[17] between unseen powers (of Nature, for example, or the Imagination) and the world of human beings. Not only did this focus attention on the 'author', the genius, but it became important to know who had this special ability and who didn't.

The Romantic concept of the author also stressed that an author

15) persecution - n.(특히 종교상의) 박해, 학대
16) attribution - n.(~에 속하는) 권능, 직권
17) conduit - n.수도관, 수로

must be original. However, some people have cast doubt on the very possibility of originality. Whatever original idea an author might be trying to convey, she or he only has a limited number of pre-existing counters[18] - words - to use to do this, just as an artist has only a certain range of colours to paint with. Even new colours are only mixtures of old ones and although the range of colours is wide - the visible spectrum - it is also limited (try imaging a totally different colour that no one has ever seen before). Like colours, none of the words the author might choose are new: words are the only system of meaning that the author can use. If authors want to explain what original idea they 'mean', they can only use words that have pre-existing meanings, so the words will already have shaped what the author can say. (This view reverses the normal assumption that an author shapes language: it suggests that, in fact, language shapes authors.) On top of this, much literature is bound by generic conventions, so any work has, to some extent, to fit an already established pattern. In a thriller, for example, the murderer can either be captured or escape. In a way, this doesn't leave much room for originality. These rules can be challenged and changed, of course, but this too relies on the rules, since rebellion has to rebel against something. These conventions are not part of the original intention of the author: the 'original' ideas are reshaped by traditions of writing.

So the 'author' is yet another invented category, and even the way this category is defined, as a 'person who communicates original ideas', is open to question. But what are the effects of this?

Consequences of the death of the author

If the author is dead and reading to discover her or his secret hidden intention is no longer the only logical course to take, there are

18) counter - n. counterword, 즉 전용어, 대용어

new questions to ask. Perhaps one of the most important would be to ask how one might understand the idea of 'author' now. The 'author' might no longer be the source of meaning in a text, but it doesn't mean that the term has become irrelevant. Knowing about an author does still tell us some things about a text: the French philosopher and historian Michel Foucault (1926-1984) coined the term 'author-function' to describe the way the idea of the author is used. For example, author's name serves as a classification, as you can be fairly sure what sort of text, broadly understood in terms of style and period, you will find under the name 'Emily Brontë' or 'Stephen King'. This is not to pre-empt[19)] the idea of meaning but to suggest that the name is used to group certain texts together. The author-function is also used, correctly or incorrectly, to ascribe value to texts. When, every now and agin, somebody claims to have discovered a new Shakespeare poem, there is more fuss than when a new poem by a less famous poet is discovered. Again, if you like the work of a certain novelist, you might buy another novel by the same writer. The author's name also becomes a 'reference tag' for other, often quite vague things like style or themes: critics discuss 'Aphra Behn's style' (1640-1689; British playwright, novelist and translator) or 'Samuel Beckett's philosophy' (1906-1989; Irish writer). Some times the names of authors are used as the tags for a whole series of 'big ideas' - 'Darwinism' or 'Marxism', for example, These ideas may have little (or even nothing) to do with those individuals in history, but the ideas still come under the classification of their name, so powerful is the author-function. In none of these cases is the author necessarily a source of authority on the meaning of the text.

The growth of creative writing, as a discipline itself or as part of an AS/A2 curriculum, might also seem to bring back the author, and in some sense it does, as authors can be asked to explore their own

19) pre-empt - vt.~을 무효로 하다

work and explain their choices. However, as people work through the intricacies of writing, making choices about words or forms (a sonnet or a free verse poem? A novel or a short story?) or points of view (an all-knowing narrator? Or a first person narrator who is part of the story?), the idea that a single author controls the text that she or he writes seems more complicated as the language and genre itself starts to shape the writing. The choices made in the writing, choices about the form of the text, seem to dictate how the writing proceeds and makes the author less and less all powerful. And, of course, authors when faced with their own texts are readers too, making interpretations of the things they have written.

Perhaps most importantly, the 'death of the author' - or at least of their authority - leads to what Roland Barthes called 'the birth of the reader'. I understand this to mean that a literary work does have a meaning, but it isn't a puzzle or a secret to be found out, placed there in code by a genius author. Instead, it's something that grows as an interaction between the readers and the text itself. Each reader is able - or should be able - to interpret and to produce an array of different and stimulating meanings. You shouldn't be restricted by wondering what the author really meant. The meaning of a text lies not in its origin, but in its destination: in you, the readers. Understanding a text isn't a matter of 'divining[20] the secret' but of actively creating a meaning.

Nevertheless, the author's intention is still endlessly referred to, sometimes to discount perfectly convincing and interesting readings of texts. It seems that many people want to find an authority to explain the text and provide the final answer. It is this wish for a final meaning that links the word 'author' with the word 'authority'. This desire is particularly heightened in reading literature precisely because, I would argue, literature stimulates an unlimited proliferation of meanings. This idea, taken seriously, can seem quite threatening. If thinking about

---

20) divining - v.점치다, 예언하다, 추측하다

literature makes us think about the world, and there are no right answers about literature, are there any firm answers anywhere?

Summary

/ It is often assumed that the author determines the meaning of a text.
However, the reader also has a role to play.

/ The conventional way of understanding a text as 'what the author intended' makes a number of questionable assumptions about meaning, biographical certainty, authorial presence and evaluation.

/ These ideas are open to question: we all read differently, and even authors can only offer an interpretation of their own texts. There is no one fixed meaning to be found or judged.

/ The idea of the author is an invention, developed in the eighteenth century.

/ The term 'author' does still function as an indication of style, genre or, perhaps wrongly, of quality. However, the meaning in the text relies more on your interaction with it than on the writer's intention.

chapter 9

Consumer culture and mass culture*

Charles F. McGovern

In the century after the Civil War, the United States steadily urbanized. American cities swelled from the massive influx of new generations of foreign immigrants, along with transplants from the countryside. Industrialization and mass production transformed the economy, which came decisively to rest on the mass circulation and consumption of an ever-increasing array of commodities. Unevenly but inexorably[1)], Americans became dependent on getting and spending for their daily living. Social relations changed as well, with new institutions and values centered on spending. Mass production and distribution fostered commodification of personal and communal experiences, rituals, and emotions. As a modern capitalist nation, the United States in these years saw the birth of what we know as "mass culture" and "consumer culture." These cultures arose from mass circulation of commodities and have always been intimately linked.

During the twentieth century Americans embraced consuming as a significant index of national well-being and an important activity in daily life. In a nation with long-standing suspicions of ostentatious[2)] wealth and display, and a political heritage that placed production and labor at the center of democratic politics and civic membership,

---

* Charles F. McGovern, "Consumer Culture and Mass Culture," in Karen Halttunen, ed., *A Companion to American Cultural History* (Blackwell publishing: Malden, 2008), pp. 183-197.

1) inexorably - ad.냉혹하게, 불가항력적으로

2) ostentatious - a.과시하는, 자랑해 보이는

Americans came to accept spending and accumulation as markers of their national culture and rituals of citizenship. Long before World War II, mass culture pervaded daily life: consumption defined the US political economy and shaped American culture. Entering the twenty-first century, corporations purveying[3] mass culture led the economy. This essay traces the entwined advent of mass culture and consumption (sometimes called "commercial culture"), outlining key issues of their influence. Although their impact has only increased over time, this essay will primarily consider commercial culture in the years of its emergence, 1880-1930.

Coming to Terms

The nature, influence, and meanings of mass entertainment and spending have long been contested in debates which have generated considerable attention. Throughout the twentieth century, critics and pundits have argued that the American society and economy was structured by mass consumption, but only within the past generation have historians given sustained attention to it. Warren Susman most famously argued that the twentieth century inaugurated a "culture of consumption" that replaced an older "culture of production" (Susman 1984). Though scholars have since challenged the argument, his contention that mass consumption entailed[4] a distinct way of life built around spending remains a critical starting point in understanding the historic specificity of modernity (Simmel 1990 [1907]; Leach 1993; Lears 1994). Over the century many observers - economists, businessmen, social theorists - celebrated the expansion of consumer abundance, which they argued would spread luxury[5] and leisure throughout society. The United States would become a wealthier, freer,

---

3) purveying - vt.공급하다, 조달하다
4) entail - vt.(필연적인 결과로서) ~을 수반하다, 일으키다
5) luxury - n.쾌락, 만족, enjoyment

more peaceful society. But there were consequences: ever-increasing numbers and kinds of goods, unevenly distributed wealth, and the burgeoning corporate and commercial influence generated political and social commitments to a seemingly limitless market system that drove - and in turn was driven by - consumption. Alarmed critics of mass consumption emerged alongside its celebrants. Drawing on long-standing critiques of wealth and excess, they decried[6)] the moral and material harms of widespread spending. They viewed the consumer regime above all as wasteful, harming the natural environment, and coarsening everyday life. For them, the consumer regime did not reinforce, but eroded democracy by promoting invidious[7)] social competition (Veblen 1899; Horowitz 1985). The debate between mass consumption's proponents and critics has resurfaced periodically as new crises have generated new social movements. From Progressive era boycotts to current-day antiglobalization crusades, these movements contest the market system's dominance of politics and society, even as they inevitably question the cultural consequences of consumer capitalism.

Mass consumption generated debate: mass culture touched off controversy. Generally, commentators have understood mass culture as art, amusements, or expressions produced along industrial principles for large markets that are usually distinct from communities that cohere within discrete social or geographic borders. Intellectuals, activists, critics, historians, artists, and audiences have debated, often bitterly, distinctions among "popular," "mass," "folk," "high," and "low" culture, but have most consistently heaped scorn upon mass culture. Some scholars have sought the differences along chronological lines. Historian Michael Kammen, for instance, insists that popular culture held sway[8)] in the United States from 1870 to 1915, and shared

6) decried - vt.~을 비난하다
7) invidious - a.불쾌한, 몹시 차별적인
8) held sway - 지배하다

dominance with an emerging mass culture through 1945. With the inauguration of the television age, mass culture has since reigned unchallenged (Kammen 1999). Historian Lawrence Levine has argued that the critical difference has been between so-called "high" and "low" culture, a distinction he argues arose in the late nineteenth century as elites sought to distance themselves from the very immigrants and workers who were transforming American society (Levine 1988).

But most significant and durable have been the critical debates castigating and defending mass culture. For many commentators, mass culture in turn was both intellectually debased and inert. It bred passivity and reflected the alienated conditions of mass society (Macdonald 1962; Horkheimer & Adorno 1972; Gorman 1996). For the advocates of this long-lived and influential argument, mass culture debased its audiences by feeding them an unending diet of formulaic, degrading, and simple-minded entertainment that neither enlightened nor relieved its audiences. Mass culture's unrealistic and escapist fare[9] not only glorified the worst of human excess - violence, greed, lust, narcissism - but, by crippling their critical faculties, it rendered people unable to assess their social conditions or their rulers. In such a manner, mass culture actually debased both morality and the civic fabric of society. Still others defended mass culture, arguing that audiences could distinguish between reality and escapism, and charging that critics desired more to insult the public than understand its culture.

For many critics, mass culture's commodity status threatened the privileged status of the realm of art or "high" culture, which had long been viewed as art that represented the "best" of a civilization (Storey 2003). Mass culture blurred the boundaries of art. Other critics believed that such mass culture embodied modernity, commerce, and mass society itself. They feared the disappearance

9) fare - n.음식물, 상연물, 오락

or pollution of supposedly pure folk expressions by commercial culture's encroachments. While "mass" and "popular" have been used interchangeably by some, especially since the 1930s, others denounced the blurring of the two.

This essay distinguishes mass culture less by form than by framework: historically, "mass culture" has addressed and constituted broad audiences through the supple medium of the commodity form, usually in tandem[10] with means of mass communication. Such audiences may not necessarily share the same social conditions and consciousness as more localized communities that shape and embrace popular culture. Yet the mass cultural commodity reviled by critics has often served as an essential element in a vibrant localized popular culture. Mass culture's signature ability[11] to convene broad groups, along with its unabashed[12] commodity status, distinguishes it at times from popular culture.

Over the twentieth century, clear-cut distinctions between mass and popular have lost their historic relevance. Even as debates about the effects of mass culture proliferated, new material conditions eroded its meaning. Michael Denning asserts that since the ending of the Cold War, the West has witnessed "the end of mass culture," that is, an era in which mass culture's sway and meanings have been contested. He argues that in contemporary times, no other form of cultural organization can compete with mass culture (Denning 2004). The mass-produced commodity is ubiquitous, common to civilizations around the globe even as local societies adopt them differently. Ultimately, the world now hosts a global commodity culture increasingly untethered[13] from strict national boundaries through transnational capitalism, yet heavily implicated in local cultures

10) in tandem - 협력하여, 제휴하여
11) signature ability - n.특징적인 능력
12) unabashed - a.뻔뻔스러운, 태연한
13) untethered - vt.~을 놓아주다. ~으로부터 벗어나다

(Appadurai 1996). Mass culture is everywhere, although its meanings are always in flux.

Mass culture's contentious history reveals continuous struggle. As Stuart Hall and others have argued, struggles over culture have arisen with social crises challenging a ruling order's dominance. These crises engender attempts to police and contain the particular communities that create or embrace specific cultural forms; not coincidentally, these are the groups that threaten the rulers (Hall 1981; Levine 1988). I would further argue that, far from representing the antithesis of engaged citizenship or national cohesion, mass culture and consumption both have been integral in making the modern United States by fostering and embodying national identity. Throughout American history, ascriptive definitions of citizenship have entrenched political and economic inequality and disenfranchisement[14]. Citizenship has never been full or equal (Smith 1997; Glenn 2002; Ngai 2004). Commercial culture has continually figured tin popular struggles to secure justice, to reimagine democracy, and to redefine national identity. People without power used culture to make claims and forge identities as Americans when law and custom denied them equality or freedom.

Antebellum Origins

Many Americans of means[15] had been purchasing manufactured goods (especially from England) since the eighteenth century, but Revolutionary America and the early republic were hardly full-fledged consumer economies or cultures. While commercial culture does not significantly appear until the late nineteenth century, its basis took shape in the years before the Civil War. The contemporary ascendance

14) disenfranchisement - n.시민권의 박탈
15) means - n.재산, 수입

of P. T. Barnum[16], blackface minstrelsy[17], and mass publishing laid the foundations for the later mass and consumer culture industries. Barnum's pursuit of publicity and marketing laid the foundations both for advertising and for a celebrity culture. Minstrelsy left a legacy of entertainment built on racial stereotyping and oppression that embodied the emotional longings of a normative white audience. Mass publishing's appropriation of the public sphere through sentiment and sensation insured that Americans would both expect ready access to cultural goods and associate public issues with entertainment. Minstrelsy, Barnum's exploits, and mass publishing Minstrelsy, all critically shaped commercial culture. Their international success made clear that American mass culture and consumption would be global from the outset (DeGrazia 2005; Rydell & Kroes 2005).

The Making of Consumer Culture

Commercial culture emerged as an element in the late nineteenth-century maturation of modernity, a moment film scholar Ben Singer identifies as "modernity at full throttle" (Singer 2003: 19). Although many scholars argue that the intertwined development of capitalism and modernity had been underway since the seventeenth century, the second industrial revolution of the late nineteenth century saw a convergence of trends that set this moment apart (Giddens 1990). Industrial capitalism not only produced the infrastructure of the modern city and the thousands of goods of its economy; it also spread waves of migration and displacement as people left villages and towns for new urban lives and jobs; in those cities these people encountered unprecedented circulation and association of people and things (Simmel 1990 [1907]). Older ways of life once firmly rooted in local authority, community, and religion now receded in influence. Capitalism

16) Barnum - 흥행사, 서커스왕 (1810-91)
17) blackface minstrelsy - 흑인으로 분장한 백인 연예인의 노래와 춤

generated, in Singer's description, "[A] social order, and frame of mind, shaped by an economic life based on universal competition, a money economy, contractual relations, wage labor, the commodification of goods and services and a profit-motivated system of exchange among totally independent and self-interested parties" (Singer 2003: 33). In the United States, the new consumer culture itself was a production of modernity.

Mass production, new technologies, and urbanization all fostered the appearance and adoption of commodities and habits in daily life. Most critical were the successful deployment of technologies of production and distribution. Antonio Gramsci[18] dubbed the American system "Fordism" after its most visible and famous innovator, automobile manufacturer Henry Ford (Gramsci 1971). Fordism involved highly specialized, repetitive tasks performed on assembly lines by a largely unskilled labor force according to rigid standards without variance or individual freedom. Ford regulated his workforce within the factory through divisions of labor, and beyond its gates through restrictive, rigorously enforced codes of personal behavior. These practices aimed to produce a disciplined but disposable labor force. Ford in turn was able to cut his production and sales costs in half between 1908 and 1914, in effect enabling his workers to become his customers. This American system depended on such workers not only to produce but to consume, and "Fordism" culturally represented regimes of inflexible mass production and of regularized mass consumption. The company instituted the highly touted[19] "$5 day" wage not just to guarantee fair pay for workers but to enable them in effect to afford Ford cars (Watts 2005). If Ford and similar American industries produced goods, Fordism turned workers into consumers.

Americans created a mass consumer culture only with widespread access to such goods. Between 1880 and 1930 powerful new

18) Antonio Gramsci - 그람시(1891~1937)는 이탈리아의 철학자, 정치이론가
19) touted - a.(성가시게) 권유하는

institutions and methods of mass distribution and communication brought an expanding array of goods to all corners of the nation. Mail order retailers Montgomery Ward and Sears, Roebuck found eager customers for their wares throughout remote rural areas as well as cities: by the early twentieth century, their catalogs, known as "wish-books," regularly reached 800 densely packed pages of items from thimbles to complete houses (Boorstin 1973). Mail order introduced thousands of standardized goods into the routines of daily life, insuring not lock-step experiences but common exposure to similar things, habits, and technologies. Federal subsidies in the form of favorable "second class" rates for magazines and newspaper delivery (1885), rural free delivery (1896), and parcel post (1913), all enabled the postal system to deliver billions of pieces of goods and advertising throughout the nation.

Revolutions in retailing established two pillars of the new culture: department and chain stores. Combining a limitless variety of goods with in-house manufacturing and custom production, such department stores as Marshall Field, Macy's, John Wanamaker's, and Filene's won the trade of a burgeoning middle class. Highlighting fashion, modernity, variety, and service, department stores offered this new class both endless goods and attractive rituals and settings for acquiring them. They purveyed entertainment and service along with their wares: orchestras, concert organs, and choirs regularly performed; many stores also featured art exhibitions, pageants, theatricals, and lectures (Leach 1993). Providing even more goods to a greater array of Americans were the chain stores. Spearheaded by F. W. Woolworth, "5 & 10s" brought an array of inexpensive manufactured items to small towns and cities alike. The chains offered discounted prices on limited lines of wares, thus spreading the mass consumption economy to folks of modest means (Strasser 1982). Chains such as A&P (groceries), United Drugs/Rexall (pharmaceuticals), and General Cigar (tobacco) penetrated nearly every city and hamlet in the United States. Today, led by Wal-Mart, chain stores dominate American retailing more than ever.

Key to the new consumer culture was national print media, the most significant being new, commercially oriented magazines. Heavily subsidized by advertising, these weekly and monthly publications addressed the new urban middle and business classes, particularly their female homemakers (Scanlon 1995; Ohmann 1996). In a form of literary Fordism, publishers Frank Munsey and Cyrus H. K. Curtis filled their magazines with ever-increasing advertising space; the advertising income enabled them to publish at a much lower retail price. That won the magazines a vast and growing number of readers that older, Victorian-era genteel periodicals did not reach. This readership, now quantified and dubbed as "circulation," was resold in turn to other prospective advertisers as distinct and desirable "markets." While this system established a successful business model - expanding profits by lowering unit prices and production costs - standards of success ensued that measured success solely through readership size. Circulation - the aggregate number of consumers or audience - became the dominant if not sole arbiter[20)] of success for the culture industries.

The linchpin[21)] of mass consumption was the trademarked brand name. Between 1880 and 1930, the American economy became a brand-name system. Manufacturers, wholesalers, and retailers all clashed over who would dictate what goods would reach consumers; put differently, they competed to control and restrict the numbers and kinds of goods consumers would choose. The battle over distribution centered upon supplying the retailer (Strasser 1989; Laird 1998). Manufacturers allied with an increasingly powerful professional group - advertisers - to reach consumers without the intercession of independent wholesalers or jobbers. Teaching consumers to identify

20) arbiter - n.조정자, 신과 같은 결정요소
21) linchipin - n.핵심, 가장 중심적인 것.

and request a specific manufacturer's product from an array of competitors became advertisers' principal service to business. Formerly brands designated an individual artisan or producer; they now stood in for corporate manufacturers producing goods at a far remove from their customers. Supplanting the face-to-face relationships between the maker and customer characteristic of preindustrial commerce, brands now offered a different authority - the distant, large, anonymous corporation (Marchand 1985, 1998).

Brand names, distinctive packaging, visually distinctive logos, and trade marks became the identifying face of both goods and their firms. By the Great Depression branding had taken such a strong hold in American life that few consumer products in everyday life were sold without them. Brand names not only were an economically profitable means to establish proprietary claims upon commonplace technologies or goods; they also assumed cultural significance as a modern iconic vocabulary, a set of signs visible not only on store shelves but throughout everyday life, including media, the built environment, and, indeed, entertainment and language. If goods were the bricks of consumer culture, the brand name was their mortar.

Brands also amplified the importance of consumers. Cultivating consumer preference and loyalty became the techniques of selling to the mass markets (Strasser 1989; Laird 1998; Friedman 2004). Just as they had rationalized manufacturing and planning, by World War I American firms were producing customers with similar precision and efficiency. Firms identified specific groups within the populace with possible interests in their wares, and then deployed a variety of means to reach that specific group. Advertisers offered to those potential consumers distinct ideas and images about themselves. Advertisers and media then packaged the purported characteristics of such groups, now called "markets," and sold them to business clients. Circulating images of people and products, advertisers sold stereotypes about groups to business, and sold consumers stereotypes about products, society, and themselves (Marchand 1985; Lears 1994; Leiss et al. 2004). Promoting consumption, marketers urged people above all to think of themselves as consumers. In spending to create their everyday lives, Americans made a consumer culture. That culture in turn originated in a series of entertainments, spectacles, and diversions - mass culture.

The Ascendance of Mass Culture

Mass culture appeared in a series of industries that produced entertainment and leisure experiences for national and far-flung[22] audiences. Just as the rational organization of capital and labor produced the mass consumer system, aspects of late nineteenth-century modernity were critical to the new appearances of mass culture. The disruptions of this era were amplified by a series of new technologies and forms. The new technological systems of electricity were perhaps most far-reaching. Electric lighting and power extended the hours of the day, thus altering centuries-old work and living rhythms (Nye 1990). Railway, automobile, and later air travel transformed experience of time, space, and distance. New communications technologies, beginning with the telegraph and later the telephone, the photograph, the phonograph, and motion picture, further annihilated traditional experiences of place, distance, and time (Kern 1983). All these innovations fostered sensory and perceptual dislocations of time, space, and causality. In effect they insured that subjectivity itself - the manner and mode of individual experience - would change. The fragmentary nature of individual perception and social experience became most noticeable in the detachment, alienation, and spectatorial behaviors associated with modern urban life (Simmel 1990 [1907]; Benjamin 1999).

The cities offered a veritable[23] theater of continual performances

22) far-flung - a.광범위한
23) veritable - a.진짜의

on the streets and in shop windows. To be an urbanite was to reside and take part in a continual pageant. In the city, mass society visually observed and experienced itself as mass society. Yet modernity's new bureaucratic, social, and commercial organizations enhanced both isolation and connection. People were simultaneously severed from familiar, sustaining communities and, curiously, more linked to complete strangers (Giddens 1990). This spectacular, theatrical and yet distant and alien environment encouraged people to become viewers, passers-by to become spectators, and citizens to become audiences. The results were ripened appetites for a plethora[24)] of entertainments that we know as mass culture.

The numerous forms of mass culture that came to prominence in the late nineteenth century were notable for both their variety and the rapidity with which they gained national favor. The motion picture, the phonograph, wild west shows, the railroad circus and medicine shows, world's fairs, comic strips, cheap mass-circulation magazines, dance halls, amusement parks and midways, roller rinks, along with mass spectator sports (professional baseball, college football, auto racing), all found national acceptance between 1880 and 1920 (Nasaw 1993). Although reliable figures are scarce, all plausible evidence demonstrates that vast numbers of Americans took part in mass culture. The continued expansion of these industries indicates that purveyors of mass culture had found success. Mass culture created mass audiences, who in turn sought more mass culture.

Commercial amusements found national acceptance during the 1890s, a moment when the socioeconomic arrangements of the new were undermining the didactic, self-consciously moral norms of Victorian America[25)] (Susman 1984). Restraint, sobriety, and frugality-bedrock traits of bourgeois respectability[26)] - met newer, competing

24) plethora - n.과다, 과잉, 과도
25) Victorian America - 빅토리아 여왕이 통치한 1837~1901년 시기를 의미한다.
26) respectability - n.품행이 단정함, 체면차림, 점잖빼기 (영국 빅토리아 시대의 한 특징)

values. Amusement for its own sake challenged the probity and "useful" recreation of Victorianism; gratification overtook virtuous self-denial, while youth and novelty overshadowed long-standing veneration of age and tradition. Americans of course did not simply discard an older set of values or moral codes for another. The advent of mass culture often provoked conflicts between these two outlooks, battles that were also taking place in the realms of economics, social class, and politics. Underlying them all were a series of social crises - the prolonged "labor question," the possibility of socialism and revolution, the rights of women, the oppression of African Americans with the reversal of Reconstruction[27)], the consequences of monopoly and entrenched economic power. These crises arose in conflicts between immigrants and natives, capital and labor, plain people and authorities, the middle class and cultural pundits, women workers and male family members or bosses, and citizens and corporations. They took place not only in the factory, street corner, town square, and courthouse, but in the sites of mass culture. Mass culture's protean forms insured that these fights would continue well beyond the initial years in which commercial culture took firm hold.

Success and Contest: Two Cases

We can discern broader patterns of mass culture's acceptance and controversy in the rise of amusement parks and the motion picture. Amusement parks overturned conventional Victorian morality by allowing adults to indulge in hedonism and play, and to experience forbidden, sexually charged physical proximity to others. From the outset in the 1890s these parks were a success, and by 1907, over 400 were in operation (Register 2001: 98). New York's Coney Island and its many imitators amplified the sensory and social dimensions

27) Reconstruction - 1865~77년 사이의 남부의 재편입, 재건

of markets, village festivals, and highly populated neighborhoods through a mix of stimulation, kinetic[28)] sociability, and spectacle. These attractions immersed their patrons in a wash of noise, an abundance of artificial light, an array of scents, and dense physical crowding. Entrepreneur Fred Thompson filled Coney's Luna Park with attractions summoning exotic locales and orientalist fantasies. Spectacular architectures - exotic, mammoth, fantastic - evoked otherworldly splendor. Pageants and shows enacted famous battles or bygone imperial opulence[29)]. The rides, of course, gave patrons temporary dangers and thrills, titillation, and simulated risk (Kasson 1978). A chance to take "A Trip to the Moon" or careen[30)] against a romantic companion on "The Tickler," offered a steady stream of otherwise illicit contact.

Such parks achieved a kind of Fordist perfection: millions entered their turnstiles every year, taking their place on an assembly line of amusement. Marvels of mechanical modernity, roller coasters, Ferris[31)] wheels, tilt-a-whirls, and carousels[32)] linked the achievements of the machine age to outsize fantasies of childhood. Most telling, they efficiently processed hundreds of people in attractions every few minutes. Amusement parks were mechanized factories of fun.

They also manufactured class and promoted sex. Catering to the business-class families, parks often sought to limit the presence of working-class patrons and alcohol. Nonetheless, millions of young workers went to the parks to court and socialize. Working women often found men to pay their way in return for companionship and occasional limited sexual favors. Such "treating" became a complex ritual allowing women independence from familial authority, middle-

---

28) kinetic - a.활력적인, 정력적으로 활약하는
29) opulence - n.풍부, 부
30) careen - n.한 쪽으로 기울이기
31) Ferris - n.회전하는 관람차
32) carousels - n.회전목마

class rebuke[33], and indeed their own suitors (Peiss 1986; Enstad 1999). Thus the amusement parks offered respite[34] and freedom from their everyday lives to both middle- and workingclass visitors, yet the stakes differed for each group; For the middle class, amusement parks enabled the overthrow of the probity[35] expected of them at all times. For working-class women, the parks offered amusement and agency, a place to define themselves against the expectations of others.

The overwhelming success of the movies in everyday life offers a different story. Cultural authorities attempted to control movie going, but different audiences proved resolutely determined to use the movies according to their own needs and aspirations. Revealing the utopian appeals of mass culture, these conflicts also demonstrated the flaws in critics' perpetual arguments that mass culture imposed a uniform level of mediocrity on a supposedly homogeneous mass populace. The movies' fitful but inexorable movement from nickelodeon to picture palace, working-class neighborhood to affluent downtown, sideshow attraction to national institution, revealed and indeed prolonged battles over the uses of mass culture.

Americans first witnessed moving pictures in the early 1890s; in 1904 Pittsburgh businessman Harry Davis opened the first downtown space dedicated specifically to showing projected films. Like Woolworth's "5 & 10," such "nickelodeons" advertised the price in their name; within a few years they had mushroomed throughout the ethnic neighborhoods of the USA (Nasaw 1993). Their successes enabled a generation of ethnic businessmen and -women to enter the culture industries: many of the great Hollywood studios were founded by immigrant nickelodeon and arcade[36] operators.

Finding such favor with working-class patrons, nickelodeons almost

33) rebuke - n.질책, 책망
34) respite - n.(일·의무등의) 임시적 중단
35) probity - 성실, 고결
36) arcade - n.지붕있는 상가

immediately attracted attention from those determined to regulate the new mass society. Social workers, reformers, politicians, civic officials, and critics attacked the nickel shows as unsanitary, dangerous, and debased. A Moving Picture World critic in 1910 offered a scathing portrait that reflected the elite attitude toward the working class:

> The audience also sat still for one or two high-class films without any fuss, although we are sure they didn't understand what they were looking at any more than they would a Chinese opera … I would have been more comfortable on board a cattle train than where I sat. There were five hundred smells combined in one … But what is hardest to swallow is that the tastes of this seething mass of human cattle are the tastes that have dominated, or at least set, the standard of American moving pictures. (Quoted in Bowser 1990: 3-4)

Moreover, critics charged that in theaters women endured unwanted sexual advances from predatory men, and that couples used the theaters as an illicit space for intimacy. The critics' worst fear was that the movies' knowing allusions to, and vivid portrayals of, sexual desire, crime, adultery, and disrespect for authority would poison social order. Reformers fought the "immorality" of movies by closing theaters, extending blue laws[37], and enforcing building safety codes. They also established local and national censorship groups, most prominently the National Board of Review (1909) to police both content and audience (Grieveson 2004). The Board scrutinized plots and scenes and encouraged "higher-class" films. By the decade's end nickelodeons were on the defensive and soon gave way to newer theater spaces that catered to middle classes, even as shorter films exhibited there were replaced by narrative feature films[38] (Kozarski 1990; Bowser 1990).

---

37) blue laws - n.(청교도적인) 엄격한 법률
38) feature films - n.장편영화

One reason critics declared these audiences in need of regulation was the threat the movies seemed to pose to parental authority and traditional mores. Again, young women were a principal target. The furor increased through the 1910s as concern over "movie-struck girls" - film's first true "fans" - blossomed. Yet these women flocked to the shows for good reasons. As New Women inhabiting the streets as well as the workplace, they sought entertainment that addressed their lives. Independent, working-girl heroines of serials such as The Perils of Pauline (1914) appealed to viewers who themselves labored. Cross-promoted in cheap papers and dime novels, these serials were meaningful stories for workers themselves braving[39)] hostile environments in the workplace and the limiting demands of family and society (Enstad 1999; Singer 2003). Indeed, these female viewers helped lay the groundwork for the star system, Hollywood's brand-name regime (DeCordova 1990). Despite reform efforts to promote more decorous films and to purify the theaters, young women used movie going according to very different lights; they sought leisure that fitted them for independence and role models very different from proper and passive Victorian ladies.

While attempts to curtail the overall influence of the movies were bound to fail, the censors attained significant victories and pervasive influence. Progressive-era local censorship boards were followed by the creation of the Hays Office to regulate morality in the movies. There followed in the 1930s the Motion Picture Production Code (1934), written with significant input from Roman Catholic officials; and the Payne Fund Studies privately supported research geared to prove that movies and mass media exerted harmful effects upon children (Black 1994; Jowett et al. 1996). This unending stream of moral crises pointed both to the movies' central significance in American life, and to the determination of many groups to make their own meanings and to

39) braving - vt.~에 용감히 맞서다, ~에 도전하다

evade the overt control of authorities. Stuart Hall rightly reminds us that the "popular" has traditionally meant those without power (Hall 1981); the movies especially remind us that such people still held significant agency in making their daily lives. That agency and the vitality of such groups have continually made their lives a target in the ongoing battles over mass culture.

Mass Culture, Consumer Culture, and Nation

Commercial culture's myriad forms of entertainment and goods proved integral in making the American nation in the modern era. Lisa Lowe (1996) reminds us that, "It is through the terrain of national culture that the individual subject is politically formed as the American citizen." In the United States, that training took the form of participation in commercial cultures. Mass culture and commodities offered a common experience in an otherwise diverse and fragmentary society. People have used the products and rituals of commercial culture to fashion themselves as full citizens and to reshape a social order that recognizes them. These two dynamics of nationalization and naturalization deepened the influence of commercial culture.

Elites drew upon commercial culture for nation making and citizenship. National corporate advertisers, for example, used explicitly political language, patriotic images, and nationalist ideas to educate buyers to be consumers (McGovern 2006). Portraying spending as voting, freedom as marketplace choice, and manufactured material abundance as the distinct exceptional American heritage, advertising explicitly linked Americanness with spending. From the late nineteenth century through World War II, corporations, marketers, and media fought to establish consumption as social membership. When the Depression's economic collapse established that the consumer was integral to the economy's survival, the civic dimensions of consumption became unmistakably clear. The economy depended on consumers, and the need to enhance their purchasing would influence government and economic planning for the future (Brinkley 1995; Cohen 2003).

Commercial culture reinforced nation and patriotism through other means as well. Mass culture producers trafficked in spectacles with nationalist themes and implications. For example, the fledgling movie industry presented war as patriotic entertainment, repeatedly documenting both the Spanish-American war in Cuba and Pancho Villa's Mexican Revolution in the borderlands. Similarly, from the outset films often focused upon narratives of nation, history, and belonging. The most celebrated early American film, The Birth of a Nation (1915), established the feature film as the dominant narrative in movies. Southern-born director D. W. Griffith transcribed Thomas Dixon's novel The Clansman, a Confederate[40] revenge fantasy whose racist repudiation of Reconstruction rewrote a central moment of American national history, the remaking of the Union[41].

Elites also utilized the instruments of mass communication to forge a new national citizenry through rituals and symbols. The same media that offered entertainment could now readily provide a steady stream of patriotic images and nationalist rhetoric. In 1892 Francis Bellamy campaigned to make the Pledge of Allegiance[42] a daily ritual through the national children's magazine Youth's Companion (O'Leary 1999). During World War I, the federal government extensively used mass-produced posters and movies to advertise the war effort. The much-celebrated "Four-Minute Men" gave brief speeches to millions to fund the war's Liberty Loans. Indeed, training in mass culture became one index of civic fitness. During the 1910s, the Army Intelligence Tests, which screened potential servicemen, examined recruits' familiarity with advertising slogans, brand names, and mass culture to assess

40) Confederate - a.(남북전쟁 당시의) 남부연합의
41) the Union - n.(the United States) 즉 연방국가 미국
42) Allegiance - n.미국민의 충성맹세

overall mental aptitude and intelligence (Lears 1994).

In the 1920s, the advent of commercial broadcast radio would accelerate interest in the nation-making possibilities of media. Radio's entertainment forms - adapted from vaudeville, tent shows, minstrelsy, and comic strips - enabled Americans to imagine a nation far beyond the borders of their own daily lives. This imagined nation enabled listeners and broadcasters to conceive of their membership in a larger social body, and to exclude those who were undesirable. It also allowed listeners to consider themselves members of a radio public that broadcasters needed to consult as well as respect. Through the 1940s, listeners would hold radio accountable for its civic relationship with the public (Douglas 1999; Newman 2004; Razlogova 2006).

The listeners' determination to hold broadcasters to a social compact reflected the citizenship of mass culture. Audiences and consumers frequently and fiercely made use of the tools of mass culture to make civic claims, gain political power, and seek full social equity in custom along with law. Critics of mass culture have long complained that it encouraged a passive, apolitical outlook. But mass culture and consumption in fact have provided both a utopian promise and vocabulary for claims to civic rights and social membership. The history of African Americans bears this out[43].

African Americans linked their struggle for political and social freedom to the cultural resources of the mass market and entertainment. African American cultural figures - performers and celebrities - along with clergy, emerged as critical leaders in black life, particularly in the years before the national civil rights movement. With celebrity came political opportunities, and prominent black performers often pressed for African American rights and critiqued racism and oppression by whites. Pioneering film-maker Oscar Micheaux, song publisher W. C. Handy, record company owner Harry

43) bears~out - ~을 증명하다, 입증하다

Pace, Negro baseball entrepreneur Rube Foster, along with numerous others, built careers and businesses creating mass culture specifically by and for African Americans. Micheaux and other black film-makers of the time explicitly contested the racist stereotypes of silent cinema, most notably Birth of a Nation, while portraying black everyday life from complex political, reformist, and middle-class perspectives (Bowser et al. 2001; Stewart 2005). Black theatrical productions portrayed African American history, heritage, and social life. These cultural productions made clear that African American cultural producers claimed the forms of mass entertainment to represent themselves and narrate their own lives, a form of agency routinely denied them under slavery and then Jim Crow[44)] (Sotiropoulos 2006).

Both African Americans and radio audiences participated in commercial culture determined to shape its meanings and offerings to their interests. They saw the political and national implications of commercial culture, and showed it was possible for citizens to reshape the national prescriptions of the culture industries to their own very different uses and ends. In so doing, they fashioned a critique of the assumptions of national unanimity and cohesion produced in commercial culture. They revealed the determination of Americans to use commercial culture to enhance their citizenship.

Conclusion

Throughout the twentieth century, commercial culture has formed the vocabulary of powerless people for justice and equality. Workers, women, immigrant groups, and people of color encountered similar opportunities and barriers. Mass culture has long provided opportunities for communities to envision themselves as communities, and to speak to issues beyond local boundaries. They have provided

44) Jim Crow - n. 흑인 격리, 차별대우 정책

joy, release, comfort, and self-expression in lives that often held few pleasures and great struggle. The venues - theaters, dance halls, department stores - facilitated for women especially a public presence previously taboo in conventional Victorian morality. The new media-from magazines and dime novels to radio and movies - offered workers the means to narrate or participate in stories that spoke to their experiences and aspirations. The new commodities gave ethnic workers a common connection where older ties of ancestry or language might have proven a barrier. Yet at every turn they faced industries that held considerable power and that were often allied with the state. Mass culture and material abundance have long been identified with the American nation and the promise of American life (McGovern 2006). But their history has been complex. The utopian promise of entertainment and abundance has too often gone unfulfilled, and Americans have become acutely aware over time of what these realms cannot provide. But as long as the United States continues to produce mass culture and remains a consumer society, scholars will need to study the relationships of commercial culture to the American nation.

Reference

Appadurai, Arjun: *Modernity at Large: Cultural Dimensions of Globalization* (Minneapolis: University of Minnesota Press, 1996).

Benjamin, Walter: *The Arcades Project* (Cambridge, MA: Belknap Press of Harvard University Press, 1999).

Black, Gregory D.: *Hollywood Censored: Morality Codes, Catholics and the Movies* (New York: Cambridge University Press, 1994).

Boorstin, Daniel J.: *The Americans: The Democratic Experience* (New York: Random House, 1973).

Bowser, Eileen: *The Transformation of Cinema, 1907-1915* (New York: Scribner,

1990).

Bowser, Pearl, Gaines, Jane, & Musser, Charles, eds.: *Oscar Micheaux and His Circle: AfricanAmerican Filmmaking and Race Cinema of the Silent Era* (Bloomington: Indiana University Press, 2001).

Brinkley, Alan: *The End of Reform: New Deal Liberalism in Recession and War* (New York: Alfred A. Knopf, 1995).

Cohen, Lizabeth: *A Consumer's Republic: The Politics of Mass Consumption in Postwar America* (New York: Alfred A. Knopf, 2003).

DeCordova, Richard: *Picture Personalities: The Emergence of the Star System in America* (Urbana: University of Illinois Press, 1990).

DeGrazia, Victoria: *Irresistible Empire: America's Advance through Twentieth Century Europe* (Cambridge, MA: Belknap Press, 2005).

Denning, Michael: *Culture in the Age of Three Worlds* (New York: Verso, 2004).

Douglas, Susan J.: *Listening In: Radio and the American Imagination from "Amos 'n' Andy" and Edward R. Murrow to Wolfman Jack and Howard Stern* (New York: Times Books, 1999).

Enstad, Nan: *Ladies of Labor, Girls of Adventure: Working Women, Popular Culture and Labor Politics at the Turn of the Twentieth Century* (New York: Columbia University Press, 1999).

Friedman, Walter A.: *Birth of a Salesman: The Transformation of Selling in America* (Cambridge, MA: Harvard University Press, 2004).

Giddens, Anthony: *The Consequences of Modernity* (Stanford, CA: Stanford University Press, 1990).

Glenn, Evelyn Nakano: *Unequal Freedom: How Race and Gender Shaped American Citizenship and Labor* (Cambridge, MA: Harvard University Press, 2002).

Gorman, Paul R.: *Left Intellectuals and Popular Culture in America* (Chapel Hill: University of North Carolina Press, 1996).

Gramsci, Antonio: *Selections from the Prison Notebooks*, ed. and trans. Quintin Hoare & Geoffrey Nowell Smith (New York: International Publishers, 1971).

Grieveson, Lee: *Policing Cinema: Movies and Censorship in Early Twentieth-Century America* (Berkeley: University of California Press, 2004).

Hall, Stuart: "Notes on Deconstructing the Popular," in Raphael Samuel, ed., *People's History and Socialist Theory* (London: Routledge & Kegan Paul, 1981), pp. 227-40.

Horkheimer, Max & Adorno, Theodor: *Dialectic of Enlightenment* (New York: Herder & Herder, 1972).

Horowitz, Daniel: *The Morality of Spending: Attitudes Toward the Consumer Society in America, 1875-1940* (Baltimore, MD: Johns Hopkins University Press, 1985).

Horowitz, Daniel: *Anxieties of Affluence: Critiques of American Consumer Culture, 1939-1979* (Amherst: University of Massachusetts Press, 2004).

Jowett, Garth S., Jarvie, Ian c., & Fuller, Kathryn H.: *Children and the Movies: Media Influence and the Payne Fund Controversy* (New York: Cambridge University Press, 1996).

Kammen, Michael: *American Culture, American Tastes: Social Change and the Twentieth Century* (New York: Alfred A. Knopf, 1999).

Kasson, John F.: *Amusing the Million: Coney Island at the Turn of the Century* (New York: Hill & Wang, 1978).

Kern, Stephen: *The Culture of Time and Space, 1880-1918* (Cambridge, MA: Harvard University Press, 1983).

Kozarski, Richard: *An Evening's Entertainment: The Age of the Silent Feature Picture, 1915-1928* (New York: Charles Scribner's Sons, 1990).

Laird, Pamela Walker: *Advertising Progress: American Business and the Rise of Consumer Marketing* (Baltimore, MD: Johns Hopkins University Press, 1998).

Leach, William: Land of Desire: Merchants, Power and the Rise of a New American Culture (New York: Pantheon, 1993).

Lears, T. J. Jackson: Fables of Abundance: A Cultural History of Advertising in America (New York: Basic Books, 1994).

Leiss, William, Kline, Stephen, Jhally, Sut, & Botterill, Jackie: *Social Communication in Advertising: Consumption in the Mediated Marketplace*, 3rd ed. (New York: Routledge, 2004).

Levine, Lawrence: *Highbrow/Lowbrow: The Emergence of Cultural Hierarchy in America* (Cambridge, MA: Harvard University Press, 1988).

Levine, Lawrence: "The Folklore of Industrial Society: Popular Culture and Its Audiences," *American Historical Review* 97, 5 (December 1992), 1369-99.

Lowe, Lisa: *Immigrant Acts: On Asian American Cultural Politics* (Durham, NC: Duke University Press, 1996).

Macdonald, Dwight: "Mass cult and Midcult," in Dwight Macdonald, *Against the American Grain* (New York: Random House, 1962), pp. 3-75.

Marchand, Roland: *Advertising the American Dream: Making Way for Modernity, 1920-1940* (Berkeley: University of California Press, 1985).

Marchand, Roland: *Creating the Corporate Soul: The Rise of Public Relations and Corporate Imagery in American Big Business* (Berkeley: University of California Press, 1998).

McGovern, Charles F.: *Sold American: Consumers, Citizenship, and Culture, 1890-1945* (Chapel Hill: University of North Carolina Press, 2006).

Musser, Charles: *The Emergence of Cinema: The American Screen to 1907* (New York: Scribner, 1990).

Nasaw, David: *Going Out: The Rise and Fall of Public Amusements* (New York: Basic Books, 1993).

Newman, Kathy: *Radio Active: Advertising and Consumer Activism 1935-1947* (Berkeley: University of California Press, 2004).

Ngai, Mae: *Impossible Subjects: Illegal Aliens and the Making of Modern America* (Princeton, NJ: Princeton University Press, 2004).

Nye, David E.: *Electrifying America: The Social Meanings of a New Technology, 1880-1940* (Cambridge, MA.: MIT Press, 1990).

Ohmann, Richard M.: *Selling Culture: Magazines, Markets, and Class at the Turn of the Century* (New York: Verso, 1996).

O'Leary, Cecilia Elizabeth: *To Die For: The Paradox of American Patriotism* (Princeton, NJ: Princeton University Press, 1999).

Peiss, Kathy Lee: *Cheap Amusements: Working Women and Leisure in New York City, 1880 to 1920* (Philadelphia: Temple University Press, 1986).

Razlogova, Elena: "True Crime Radio and Listener Disenchantment with Network Broadcasting, 1935-1946," *American Quarterly* 58,1 (2006), 137-58.

Register, Woody: *The Kid of Coney Island: Fred Thompson and the Rise of American Amusements* (New York: Oxford University Press, 2001).

Rosenzweig, Roy: *Eight Hours for What We Will: Workers and Leisure in an Industrial City, 1879-1920* (New York: Cambridge University Press, 1983).

Rydell, Robert W. & Kroes, Rob: *Buffalo Bill in Bologna: The Americanization of the World, 1869-1922* (Chicago: University of Chicago Press, 2005).

Scanlon, Jennifer: *Inarticulate Longings: The Ladies' Home Journal, Gender, and the Promises of Consumer Culture* (New York: Routledge, 1995).

Simmel, Georg: *The Philosophy of Money*, 2nd enlarged edn., trans. Tom Bottomore & David Frisby (New York: Routledge, 1990 [1907]).

Singer, Ben: *Melodrama and Modernity: Early Sensational Cinema and Its Contexts* (New York: Columbia University Press, 2003).

Smith, Rogers M.: *Civic Ideals: Conflicting Visions of US Citizenship in History* (New Haven, CT: Yale University Press, 1997).

Sotiropoulos, Karen: *Staging Race: Black Performers in Turn of the Century America* (Cambridge, MA: Harvard University Press, 2006).

Stewart, Jacqueline Najuma: *Migrating to the Movies: Cinema and Urban Black Modernity* (Berkeley: University of California Press, 2005).

Storey, John: *Inventing Popular Culture: From Folklore to Globalization* (Malden, MA: Blackwell, 2003).

Strasser, Susan: *Never Done: A History of American Housework* (New York: Pantheon, 1982).

Strasser, Susan: *Satisfaction Guaranteed: The Making of the American Mass Market* (New York: Pantheon, 1989).

Susman, Warren I.: *Culture as History: The Transformation of American Society in the Twentieth Century* (New York: Pantheon Books, 1984).

Watts, Stephen M.: *The People's Tycoon: Henry Ford and the American Century* (New York: Alfred A. Knopf,2005).

Veblen, Thorstein: *The Theory of the Leisure Class* (New York: Macmillan, 1899).

chapter 10

The globalization of American culture*

Petra Goedde

In 2004 Lynn Hirschberg of the New York Times sounded an unexpected warning: globalization was undermining American film. Hollywood was still exporting movies allover the world, but their cultural content was no longer distinctly American. "While other countries have interpreted globalism as a chance to reveal their national psyches and circumstances through film," Hirschberg contended, "America is more interested in attracting the biggest possible international audience" (Hirschberg 2004: 89). Popular films such as Shrek 2, Troy (both shown at the Cannes Film Festival in 2004), and Van He/sing derived from European myth and folktales and were not situated in a recognizably American milieu. Could it be, Hirschberg implied, that the globalization of the American movie was now eroding American culture itself? Was American culture in danger of losing its heart and soul to the global marketplace?

While Hirschberg might have prematurely lamented the loss of authenticity in American film, she alluded to a fundamental truth about America's global influence: the proliferation of American culture abroad affects the production of culture in the United States itself. Yet, few, if any, historical treatments of the globalization of American culture have acknowledged this reciprocal effect (Hoganson 2006). From

---

* Petra Goedde, "The Globalization of American Culture," in Karen Halttunen, ed., *A Companion to American Cultural History* (Blackwell publishing: Malden, 2008), pp. 246-262.

the earliest works on Americanization to the most recent studies of globalization, historians' focus has been on America's influence abroad rather than the impact of globalization on American culture.

The reasons for this omission lie primarily in the scholarly domains of those who have shaped the literature of Americanization. For a field of study that takes American culture as its subject, it has been curiously devoid of American cultural historians. Instead, it has been shaped primarily by area specialists from disciplines such as anthropology, sociology, political science, and diplomatic history. These specialists looked outward from the USA, uncritically assuming the existence of a single national culture at home. While these cultural internationalists took the existence of a single American culture for granted, US cultural historians were focusing predominantly on local, regional, and ethnic cultures. Their understanding of the complexity of the American cultural landscape made it ever harder to justify writing about American culture in the singular.

Cultural internationalists not only posited the existence of a single American culture, but also assumed its power and influence on a global scale. After World War II such an assumption evolved in tandem with the projection of American economic and military power abroad. At the height of the Cold War with the Soviet Union, the deliberate exportation of American culture became an integral part of America's foreign policy. The origins of America's cultural diplomacy date to 1938 when the State Department created the Division[1] of Cultural Relations to foster intellectual cooperation with other countries. In 1946, Congress established the Office of International Cultural Affairs and the International Press and Publication Division, which in turn became the United States Information Agency (USIA[2]) in 1953 (Hixson 1997). The agency set up information centers all over

1) the Division - n.(행정상의) 국, 부, 과
2) USIA - n.미국 문화 정보 교환국

the world, sent cultural representatives on global publicity[3)] tours, and directed broadcasts of the Voice of America[4)] into areas under communist control.

The myth of a unified American culture and the programmatic use of American culture as a Cold War weapon were hardly coincidental. America's international cultural offensive[5)] was complemented by the Cold War era state's unprecedented exercise of power over the lives of individuals, restricting the political, personal, and sexual freedoms of its citizens, all in the name of national security and the fight against communism. Just as the USA fostered a conformist, homogeneous image of American culture and society at home, it projected a homogeneous image abroad.

The civil rights movement and the social upheavals of the 1960s challenged this myth of conformity. They put into sharper relief the cultural rifts and contradictions within American society, and destroyed the image of a unified national culture that the American government had cultivated meticulously throughout World War II and into the Cold War. As a result, in the international arena America represented both model and nemesis. Students in Eastern and Western Europe, Latin America, and Asia embraced the civil rights and anti-war movements in order to condemn American imperialism in Latin America and Southeast Asia. These developments coincided with the questioning of America's cultural influence abroad among scholars of Americanization. Inspired in part by African American, women's, and ethnic studies, area specialists and foreign scholars not only criticized America's cultural foreign policy, but also began to investigate closely the ways in which indigenous cultures adapted to and resisted American cultural imports. They often found that American cultural products, rather than overwhelming and displacing

3) publicity - n.광고, 선전
4) Voice of America - n.미국 정부의 대외 방송
5) offensive - n.공격태세, 공세

indigenous cultures, blended into domestic cultural trends (Iyer 1988: 358; Appadurai 1996: 7).

In recent years, the discussion of America's global cultural influence has fused with debates in other fields about transnational history, globalization, and the internationalization of American history (Thelen 1992, 1999; Bender 2002; Fishkin 2005). Scholars have introduced new questions and new problems of definition concerning cultural hegemony, cultural imperialism, imagined national and international communities, creolization, and hybridization (Anderson 1983; Hannerz 1992). Taken together, scholars have concluded that globalization does not necessarily mean homogenization or Americanization but can instead encourage the localization of cultures (Appadurai 1996: 17-19; Thelen 1999; Geertz 2000). For instance, new developments in media and electronic communications allow Indian expatriates in New York to receive local Indian television and stay in touch with their native culture on a daily basis. Such cultural communities are no longer bound by physical space, but are increasingly deterritorialized (Appadurai 1996).

How has the field evolved since the late 1940s from the presumption of a single national culture transmitted outward only, like a Voice of America radio signal, to the current fractured, multidirectional, deterritorialized paradigm? The transformation has followed the trajectory of American culture at home over the past six decades. The first wave of scholars emerged in the first two decades of the Cold War when the nation state wielded unprecedented power. They treated Americanization as an integral part of America's Cold War foreign policy and a vital element of national security. Some saw the remaking of the world in America's image as the best path toward global peace and prosperity; others saw it as the cultural complement[6] to America's economic and military expansionist

6) complement - n.완전한 것이 되게 하는데 절대 필요한 보충

policies. The second wave of scholars, writing in the aftermath of the Vietnam War and the social protest movements of the 1960s, when the power of the state was contested both domestically and internationally, asked how American culture had been received abroad. They identified Americanization as a historically constructed term used by particular groups to advance a political argument. They redefined Americanization as modernization, a process that was not exclusive to the USA but occurred simultaneously in countries experiencing rapid industrialization. The third wave of scholars, beginning in the 1990s, embedded American history in the broader debates about globalization (Thelen 1992, 1999; Bender 2002). For these scholars, America was only one of many agents of change, and was both engine and product of globalization. While still in an evolutionary stage, this third approach promises to restore to center stage the idea of a reciprocal flow of cultural influence without obliterating the centrality of power in the process. Each of these three schools of thought merits discussion in its own right.

Americanization

Debates about America's cultural influence abroad originated long before the end of World War II. As early as 1902, the British journalist and editor W. T. Stead wrote The Americanisation of the World with the prophetic subtitle The Trend of the Twentieth Century. In Europe the concept of Americanism and Americanization received wide currency in the 1920s and was subject to heated debate, especially among intellectuals. Europeans were both drawn to American popular culture and its economic innovations, and appalled by its apparent materialism and conformity[7]. Germans looked toward the United States as their own country's future. They did so with optimism as

7) conformity - n.순응(규칙, 습관 등에) 따름

well as dread, regarding Americanism simultaneously as promising and dangerous, liberating and confining (Nolan 1994: 5, 12). In France a similar but more pessimistic debate ensued. Writers such as Georges Duhamel and Andre Siegfried derided the superficiality of American popular culture and the materialism of the American business world (Siegfried 1927; Duhamel 1930; Kuisel 1993: 2). As American businesses and business culture swept European markets in the inter-war period, cultural conservatives lamented the loss of Europe's cultural identities (Rosenberg 1981; Nolan 1994).

Ironically, as Europeans feared the influx of American materialism and popular culture, Americans feared the influx of European and Asian peoples. In the 1920s, "Americanism" in the domestic context came to be identified with the effort of conservative groups to limit immigration and narrowly define America as white, Protestant, and native-born. Since the turn of the century, urban progressives had used the term "Americanization" to describe their efforts to assimilate immigrants into American society. Rather than contemplating America's influence in the world, social progressives and public intellectuals were preoccupied with assessing the potential dilution[8)] of American culture by Southern and Eastern European as well as Asian immigrants. In the 1920s, advocates of this form of Americanization had as yet little interest in spreading the American dream abroad.

World War II dramatically changed that mindset. By the end of the war, few Americans challenged their government's involvement in world affairs. The war also brought about the institutional exportation of American culture. America's growing military, political, and economic dominance in the world was accompanied by a rush of cultural exports. As millions of American GIs[9)] made their way into just about every corner of the world, they took with them American

---

8) dilution - n.희석, 희박화
9) GIs - n.미국 육군 병사

popular music, food, and consumer goods. At the same time, the US State Department launched its own cultural diplomacy to advance its political and economic interests abroad. By the 1950s USIA sponsored a variety of international cultural programs, including student exchanges, foreign radio broadcasts, publication and dissemination of American literature abroad, and international tours of American musical entertainers (Hixson 1997; von Eschen 2000, 2004). Germany and Japan, the two primary enemies during the war, became test cases for America's postwar cultural mission abroad. Occupation officials reasoned that the rebuilding of Germany and Japan could succeed only if the process of denazification and demilitarization was accompanied by a rigorous program of democratization and re-education (Tent 1982; Dower 1999; Gienow-Hecht 1999). The US military government set up libraries stacked with what it deemed "wholesome" American literature- deliberately leaving out works critical of the government, such as John Steinbeck's The Grapes of Wrath. The democratization campaign even included a youth activities program, which featured baseball as a tool to impart democratic values to Germany's future generation (Goedde 2003: 144). The apparent success of the programs in Germany and Japan gave rise in the early Cold War years to a full-scale cultural foreign policy aimed at the containment[10)] of communism throughout the world.

The first group of scholars to explore the expansion of this cultural foreign policy in the aftermath of World War II included many former government officials. The State Department launched its own series of historical monographs on the early history of America's cultural diplomacy (Fairbank 1976; Espinosa 1977; Kellermann 1978). These works concentrated on the institutional mechanisms of the Cultural Affairs Division. In their assessment of the policies the authors drew almost exclusively on US government documents, often painting

---

10) containment - n.봉쇄, 억제, 견제

a favorable picture of the effects of US cultural policies abroad (Kellermann 1978: 243). These works revealed one core shortcoming of early studies of Americanization: the assumption that the flow of influence was exclusively uni-directional, from the United States to other nations. The object of study was to trace the influence of American cultural diplomacy - with only limited scrutiny of its reception, rejection, or adaptation abroad.

In recent years, however, scholars have begun to deconstruct the cultural programs of the State Department during the Cold War (Hixson 1997; Pells 1997; von Eschen 2000, 2004). New research on the State Department-sponsored tours of jazz musicians showed that performers in the early Cold War found ways to subvert the official American cultural message. In 1962, for instance, Louis Armstrong and Dave and Iola Brubeck performed a musical revue called The Real Ambassadors in which they openly satirized the State Department's cultural mission and exposed the glaring inequalities suffered by African Americans in the American South (von Eschen 2000: 168; 2004: 79).

American scholars continued the debate begun in the 1920s about the influence of US businesses abroad. Following in the footsteps of W. T. Stead, they argued that American companies were transforming the European business world. Americanization thus did not mean the "takeover[11] of Europe by essentially American ideas, attitudes, and prejudices" so much as the "development and spread of American or American-like products, techniques, and organizations throughout Europe" (McCreary 1964: 8). Even though American companies had been active in the European market since the turn of the century, US investment in Europe expanded exponentially in the first two decades after World War II (ibid. 4). Along with the influx of money came the proliferation of America's business culture, advertising techniques, and consumer products. American companies dispatched business

11) takeover - n.접수, 인계, 경영권 취득

executives to Europe, where they often found themselves opposite an American-educated business elite, well versed in American business culture. Europeans had already realized that the future of business lay in the American model. Jean-Jaques ServanSchreiber, editor of the French magazine L'Express, soon articulated this sentiment from a distinctly European perspective. He strongly advocated the adoption in Europe of American corporate culture, not because Europe was powerless against American economic predominance, but because such an adoption represented the only way to preserve Europe's independence vis-a-vis America. Only by taking up this "American challenge" could Europeans hope to compete with the transatlantic colossus[12) (Servan-Schreiber, 1967).

Historians further developed these arguments in the 1970s and 1980s, looking at the ways in which American economic policy aided the recovery of Western Europe and East Asia after World War II. The two most spectacular cases of economic revival were West Germany and Japan. Because these two countries had been subject to the most direct political, economic, and cultural influence from the United States during the postwar occupation, evidence seemed to suggest that their economies had been substantially rebuilt in the American image. In 1948, the United States launched the Marshall Plan[13), which provided economic aid to West Germany and other Western European nations. In Japan, the United States launched the Foreign Operations Administration in 1953 and later the International Cooperation Administration, which gave technical and financial assistance to Japan. Several monographs have explored the effects of the Marshall Plan on Europe's economy (Mayer 1969; Mee 1984; Hogan 1987; Kipping and Ove 1998) and the role of the United States in reviving and Americanizing West Germany's and Japan's economies (Berghahn 1986; Gordon 1993; Shiomi 1995). Rarely did these works stray from

---

12) colossus - n.거인, 거대한 상대
13) Marshall Plan - n.2차 대전 후 미국의 유럽 부흥계획

business into culture to explore the connections between America's economic predominance and its cultural exports.

As US government and business institutions strove to export business and popular culture, a different form of cultural transfer was underway that often occurred outside and at times in direct contradiction to America's official cultural mission: the dissemination of American popular music and movies to receptive audiences abroad. Jazz and Hollywood movies had already spread to the European continent in the 1920s, but in the postwar era America's popular entertainment culture achieved global recognition. The unprecedented international success of American popular culture after World War II renewed the debate of the 1920s about the benefits and perils of Americanization. Yet the nature of the debate changed, particularly in Europe. Economically devastated after World War II, most European nations welcomed the influx of American capital and business in the 1950s. But the same people often grew concerned about protecting their countries' cultural identities.

Coca-Cola became one of the lightning rods that ignited heated debates in Europe over America's cultural hegemony. The debates were exacerbated by the flamboyant style of James Farley, the Chairman of the Board of the Coca-Cola Export Corporation. A shrewd marketer and ardent anti-communist, Farley combined advertising with political messages as he promoted the drink in Europe (Kuisel 1991: 99). For the 1952 Olympic games in Helsinki, Finland, he rebuilt a World War II landing craft and shipped 30,000 cases of Coca-Cola to the games. The symbolic meaning of the move was obvious to all participants. Finland was following a precarious policy of neutrality in the early Cold War; it hosted Soviet troops on its territory and had concluded a security treaty with the Soviets in 1948. Farley's invasion of a country on the fault line between capitalism and communism - even if armed only with a soft drink - suggested the close association between military and cultural weapons in the Cold War.

Opposition to these informal invasions was strongest among the European left. In 1950, the French parliament debated a proposal brought forth by the Communists to ban Coca-Cola from France, because, as leftist parliamentarians warned, the drink posed a potential health threat. In France, as in the USA and elsewhere, Coca-Cola maintained a strict policy of secrecy concerning its ingredients, thus leaving much room for speculation as to the nutritional composition of this strange potion. The debate in parliament as well as amongst the public exposed French fears of America's commercial and cultural invasion as a potential threat to France's distinctive culinary identity (Kuisel 1993: 52-69).

Scholars exploring the informal transfer of American culture paid more attention than their State Department predecessors to the way in which cultural exports were transmitted to other countries. Most of them were neither American cultural historians, nor historians of American foreign relations. Instead, they were specialists in areas that had been the recipients of America's cultural expansion. Most of them found serious deficiencies in the concept and terminology of Americanization. One critic noted that Americanization represented a highly charged argument in domestic political debates about the ownership of national culture, reflecting deep-seated concerns about cultural change. Cultural traditionalists often used the term to charge their opponents with undermining their own cultural, and by extension national, identity (Bigsby 1975: 6). In addition, there was no objective way to measure the degree of Americanization in various countries (Forgacz 1996: 83). Another critic asserted that opponents of Americanization have wrongly looked upon the process of US cultural influence as a zero-sum game in which "any degree of Americanization [implies] an equal degree of de-Europeanization" (Kroes 1996: xi). These critiques suggested that Americanization, rather than being a historical process, was in fact a historically constructed and contextualized concept expressing local fears about foreign domination at particular moments of vulnerability in each nation's history. Despite its shortcomings, however, Americanization remains an integral part of the scholarly debate about America's global role. Some scholars use the term for want of a better one, others because they still feel it most accurately captures the nature of US global cultural influence and power (Kuisel 2000: 510).

Debates about the existence and limits of Americanization extended to Asia as well. Japan, in particular, came under scrutiny because of America's direct political and economic role in Japan's postwar reconstruction. Yet, here too, scholars found that despite an unmistakable American imprint, Japanese culture remained distinct. Japanese obsession with baseball, for instance, seemed to represent an unmistakable sign of Americanization. But upon closer scrutiny, the differences between Japanese and American baseball became obvious (Iyer 1988: 328). The game had been popular in Japan long before the American occupation after World War II. Evolving from its roots in the latter part of the nineteenth century, baseball was well established as a national sport by the 1930s. According to one American observer, the Japanese version exhibited the same values of personal discipline, hard work, and perfectionism that had made Japan a successful industrial giant. In America, baseball represented "good clean fun," he noted. In Japan, it was "deadly serious" (Iyer 1988: 328, 327). Similar phenomena emerged elsewhere in Asia: Rambo was a blockbuster hit in Indonesia; the Vietnamese were listening to Bruce Springsteen's "Born in the USA"; and residents of Manila ate pizza while listening to Sinatra. In all these places, one could detect local twists to the ways American cultural artifacts and expressive forms were incorporated into the indigenous culture. The Asian world was not being Americanized; American culture was being localized in Asia (ibid. 358).

Modernization

As some scholars began to redefine the concept of Americanization, others questioned its usefulness altogether, arguing that the term obscured more than it revealed. First, Americanization implied cultural imperialism or hegemony, both of which require a measure[14] of force. The USA undoubtedly utilized its superior military and economic power to influence other countries, but did this power extend to the cultural realm? Were foreign cultures subjected to Americanization against their will? Were they powerless against the American commercial onslaught? When investigated from the vantage point of the recipients, skeptics concluded, Americanization appeared to be superficial. A change in habits, customs, and patterns of consumption did not necessarily demonstrate a deeper transformation in cultural values.

Second, the term "Americanization" implied the existence of a territorially bound, monolithic national culture, and assumed that culture's agency. Yet American culture was not homogeneous, nor were its exports orchestrated from a single source (Wagnleitner & May 2000). In fact, advances in communication technology, particularly the international dissemination of movies, music, and other cultural artifacts, blurred national boundaries as well as national proprietorship of cultural products. While still produced within a particular national framework, the products took on a life of their own outside national venues. Roland Barthes argued that any cultural product that is widely distributed is by its very nature ambiguous (Barthes 1957: 157). The ambiguity seemed apparent at both ends of the process, at the point of production in the USA as well as the point of consumption abroad.

These problems were so fundamental, critics asserted, that the term "Americanization" was no longer analytically useful. Some called

14) measure - n.일정량, 분량

the concept a myth[15], and argued that what had been identified as Americanization was in fact modernization (Pells 1997; Fehrenbach and Poiger 2000: 81). In the European context their view is supported by writings of intellectual observers from the 1920s, who had identified Americanism as a European myth created in response to the cultural upheavals and processes of modernization in the aftermath of World War I. The German writer Rudolf Kayser asked in 1925 whether America was "not a new orientation to being, grown out of and formed in our European destiny?" (Kayser 1994 [1925]). The emergence of popular or mass culture was seen as an integral part of the process of modernization. As the leading producer of modernity, America had become spatially identified with a process that was, in fact, territorially unbound.

In the twentieth century, mass culture became artificially separated from "high" culture, the former defined as entertainment, the latter as art. Mass culture was also intimately connected to the processes of industrialization, commercialization, and consumption. In the 1930s, the German philosopher Walter Benjamin had argued that through new techniques of mechanical reproduction, art was losing its "aura," which he identified as its "presence in time and space, its unique existence at the place it happens to be." Through the process of mechanical reproduction, a work of art could be transferred in time and place and thus become "reactivated" in a vastly different context. This transfer, Benjamin concluded, represented a "tremendous shattering of tradition," commodifying but at the same time democratizing art by making it accessible to a broader audience. From this critical perspective, the transfer of products of popular culture, especially film, from their place of original production in the United States to places of consumption anywhere in the world, stripped them of their "authenticity," their uniqueness in time and space. They

15) myth - n.지어낸 이야기, 가공의 사물

became symbols of the generic nature of modern consumer culture. No matter where one was in the world, one could see the same movies, consume the same food, and buy the same clothes. They ceased to be American, and became global symbols of modernization (Benjamin 1968 [1936]).

Benjamin's analysis sheds light on European intellectual battles over modernization since the 1920s. On one side were those who saw it as a tale of progress. Since industrialization, they argued, people had produced more, lived longer and in greater comfort, and known more. In cultural terms, modernization was associated with a better-informed public, greater political participation (Benjamin's democratization), and greater equality of the sexes (Inglehart & Baker 2000: 21). On the other side were those concerned about the loss of what Benjamin had called "aura" or authenticity. They saw in modernization the depersonalization of production in the machine age, the loss of individualism in an increasingly technocratic and bureaucratic society, and the predominance of materialism and consumerism in people's lives. Spearheaded by the Frankfurt School in the 1920s and 1930s, this view became a major critique of Western industrialized society in the period after World War II and helped spark the protest movements of the 1960s. These critics warned that the forces of modernization would create universal cultural conformity. The overwhelming power of the capitalist system would crush indigenous cultures and replace them with modern consumerist icons such as the golden arches of McDonald's, or Disney's cartoon characters (Dorfman & Mattelart 1975).

While this critique of modernity originated on the intellectual left, Europe's conservative elites in the 1920s were also growing concerned about the popular embrace of American mass culture, and were eager to defend "Europe's traditions against subversion by modernism" (Woodward 1991: 83). Anti-Americanism in inter-war Europe especially expressed an "aristocratic disdain for the emerging realities of massproduced popular culture." The same critique of modernism resurfaced in the 1990s, "dividing the Europeans and evoking in some of them - opinion makers, writers, commentators, 'intellectuals' - many of the Old World's most characteristic antiAmericanist reflexes[16]" (Ellwood 2000: 33). Modernism and anti-modernism thus remained inextricably linked to debates about Americanization.

Because of this close association, many scholars began to write about Americanization as a historically specific construct utilized by particular groups of people at particular moments in time in an effort to make sense of the structural and cultural changes brought about by modernization. French attitudes toward America after World War II were intimately linked to the process of modernization (Kuisel1993: ix). As Raymond Aron had postulated in 1959, at the height of the Americanization debate in France, the battle was "not so much against Americanism as against the universalizing of phenomena linked to the development of material civilization" (ibid. 114). Rob Kroes later argued that it was "a common fallacy in much of the critique of Americanization to blame America for trends and developments that would have occurred anyway, even in the absence of America." Even though much of the expansion of capitalism occurred under American tutelage[17], the process was one of "modernization, ranging from the impact of capitalism to processes of democratization of the political arena or the rise of a culture of consumption" (Kroes 2002: 298). Other scholars redefined Americanization as the emergence of a modern consumer culture, "the pursuit of happiness as the pursuit of consumption" (Wagnleitner 1994: 6-7; Hoganson 2006). As the most advanced consumer society in the world, the USA served as both prototype and antitype in European debates about capitalism and modernity.

Yet most of these scholars also hinted at the particular ways in

16) reflexes - n. 반사작용
17) tutelage - n.보호, 후견

which local populations adapted American symbols of consumerism and popular culture to their own specific situations. The spread of McDonald's restaurants throughout East Asia did not automatically signify the cultural Americanization of the region. Instead, they became part of the indigenous social and cultural fabric and served different functions in different settings (Watson 1997). Viennese branches of McDonald's catered to local tastes by offering beer and a pork-based Big Mac on their menus; one restaurant even offered a typical Viennese breakfast and newspapers on hangers, common staples of Viennese cafes (Thurnher 2004: 31). Scholars increasingly emphasized cultural idiosyncrasies over cultural homogeneity, drawing on examples of the transformation of American cultural elements within a nationally specific context. For instance, the Argentine novelist Manuel Puig in his 1976 novel Kiss of the Spider Woman drew on American film noir as a narrative tool. The book is set in a prison cell near Buenos Aires in the mid-1970s, where the homosexual Molina bides his time retelling plots of cheap American movies from the 1930s and 1940s to his fellow inmate, the revolutionary activist Valentin. Puig uses these plotlines to frame the relationship between the two characters. The protagonist's reading of American film serves a specific function within the Argentinian context unlike the American original (Rollin 1989: 62).

Another example is the reception of the 1978 NBC mini-series Holocaust in the United States and West Germany. National history and cultural heritage produced different readings of the American production in these two countries. In the USA, the series reinforced Americans' positive image of themselves. In the wake of[18] the Vietnam War and the Watergate affair, Americans felt comforted by the memory of their role as liberators in World War II (Rollin 1989: 98). In Germany, where the series was shown in 1979 to record TV

18) In the wake of - ~에 뒤이어

audiences, the broadcast reignited national debates about the origins of National Socialism and the question of Germany's collective guilt. While, on a personal level, the film encouraged Germans to identify with the Jewish victims, on a political level it cast them, as members of the German national community, in the role of perpetrators. The mini-series did not represent the Americanization of the Holocaust, as some critics had charged, but instead produced nationally specific readings of a single historical subject. Taken together, these examples demonstrate that Americanization did not necessarily or even typically mean homogenization or the loss of cultural identity.

In fact, as postwar critics of Americanization warned against the increasing homogenization of national cultures, young people often enlisted American popular culture as a weapon against cultural conformity in their own communities. West Germany's youth in the 1950s embraced American cultural symbols as a form of protest against the deeply conservative culture of their parents' generation (Maase 1992). Jazz, rock and roll, blue jeans, cigarettes, and chewing gum became universal symbols of postwar youth rebellion (Wagnleitner 1994; Poiger 2000). In Great Britain, "Rock Around the Clock" became "a teenage national anthem" (Melling & Roper 1996: 166). Rather than identifying with a particular regional or national culture, postwar youth in the industrialized world created a separate generational culture that pitted them against the traditionalism of their elders. Americanization for them meant emancipation, modernization, and ultimately democratization. Most youth perceived their embrace of American pop culture not as cultural homogenization but as rebellion against the cultural conformity and authoritarianism of their parents and the state (Hixson 1997). America thus became an integral part of internal national battles over cultural dominance and cultural emancipation.

Globalization

By the mid-1990s, the debates about modernity and Americanization fused with contemporary debates about globalization. Although no consensus exists about the meaning of globalization, it has been closely associated with the extent of - and resistance to - America's influence abroad. Cultural globalization forms but one element of a far broader process of economic, political, and military globalization. The economic aspects of globalization have elicited by far the greatest measure of public attention, as young protesters battled the police outside economic summit meetings at the turn of the millennium. These protesters drew on old ideas to wage new battles. In their eyes globalization meant little more than Western, primarily American, economic and cultural imperialism. It crushed indigenous economic development and self-sufficiency, created new postcolonial dependencies, and threatened the "diversity of socio-cultural practices" (Wimmer 2001: 436). Though these arguments echoed earlier critiques, it would be misleading to label opponents of globalization anti-modernists or traditionalists. Their concerns remained closely associated with the preservation of cultural and economic independence on the periphery against the overwhelming power of the metropole.

Yet assumptions about loss of cultural identity had by that time already been called into question by both the recent scholarship on modernization/Americanization and the new scholarly literature on globalization. In the early 1990s, historians began to speak of creolization or hybridization when exploring cultural transfers. Developed first by anthropologists, creolization and hybridization meant the blending of the global/foreign with the local/indigenous (Hannerz 1992; Appadurai 1996; Wimmer 2001). These twin concepts allowed scholars to emphasize both the domestication of foreign cultural impulses and the reciprocal nature of cultural influence. They rejected cultural imperialism and cultural hegemony and assumed a more even playing field for cultures changing and adapting in response to outside influences (Minganti 2000: 148). Creolization emphasized the transformation of the cultural message itself as it came into contact with the indigenous culture - for instance, the localization of baseball in Latin America and Japan, or the meaning of American music and film in different national contexts. It assumed the reciprocal flow of influence and the active participation of indigenous people in the adaptation of foreign elements into domestic cultures (Kroes 1996; Pells 1997; Bell & Bell 1998; Thelen 1999; Husted 2001).

The idea of reciprocity was also central to Charles Bright and Michael Geyer's postulations on globalization. Scholars should approach globalization, they argued, as a process "in which flows of peoples, ideas, and things accelerate and the networks of worldwide interconnectivity become ever denser, facilitated in part by the increasing speed of communication and ease of transportation" (Bright & Geyer 2002: 67; 1995). What distinguishes globalization from Americanization is the flow of people, ideas, and things not only from the USA to the world, but also from the world to the USA. For instance, the Argentinian novel Kiss of the Spider Woman was in 1985 made into an American motion picture starring William Hurt and Raul Julia. Ironically, the flow of cultural influence was presumed by nineteenth-century thinkers to be exclusively from Europe to the USA, until Frederick Jackson Turner pioneered the creolization theory with his thesis that American culture was essentially a hybrid of earlier European influences with the frontier experience (Turner 1893).

Bright and Geyer challenged two fundamental assumptions about globalization: that it led to homogenization, and that it generated a universal global consciousness (Bright & Geyer 2002: 68). They rejected the idea prevalent in modernization theory that globalization of American culture involved a struggle between the forces of modernity and traditionalism. Instead, the process of interaction created new segmentation and diversity along new social and cultural fault lines. Hence "difference is reproduced locally, not as an assertion of traditional meanings or practices, but as a product of engagement with the global processes of change that are played out in everyday life." A universal global consciousness has yet to emerge. To the contrary: "The world is much better known, yet people have trouble finding themselves in it. Subjectivities become less fixed and more fluid as people assemble meanings and identities from everywhere (and nowhere)" (ibid. 70). Bright and Geyer call into question the general assumption of America's cultural hegemony in the world: American culture's meanings are fluid, its boundaries are continually redrawn and resegmented, and its message to the world is unclear and often contradictory.

Taken to its logical conclusion, the argument seems to suggest that globalization should be understood as localization, leading to more, not less, diversity as people create new imaginary deterritorialized communities (Appadurai 1996: 17). Mass migration and the development of new electronic media have blurred the boundaries between and within cultural entities, and de territorialized the idea of national communities. The anthropologist Arjun Appadurai explicitly rejected the use of the term "culture" as a noun because it implied "that it is some kind of object, thing, or substance, whether physical or metaphysical" (ibid. 12). Instead, he preferred the use of "cultural" as an adjective because it acknowledges its "contextual, heuristic, and comparative dimensions and orients us to the idea of culture as difference, especially difference in the realm of group identity" (ibid. 13). Following Benedict Anderson's definition of nations as imagined communities (Anderson 1991), Appadurai argued that in the age of global migration and new technologies of communication, people create imagined communities over vast distances, bypassing the territorial and political confines of the existing nation state and identifying themselves with new communities of people defined by such characteristics as class, gender, religion, occupation, and age. While predictions of the nation state's demise are highly premature, the argument points to the evolution of multiple levels of identity or community consciousness, of which the national is only one, and not necessarily the most important.

Samuel Huntington took the idea of cultural difference to its extreme with his thesis of the "clash of civilizations" (1993, 1996). He argued that, "a deWesternization and indigenization of elites is occurring in many non-Western countries at the same time that Western, usually American, cultures, styles and habits become more popular among the mass of the people." Huntington separated the economic process of Americanization and Westernization from the cultural process, arguing that the world was divided into eight civilizations based largely on religious traditions, and that a clash of these civilizations will be "the latest phase in the evolution of conflict in the modern world" (Huntington 1993: 22). Thus, instead of increased homogenization, he saw increased cultural segregation and the potential for violent conflict in the future.

While Huntington's thesis remains highly controversial, its emphasis on cultural difference has echoed other scholars and forms part of our understanding of the globalization of American culture. It refocuses attention on the role of power in cultural interactions. Inequities of power in cross-cultural encounters privilege one group over another. Historians have warned against overemphasizing the ability of the periphery to resist the cultural onslaught of the metropole. They argue that America remains central to the process of globalization, even if the products of American culture become indigenized within local contexts (Kroes 1996: 163-5; Kuisel 2000: 209). Yet even if we take into account differences in power, there is growing evidence that America's cultural hegemony was and is far less pervasive than many scholars had previously assumed. Concerns over the loss of cultural identity ironically appear to be far greater in countries, such as France, whose cultural traditions proved relatively strong, and whose economic and political power was comparatively great, than in countries that had experienced successive colonizations.

In the current intellectual environment of postmodernist and poststruturalist theories, scholars concerned with the global reach of American culture increasingly ask the question: how American was American popular culture "if many of those who created its most popular forms were the underdogs[19] and outsiders in America? And what makes these forms of popular culture American if those who consumed and reproduced them in other countries could make them their own?" (Wagnleitner & May 2000: 2). In other words, American culture is not necessarily synonymous with American power or American capital. While Hollywood and McDonald's (and more recently Starbucks) undoubtedly had the backing of huge financial enterprises in their global expansion, musical forms such as the blues, jazz, rock and roll, and rap were initially as marginal and culturally embattled in the United States as abroad. In fact, in the 1950s, the meaning of America was itself contested in the very exports of American culture (von Eschen 2000: 164; 2004). Both the message and the reception of America's cultural exports were ambiguous and contested (Wagnleitner & May 2000).

The Globalization of Cultural Studies

Globalization, like Americanization and modernization, is a historically configured process whose dimensions have shifted constantly over time. Globalization emerged before the ascendancy of American power in the twentieth century and will continue after the decline of the American empire (Armitage 2004). More importantly, American culture itself has become subject to global influences

19) underdogs - n.패배자, 희생자

(Hoganson 2006). The movie industry is no longer spatially tied to Hollywood; production of some of the biggest blockbusters in recent years has occurred outside the United States. Hollywood studios are owned by foreign or multinational corporations. Sushi now competes with pizza, hamburgers, and hot dogs for the attention of international fast-food gourmands[20]. Even the media, once considered American, are increasingly in the hands of non-American corporate giants (Tunstall 1977). Bright and Geyer point to this change as one of the most striking developments of the past three decades. American civil society itself has been incorporated[21] into what they call a "trans-nation," one that is independent and distinct from the territorial nation (Bright & Geyer 2002: 89).

The future of the study of the globalization of American culture thus increasingly points back to the study of American culture itself. Following the challenge posed by a former editor of the Journal of American History (JAB) to internationalize American history, US historians have paid increasing attention to foreign scholarship on the USA, to comparative approaches, and to global historical processes as they intersect[22] with domestic US history (Thelen 1992, 1999; Bender 2002; JAH forum September 1999, December 1999). Scholars in coming years will have to explore how the global expansion of American culture has affected America's cultural identity at home; put more poignantly by Bright and Geyer, they have to figure out "where in the world is America[n culture]?" Just as nation states look increasingly fragile and fragmented at the beginning of the twenty-first century, so too does American culture (Thelen 1999: 965). American cultural historians have to reconnect the local cultures they have been investigating over the past three decades to the transnational cultures of the world. Studying the interconnectedness of these cultures and

20) gourmand - n.미식가, 식도락가
21) incorporated - vt.편입되다.합병되다
22) intersect - vt.서로 만나다, 교차하다

the processes of transfer from the local to the global and back again will enrich our understanding of the globalization of American culture. The concept of the nation state is still alive and well, but the concept of national culture may be disintegrating before our eyes; or maybe it has been dead for a while and nobody noticed.

Reference

Anderson, Benedict: *Imagined Communities: Reflections on the Origin and Spread of Nationalism* (London and New York: Verso, 1983).

Appadurai, Arjun: *Modernity at Large: Cultural Dimensions of Globalization* (Minneapolis: University of Minnesota Press, 1996).

Appadurai, Arjun, ed.: *Globalization* (Durham, NC: Duke University Press, 2001).

Armitage, David: "Is there a Pre-History of Globalization?," in Deborah Cohen & Maura O'Connor, *Comparison and History: Europe in Cross-National Perspective* (New York and London: Routledge, 2004).

Barthes, Roland: *Mythologies* (Paris: Editions du Seuil, 1957).

Bell, Philip & Bell, Roger, eds.: *Americanization and Australia* (Sydney: University of New South Wales Press, 1998).

Bender, Thomas, ed.: *Rethinking American History in a Global Age* (Berkeley: University of California Press, 2002).

Benjamin, Walter: "The Work of Art in the Age of Mechanical Reproduction" (1936), in *Illuminations*, ed. and intr. by Hannah Arendt, trans. by Harry Zohn (New York: Harcourt, Brace & World, 1968).

Berghahn, Volker: *The Americanisation of West German Industry, 1945-1973* (Leamington Spa: Berg, 1986).

Bigsby, Chris W. E., ed.: *Superculture: American Popular Culture and Europe* (Bowling Green, OH: Bowling Green University Popular Press, 1975).

Bischof, Gunter & Pelinka, Anton: The Americanization/Westernization of Austria, *Contemporary Austrian Studies*, vol. 12 (New Brunswick: Transaction Publishers, 2004).

Bright, Charles & Geyer, Michael: "World History in a Global Age," *American Historical Review* 100,4 (October 1995), 1034-60.

Bright, Charles & Geyer, Michael: "Where in the World is America? The History of the United States in the Global Age," in Thomas Bender, ed., *Rethinking American History in a Global Age* (Berkeley: University of California Press, 2002).

De Grazia, Victoria: *Irresistible Empire: America's Advance through Twentieth-Century Europe* (Cambridge, MA: Belknap Press, 2005).

Dorfman, Ariel & Mattelart, Armand: *How to Read Donald Duck: Imperialist Ideology in the Disney Comic* (New York: International General, 1975).

Dower, John: *Embracing Defeat: Japan in the Wake of World War II* (New York: W. W. Norton, 1999).

Duhamel, Georges: *Scenes de la Vie Future* (Paris: Mercure de France, 1930).

Ellwood, David W.: "Comparative Anti-Americanism in Western Europe," in Heide Fehrenbach & Uta G. Poiger, eds., *Transactions, Transgressions, Transformations: American Culture in Western Europe and Japan* (New York: Berghahn Books, 2000).

von Eschen, Penny: 'Satchmo Blows up the World': Jazz, Race, and Empire during the Cold War, in Reinhold Wagnleitner & Elaine Tyler May, "*Here, There, and Everywhere:" The Foreign Politics of American Popular Culture* (Hanover, NH: University Press of New England,2000).

von Eschen, Penny: *Satchmo Blows Up the World: Jazz Ambassadors Play the Cold War* (Cambridge, MA: Harvard University Press, 2004).

Espinosa, J. Manuel: *Inter-American Beginnings of us Cultural Diplomacy, 1936-1948* (Washington, DC: Government Printing Office, 1977).

Fairbank, Wilma: *America's Cultural Experiment in China, 1942-1949* (Washington, DC: US Government Printing Office, 1976).

Fehrenbach, Heide & Poiger, Uta G., eds.: *Transactions, Transgressions, Transformations: American Culture in Western Europe and Japan* (New York: Berghahn Books, 2000).

Fishkin, Shelley Fisher: "Crossroads of Cultures: the Transnational Turn in American Studies - Presidential Address to the American Studies

Association, November 12, 2004," in *American Quarterly* 57,1 (March 2005),17-57.

Forgacz, David: "Americanisation: the Italian Case, 1938-1954," in Phil Melling & Jon Roper, eds., *Americanisation and the Transformation of World Cultures: Melting Pot or Cultural Chernobyl?* (Lewiston, NY: Edwin Mellen Press, 1996), pp. 81-96.

Geertz, Clifford: "The World in Pieces: Culture and Politics at the End of the Century," in Available Light: *Anthropological Reflections on Philosophical Topics* (Princeton, NJ: Princeton University Press, 2000).

Gienow-Hecht, Jessica: *Transmission Impossible: American Journalism and Cultural Diplomacy, 1945-1955* (Baton Rouge: Louisiana State University Press, 1999).

Gienow-Hecht, Jessica: "Shame on US? Academics, Cultural Transfer, and the Cold War - a Critical Review," *Diplomatic History* 24, 3 (Summer 2000), 465-94.

Goedde, Petra: *GIs and Germans: Culture, Gender, and Foreign Relations, 1945-1949* (New Haven, CT: Yale University Press, 2003).

Gordon, Andrew, ed.: *Postwar Japan as History* (Berkeley: University of California Press, 1993).

Hannerz, Ulf: *Cultural Complexity: Studies in the Social Organization of Meaning* (New York: Columbia University Press, 1992).

Hirschberg, Lynn: "What is an American Movie Now?," *New York Times Magazine*, November 14, 2004.

Hixson, Walter L.: *Parting the Curtain: Propaganda, Culture, and the Cold War, 1945-1961* (New York: St. Martin's, 1997).

Hogan, Michael J.: *The Marshall Plan: America, Britain, and the Reconstruction of Western Europe, 1947-1952* (Cambridge and New York: Cambridge University Press, 1987).

Hoganson, Kristin: "Stuff It: Domestic Consumption and the Americanization of the World Paradigm," *Diplomatic History* 30,4 (September 2006), 571-94.

Huntington, Samuel P.: "The Clash of Civilizations?," *Foreign Affairs* 72,3 (Summer 1993), 22-49.

Huntington, Samuel P.: *The Clash of Civilizations and the Remaking of World Order* (New York: Simon & Schuster, 1996).

Husted, Bryan W.: "Cultural Balkanization and Hybridizaton in an Era of Globalization: Implications for International Business Research," Instituto Technologico y de Estudios Superiores de Monterrey, http://egade.sistema. itesm. mx/ investigacion/documentos/ documentos/ 8egade_husted.pdf, January 200l.

Inglehart, Ronald & Baker, Wayne E.: "Modernization, Cultural Change, and the Persistence of Traditional Values," *American Sociological Review* 65, 1 (February 2000), 19-51.

Iriye, Akira: "Culture and International History," in Michael J. Hogan & Thomas G. Patterson, eds., *Explaining the History of American Foreign Relations* (Cambridge: Cambridge University Press, 1991).

Iriye, Akira: *Cultural Internationalism and World Order* (Baltimore, MD: Johns Hopkins University Press, 1997).

Iyer, Pico: *Video Night in Kathmandu: And Other Reports from the Not-So-Far East* (New York: Alfred A. Knopf, 1988).

Journal of American History Forum: "Rethinking History and the Nation-State: Mexico and the United States as a Case Study: A Special Issue," *Journal of American History* 86, 2 (September 1999).

Journal of American History Forum: "The Nation and Beyond: Transnational Perspectives on United States History: A Special Issue," Journal of American History 86, 3 (December 1999).

Kaplan, Amy & Pease, Donald E., cds.: *Cultures of United States Imperialism* (Durham, NC: Duke University Press, 1993).

Kawai, Kazuo: *Japan's American Interlude* (Chicago: University of Chicago Press, 1960). Kayser, Rudolf: "Amerikanismus," *Vossische Zeitung* 458 (September 27, 1925), cited in *Weimar Republic Sourcebook*, ed. Anton Kaes, Martin Jay, & Edward Dimendberg (Berkeley: University of California Press, 1994), pp. 395-6.

Kellermann, Henry J.: *Cultural Relations as an Instrument of US Foreign Policy: The Educational Exchange Program between the United States and Germany, 1945-1954* (Washington, DC: US Government Printing Office, 1978).

Kipping, Matthias & Bjarnar, Ove, eds.: *The Americanisation of European Business: The Marshall Plan and the Transfer of US Management Models* (London and New York: Routledge, 1998).

Kroes, Rob: *If You've seen One You)ve Seen the Mall: Europeans and American Mass Culture* (Urbana: University of Illinois Press, 1996).

Kroes, Rob: "American Empire and Cultural Imperialism: a View from the Receiving End," in Thomas Bender, ed., *Rethinking American History in a Global Age* (Berkeley: University of California Press, 2002), pp. 295-313.

Kuisel, Richard F.: "Coca Cola and the Cold War: The French Face of Americanization, 1948-1953," *French Historical Studies* 17,1 (Spring 1991), 96-116.

Kuisel, Richard F.: *Seducing the French: The Dilemma of Americanization* (Berkeley: University of California Press, 1993).

Kuisel, Richard F.: "Americanization for Historians," *Diplomatic History* 24, 3 (Summer 2000), 509-15.

Maase, Kaspar: *Bravo Amerika: Erkundungen zur Jugendkultur der Bundesrepublik in den fiinfziger Jahren* (Hamburg: Junius, 1992).

Mayer, Herbert Carleton: *German Recovery and the Marshall Plan, 1948-1952* (Bonn and New York: Edition Atlantic Forum, 1969).

McCreary, Edward A.: *The Americanization of Europe: The Impact of Americans and American Business on the Uncommon Market* (Garden City, NY: Doubleday, 1964).

Mee, Charles L., Jr.: *The Marshall Plan: The Launching of the Pax Americana* (New York: Simon & Schuster, 1984).

Melling, Phil & Roper, Jon, eds.: *Americanisation and the Transformation of World Cultures* (Lampeter, UK: Edwin Mellen Press, 1996).

Minganti, Franco: "Jukebox Boys: Postwar Italian Music and the Culture of Covering," in Heide Fehrenbach & Uta G. Poiger, eds., *Transactions, Transgressions, Transformations: American Culture in Western Europe and Japan* (New York: Berghahn Books, 2000).

Nolan, Mary: *Visions of Modernity: American Business and the Modernization of Germany* (New York: Oxford University Press, 1994).

Pells, Richard: *Not Like Us: How Europeans have Loved, Hated, and Transformed American Culture Since World War II* (New York: Basic Books, 197).

Poiger, Uta: *Jazz, Rock, and Rebels: Cold War Politics and American Culture in a Divided Germany* (Berkeley: University of California Press, 2000).

Rollin, Roger, ed.: *The Americanization of the Global Village: Essays in Comparative Popular Culture* (Bowling Green, OH: Bowling Green State University Popular Press, 1989).

Roper, Jon, ed.: *Americanisation and the Transformation of World Cultures: Melting Pot or Cultural Chernobyl* (Lewiston, NY: Edwin Mellen Press, 1996).

Rosenberg, Emily S.: *Spreading the American Dream: American Economic and Cultural Expansion, 1890-1945* (New York: Hill & Wang, 1981).

Schaller, Michael: *The American Occupation of Japan: The Origins of the Cold War in Asia* (New York: Oxford University Press, 1985).

Servan-Schreiber, Jean-Jacques: *Le deft Americain* (Paris: Denoel, 1967).

Shiomi, Haruhito, ed.: "Postwar Revival and Americanization," *Japanese Yearbook on Business History* 12 (1995).

Siegfried, Andre: *Les Etats-Unis d'Aujourd'hui* (Paris: A. Colin, 1927).

Slater, David & Taylor, Peter: *The American Century: Consensus and Coercion in the Projectton of American Power* (Oxford: Blackwell Publishers, 1999).

Stead, W. T.: *The Americanization of the World: The Trend of the Twentieth Century* (New York and London: H. Markley, 1902).

Stephan, Alexander: *The Americanization of Europe: Culture, Diplomacy, and AntiAmericanism after 1945* (New York: Berghahn Books, 2006).

Tent, James F.: *Mission on the Rhine: Reeducation and Denazification in American-Occupied Germany* (Chicago: University of Chicago Press, 1982).

Thelen, David: "Of Audiences, Borderlands, and Comparisons: Toward the Internationalization of American History," *Journal of American History* 79, 2 (September 1992), 432-62.

Thelen, David: "The Nation and Beyond: Transnational Perspectives on United States History," *Journal of American History* 86, 3 (December 1999), 965-75.

Thurnher, Armin: "The Americanization of Vienna," in Gunter Bischof & Anton Pelinka, The Americanization/Westernization of Austria, *Contemporary Austrian Studies*, vol. 12 (New Brunswick: Transaction Publishers, 2004), pp. 29-37.

Tomlinson, John: *Cultural Imperialism: A Critical Introduction* (Baltimore, MD: Johns Hopkins University Press, 1991).

Tunstall, Jeremy: *The Media Are American* (New York: Columbia University Press, 1977).

Turner, Frederick Jackson: "The Significance of the Frontier in American History," *American Historical Association Annual Report* (1893), 199-227.

Wagnleitner, Reinhold: *Coca-Colonization and the Cold War: The Cultural Mission of the United States in Austria after the Second World War* (Chapel Hill: University of North Carolina Press, 1994).

Wagnleitner, Reinhold & May, Elaine Tyler, eds.: *Here, There, and Everywhere: The Foreign Politics of American Popular Culture* (Hanover, NH: University Press of New England, 2000).

Watson, James, ed.: *Golden Arches East: McDonald's in East Asia* (Stanford, CA: Stanford University Press, 1997).

Willett, Ralph: *The Americanization of Germany, 1945-1949* (London: 1989).

Wimmer, Andreas: "Globalizations Avant la Lettre: a Comparative View of Isomorphization and Heteromorphization in an Inter-Connecting World," *Comparative Studies in Society and History* 43,3 (July 2001), 435-66.

Woodward, C. Vann: *The Old World's New World* (New York: Oxford University Press, 1991).

chapter 11

Culture and cultural studies*

1.0 Introduction

Cultural studies is a new way of engaging in the study of culture. In the past many academic subjects – including anthropology, history, literary studies, human geography and sociology – have brought their own disciplinary concerns to the study of culture. However, in recent decades there has been a renewed interest in the study of culture that has crossed disciplinary boundaries. The resulting activity, cultural studies, has emerged as an intriguing[1)] and exciting area of intellectual inquiry that has already shed important new light on the character of human cultures and which promises to continue so to do. While there is little doubt that cultural studies is coming to be widely recognized as an important and distinctive field of study, it does seem to encompass a potentially enormous area. This is because the term 'culture' has a complex history and range of usages, which have provided a legitimate focus of inquiry for several academic disciplines. In order to begin to delimit the field that this textbook considers, we have divided this chapter into four main sections:

1.1 A discussion of some principal definitions of culture.
1.2 An introduction to the core issues raised by the definitions and study of culture.

* ch. 1. Culture and cultural studies in Brian Longhurst, Greg Smith, Gaynor Bagnall, Garry Crawford, Miles Ogborn, Elaine Baldwin, Scott McCracken, *Introducing Cultural Studies* (Longman: London, 2008.), pp. 1~24

1) intringuing - a.흥미(호기심)를 돋우는

1.3 A review of some leading theoretical accounts that address these core issues.
1.4 An outline of our view of the developing field of cultural studies.

In introducing our book in this way, we hope to show the complexity of the central notion of culture and thereby to define some important issues in the field of cultural studies.

1.1 What is culture?

The term 'culture' has a complex history and diverse range of meanings in contemporary discourse[2], Culture can refer to Shakespeare or Superman comics, opera or football, who does the washing-up at home or how the office of the President of the United States of America is organized. Culture is found in your local street, in your own city and country, as well as on the other side of the world. Small children, teenagers, adults and older people all have their own cultures; but they may also share a wider culture with others.

Given the evident breadth of the term, it is essential to begin by trying to define what culture is. Culture is a word that has grown over the centuries to reach its present broad meaning. One of the founders of cultural studies in Britain, Raymond Williams, has traced the development of the concept and provided an influential ordering of its modern uses. Outside the natural sciences, the term 'culture' is chiefly used in three relatively distinct senses to refer to: the arts and artistic activity; the learned, primarily symbolic features of a particular way of life; and a process of development.

2) discourse - n.담론, 이야기, 담화, 화법

Culture with a big 'C'

In every talk, culture is believed to consist of the 'works and practices of intellectual and especially artistic activity', thus culture is the word that describes 'music, literature, painting and sculpture, theatre and film' (Williams, 1983b: 90). Culture in this sense is widely believed to concern 'refined' pursuits in which the 'cultured' person engages.

Culture as a 'way of life'

In the human sciences the word 'culture' has achieved wide currency to refer to the creation and use of symbols which distinguish 'a particular way of life, whether of a people, a period of a group, or humanity in general' (Williams, 1983b: 90). Only humans, it is often argued, are capable of creating and transmitting culture and we are able to do this because we create and use symbols. Humans possess a symbolizing capacity which is the basis of our cultural being.

What, then, is a symbol? It is when people agree that some word or drawing or gesture will stand for either an idea (for example, a person, like a pilot), or an object (a box, for example), or a feeling (like contempt). When this has been done, then a symbol conveying a shared idea has been created. These shared ideas are symbolically mediated[3] or expressed: for example, by a word in the case of 'pilot', by a drawing to convey the idea of a box or by a gesture to convey contempt. It is these meanings that make up a culture. A symbol defines what something means, although a single symbol may have many meanings. For example, a flag may stand for a material entity like a country and an abstract value such as patriotism. To study culture is thus to ask what is the meaning of a style of dress, a code

3) mediated - vt.(중개하다)~을 달성하다, ~을 조정하다

of manners, a place, a language, a norm of conduct, a system of belief, an architectural style, and so on. Language, both spoken and written, is obviously a vast repository of symbols. But symbols can take numerous forms: flags, hairstyles, road signs, smiles, BMWs, business suits – the list is endless.

Given the way that we have discussed culture so far, it might be thought that culture is everything and everywhere. Indeed, some approaches to the study of culture take such a position, especially, for instance, those coming at the topic from a more anthropological point of view. Thus, the nineteenth-century anthropologist Edward Tylor (1871: 1) famously defined culture as 'that complex whole which includes knowledge, belief, art, morals, law, custom, and any other capabilities and habits acquired by man [sic] as a member of society.' This definition underlines the pervasiveness of culture in social life. It also emphasizes that culture is a product of humans living together and that it is learned. A similar idea informs the definition offered by the American poet and critic T. S. Eliot:

> Culture … includes all the characteristic activities and interests of a people. Derby Day, Henley Regatta, Cowes, the 12th of August, a cup final, the dog races, the pin table, the dart board, Wensleydale cheese, boiled cabbage cut into sections, beetroot in vinegar, nineteenth century Gothic churches, and the music of Elgar. (Eliot, 1948, quoted in Williams 1963[1958]: 230)

Other approaches have tended to argue that some areas of social life are more properly thought of as political or economic than cultural and thus can in some fashion[4] be separated from culture. Thus, those who would define culture in the sense of 'arts and artistic activity' would tend to exclude some institutions and phenomena that

4) in some fashion - 어느정도, 어떤 의미에서는

others who accept the definition of 'way of life' would see as part of culture. There is little consensus on this matter but it is clear that it will be an issue in this book.

Culture in the sense of way of life, however, must be distinguished from the neighbouring concept of society. In speaking of society we refer to the pattern of social interactions and relationships between individuals and groups. Often a society will occupy a territory, be capable of reproducing itself and share a culture. But for many large-scale, modern societies it may make more sense to say that several cultures coexist (not always harmoniously) within the society.

Process and development

The earliest uses of the word 'culture' in the late Middle Ages refer to the tending or cultivation of crops and animals (hence agriculture); a little later the same sense was transferred to describe the cultivation[5)] of people's minds. This dimension of the word 'culture' draws attention to its subsequent use to describe the development of the individual's capacities and it has been extended to embrace the idea that cultivation is itself a general, social and historical process (Williams, 1983b: 90-1)

The different senses in which the concept of culture can be used are illustrated in the following examples. A play by Shakespeare might be said to be a distinct piece of cultural work (sense: culture with a big 'C'), to be a product of a particular (English) way of life (sense: culture as a way of life) and to represent a certain stage of cultural development (sense: culture as process and development). Rock 'n' roll may be analysed by the skills of its performers (culture with a big C); by its association with youth culture in the late 1950s and early 1960s (culture as a way of life); and as a musical form, looking for its origins

5) cultivation - n.양성, 수양, 세련

in other styles of music and also seeing its influence on later musical forms (culture as a process and development).

In this book we shall consider all three of these different senses of culture. However, it is important to note that these definitions and their use raise a number of complex issues and problems for the analysis of culture which we introduce in the next part of the chapter.

1.2 Issues and problems in the study of culture.

The three senses of culture identified in the previous part of this chapter have tended to be studied from different points of view. Hence, artistic or intellectual activity has commonly been the province of the humanities scholar. Ways of life have been examined by the anthropologist or the sociologist, while the development of culture might seem to be the province of the historian using historical documents and methods. These disciplines have tended to approach culture in different ways and from different perspectives. However, as we shall demonstrate in this chapter, the special merit of a distinct cultural studies approach is that it facilitates the identification of a set of core issues and problems that no one discipline or approach can solve on its own. Let us explain what we mean through the identification and exemplification of these core questions. As you will see, they both start and finish with the issue of the relationship between the personal and the cultural.

How do people become part of a culture?

Culture is not something that we simply absorb – it is learned. In anthropology this process is referred to as acculturation or enculturation. In psychology it is described as conditioning. Sociologists have tended to use the term 'socialisation' to describe the process by which we become social and cultural beings. The sociologist Anthony Giddens (2006: 163) describes socialization as the process whereby, through contact with other human beings, 'the helpless infant gradually becomes a self-aware, knowledgeable human being, skilled in the ways of the culture in which he or she was born.' Sociologists have distinguished two stages of socialization. Primary socialization usually takes place within a family, or family-like grouping, and lasts from birth until the child participates in larger and more diverse groupings beyond the family, usually beginning with school in Western societies. Primary socialization involves such elements as the acquisition of language and a gendered identity. Secondary socialization refers to all the subsequent influences that an individual experiences in a lifetime. Psychology and its subdisciplines like psychoanalysis pay particular attention to childhood and the conditioning that relates to the acquisition of a gender and a sexuality. Gender refers to the social roles that different societies define as masculine or feminine. Sexuality refers to the desires and sexual orientation of a particular individual. The founder of psychoanalysis, Sigmund Freud, argued that masculinity and femininity and the choice of a sexual object are not directly related to biology, but are a result of conditioning. Feminists have used Freud's theories to oppose the idea that men are naturally superior, even though Freud himself was not particularly sympathetic to feminism. The concepts of acculturation and enculturation, conditioning and socialization draw attention to many and various social arrangements that play part in the ways in which humans learn about meaning.

How does cultural studies interpret what things mean?

Anthropology and some forms of sociology see meaningful action, the understandings that persons attribute to their behaviour and to their thoughts and feelings, as cultural. This approach to culture refers to the shared understandings of individuals and groupings in society (or to the way of life sense of culture – see above). Some sociologists, for example Berger and Luckmann (1966), stress that human knowledge of the world is socially constructed, that is, we apprehend our world through our social locations and our interactions with other people. If it is the case that our understanding is structured by our social locations, then our views of the world may be partial. This view suggests that there is a real world but we can only view it from certain angles. Thus, our knowledge of the world is inevitably perspectival. The perspectival view of the world complements the issue of cultural relativism. It emphasizes the way that social roles and relationships shape the way we see and give meaning to the world, whereas cultural relativism stresses the way that habitual, taken-for-granted ways of thought, as expressed in speech and language, direct our understandings. An example of perspectival knowledge is the differing accounts of the dissolution of a marriage given by those involved and affected by it. The explanation given for the break-up of a marriage by one partner will rarely coincide with the explanation given by the other. (Hart, 1976).

The sociology of knowledge, as this approach to understanding is known, suggests that the sense that we make of the world can be made intelligible through the examination of our social location. For example, it is sometimes proposed that one's view of the world is linked to class position, so that working-class people will have a different view of the world from upper-class people. Sociologists of knowledge do not propose that our beliefs can always be reduced to, or simply read off from, our social location, but they do suggest that these world-views are cultural, and that culture has to be studied in relation to society. Moreover, the interpretation of culture in relation to social location introduces further issues of evidence and relativism. If knowledge is socially constructed, can there be such a thing as 'true' knowledge? If perceptions and beliefs are always relative to social location, then why should we believe any particular view, even the view of the person asserting this statement, since it too will be influenced by the person's location? In seeking to interpret a way of life of a different society or a different group in our own society, why should we believe one interpretation rather than any other? If we are to begin to adjudicate[6] or evaluate different interpretations, then we will need to consider the types of evidence offered for the particular interpretation. Interpretation of meaning is therefore a core issue in cultural studies, and it relates to how we understand the relationship between the past and the present.

How does cultural studies understand the past?

One hears much talk in English of the traditional nature of culture; England is seen by some to have a culture that stretches back over a thousand years. Within this context, culture in English studies has often been conceived in terms of influence and tradition. For T. S. Eliot (1932: 15), for example, 'no poet, no artist of any art, has his complete meaning alone. His significance, his appreciation[7] is the appreciation of his relation to the dead poets and artists.' More recently, English studies has begun to question the values of the canon, that is, those written texts selected as of literary value and as required reading in schools and universities. Texts that have been previously neglected have been introduced into school and university syllabus. More women's writing, writing by minority groups in British society, non-British writing and popular fiction have been included in the canon. For example, the poems of Derek Walcott (St Kitts, Caribbean), the novels of Chinua Achebe (Nigeria) and those of Alice Walker (USA) are now regarded as deserving literary consideration. English studies has widened its outlook beyond the influence of other poets and writers to look at social and historical factors affecting the production

---

6) adjudicate - vt.(~을 ~라고) 판결하다
7) appreciation - n.바르게 평가하기, 올바른 이해

of text. It is now common for critics to look at, for example, the position of women in the nineteenth century when considering the novels of the period. Critics like Edward Said and Gayatri Spivak have also looked at the history of European imperialism and asked how that history manifests itself in literature.

This particular example from the discipline of English shows that traditions are not neutral and objective, somehow waiting to be discovered, but are culturally constructed. In being constructed and reconstructed some things are included and others excluded. This reflects, according to many writers, patterns of the distribution of power in society. Let us attempt to clarify some of these points through another example.

The kilt[8] and Highland dress are presented, both in Scotland and outside, as Scottish traditional costume. This garb is one of the most recognizable and visible components of Scottish culture and is worn by Scottish people at a variety of special occasions. It is thus presented to the non-Scots world as a component of Scottishness – the attributes of a particular place. It also functions in this manner for many Scots who consider the wearing of the tartan[9] to be a method of identification with their cultural heritage. However, it appears that the kilt as a traditional cultural form has been constructed and repackaged to meet some historically specific needs. David McCrone (1992: 184) has suggested that 'a form of dress and design which had some real but haphazard significance in the Highlands of Scotland was taken over by a lowland population anxious to claim some distinctive aspect of culture at a time – the late nineteenth century – when its economic, social and cultural identity was ebbing away.' Thus a widely accepted and representative cultural form is shown to have been far from universal but rather associated with a particular group at a specific moment in time. Furthermore, this means that the meaning of

8) kilt - n.스코틀랜드 고지인 남자가 입는 스커트
9) tartan - n.(스코틀랜드 고지인이 쓰는) 격자무늬 모직물

the kilt is constantly changing within Scottish society. For example, in the 1950s wearing a kilt was thought effeminate by certain sections of the younger generations; however, since the recent increase in Scottish nationalism the kilt has come back into fashion, and is often worn at occasions such as weddings.

Can other cultures be understood?

An issue of reliability of evidence is also raised through this example as it may be difficult to know precisely who wore the kilt and when. Further, it raises the problem of what has been termed 'historical relativism.' What this draws attention to is the extent to which we, as contemporaries of the first decade of the twentieth first century, dwell in a world that is sufficiently different from the worlds in which our predecessors lived that it may be very difficult for us to understand those worlds in the same way that they did. How well can we understand what was in the middle-class, lowland Scot person's mind when he or she adapted and adopted Highland dress? There are some similarities between the issues raised under this heading and others thought more often to be associated with cultural relativism, which we discuss next.

Further to the difficulty of studying culture across history, there is the parallel problem of interpretations of cultures from different parts of the world or in different sections of our own society. To what extent is it possible for us to understand the cultures of other peoples in the way they do themselves? Will our understanding inevitably be mediated via the distorting prism of our own cultural understandings? These problems have always confronted anthropologists in their attempts to interpret the other worlds of non-European societies. Is it possible to convey adequately the evident seriousness that the Azande accord to the consultation of oracles or the conceptions of time held by Trobriand Islanders, in texts designed for consumption by Western audiences who hold very different temporal conceptions and ideas about magic and witchcraft? Novelists, sociologists and journalists also face this problem in describing the ways of life of different groups in their own society. Many quite serious practical difficulties can arise from this problem. For example, one influential study of conversation (Tannen, 1990:42) suggests that the many misunderstandings that occur between men and women arise because what we are dealing with is an everyday version of the difficulties of cross-cultural communication. In the USA 'women speak and hear a language of status and independence' (Tannen, 1990: 42). Differing conversational practices are employed by men and women. Tannen observes that in discussing a problem, women will offer reassurance whereas men will seek a solution. Women tend to engage in 'rapport-talk[10]' while men are more at home lecturing and explaining. Men tend to be poorer listeners than women. According to Tannen, women engage in more eye contact and less interruption than men in conversation. Her argument is that men and women employ distinct conversational styles that she labels 'genderlects.' These styles are sufficiently different from each other that the talk between men and women might be appropriately regarded as a form of cross-cultural communication.

Hollis and Lukes (1982) include both historical and cultural relativism under the broad heading of 'perceptual relativism' and argue that there are two different dimensions to be examined. First, there is the degree to which seeing or perception is relative; that is, when we look at something or seek to understand it, do we actually see the same thing as another person looking at it? Second, there is the extent to which perception and understanding rely on language. These questions about perception remind us that, as students of culture, we must constantly think about who we are – where we come from and what our 'position' is – in order to understand who and what we are studying.

10) rapport-talk - n.친밀한 대화, 소통성 대화

How can we understand the relationships between cultures?

This question of position raises another problem in terms of how we understand the relationships between cultures. One conventional way of understanding this is to see cultures as mutually exclusive blocs that may interface, intersect, and interact along a boundary or 'zone of contact.' For example, it would be possible to consider the interactions between the Trobriand Islanders or the Azande and Europeans who arrived as part of the process of colonialism (including, of course, the anthropologists who studied them and wrote about them). This way of thinking about culture often describes these relationships in terms of 'destruction' of cultures or their 'disappearance' as one culture 'replaces' or 'corrupts' another. A good example would be the fears of Americanisation as McDonald's hamburgers, Coca-Cola and Levis' jeans spread to Europe, Asia and Africa through processes of globalization.

However, this point of view is limited in certain ways. First, it is impossible to divide the world up into these exclusive cultural territories. As we have pointed out, culture is also a matter of age, gender, class, status so that any such cultural bloc, defined in terms of nation, tribe or society, will be made up of many cultures. This means that we will also be positioned in relation to not just one culture but to many. Second, culture does not operate simply in terms of more powerful cultures destroying weaker ones. Since culture is a never-ending process of socially made meaning, cultures adapt, change and mutate into new forms. For example, the Trobriand Islanders took up the English game of cricket, but they did so in terms of their own war-making practices. So cricket did not simply replace other Trobriand games, it was made into a new hybrid cultural form that was neither English cricket nor Trobriand warfare. Finally, it might be useful to think about the relationships between cultures in terms of a series of overlapping webs or networks rather than as a patchwork of cultural 'territories.' This would mean that understanding the meaning of any cultural form would not simply locate it within a culture but would look at it in terms of how it fitted into the intersection between different cultural networks. For example, Coca-Cola has taken on[11] different meaning in different parts of the world: signifying neo-colonial oppression in India (and being banned for some time), while it suggests freedom and personal autonomy to British-Asian young people in London. Its meanings cannot be controlled by the Coca-Cola company, although they try through their advertising campaigns. Neither do their meanings simply involve the extension of an 'American' culture. Instead these meanings depend upon the location of the product in a complex network of relationships that shape its significance and value to differently positioned consumers.

Why are some cultures and cultural forms valued more highly than others?

In English studies, literature has traditionally been seen as part of high culture (sense: arts and artistic activity). Certain literary texts have been selected as worthy of study, for example the novels of Charles Dickens or the plays of Shakespeare. This process of selection has meant the simultaneous exclusion of other texts, defined as non-literary. It has also led to an emphasis on writing, to the detriment of[12] other, more modern forms of cultural activity, for example film and television. In a further step such forms of literature or high culture are regarded by some to be culture itself. Other excluded forms of writing or texts are defined as simply mass culture. This entails a judgement of value, which is often assumed to be self-evident. Thus some forms of culture are to be valued and protected and others written off as

11) taken on - (의미)를 취하다
12) to the detriment of - ~을 희생으로 하여, ~에 손해해를 주고

worthless and indeed positively dangerous. However, as we have already seen, such canons or traditions are themselves constructed. Furthermore, as Hawkins (1990) has maintained, things that are thought to be high culture and those defined as mass culture often share similar themes and a particular text can be seen as high culture at one point in time and popular or mass culture at another. The example of opera may be used to illustrate this point. In Italy opera is a popular and widely recognised cultural form, singers are well known and performances draw big audiences who are knowledgeable and critical. In contrast, opera in Britain is regarded as an elite taste and research shows that typically audiences for opera are older and are drawn from higher social classes than other forms of entertainment. Yet in 1990, following the use of Nessun Dorma from the opera Turandot, sung by Pavarotti, to introduce the BBC television coverage of the 1990 World Cup Finals, opera rocketed in public popularity in Britain. In addition to increased audiences at live performances in opera houses, there were large-scale commercial promotions of concerts of music from opera in public parks and arenas. Television, video and compact disc sales of opera increased enormously and an album, In Concert, sung by Carreras, Domingo and Pavarotti, was top of the music charts in 1990. The example illustrates the point that it is often empirically difficult to assign cultural practices to neat conceptual divisions.

The question of boundaries between levels of culture and the justification for them is an area of central concern for cultural studies. Pierre Bourdieu (1984) has maintained that the boundaries between popular and high art are actually in the process of dissolving. Whether or not one accepts this view, it is clear that the study of boundaries and margins may be very revealing about cherished values which are maintained within boundaries. The relationships between cultural systems are a fruitful area for the study of the processes of boundary maintenance and boundary change, linked as these topics are to issues of cultural change and cultural continuity (sense: culture as a process of development).

Within social anthropology there is an established practice of demonstrating the values and viability of cultures that are often regarded by the relevant authorities as poor and impoverished or as anachronisms and, as such, ripe for planned intervention to bring about change. Studies by Baxter (1991) and Rigby (1985) have argued that nomadic pastoralism, that is a way of life in which people move with animals and in which animal products are the staple diet, is a wholly rational and efficient use of resources. Such peoples are able to live in inhospitable areas where cultivation is not possible and enjoy a rich cultural, social and political life. Despite this evidence there is pressure from development planners to enforce change through land policies that compel pastoralists to give up their traditional way of life and become settled cultivators or wage labourers. Similarly, Judith Okely in her study of gypsies (1983) has shown the complex richness of gypsy cultural beliefs and practices, identifying a set of core principles around which gypsy life is articulated and which gives meaning to all activities. Gypsies, like pastoralists, are under pressure to settle down and to conform to prevailing ideas about a proper and fitting way of life. Both these examples draw attention to the issues of power and inequality in cultural and social life to which we turn in the next section of the chapter.

What is the relationship between culture and power?

Implicit in our discussions so far has been the issue of power. Since it is a product of interaction, culture is also a part of the social world and, as such, is shaped by the significant lines of force that operate in a social world. All societies are organised politically and economically. Power and authority are distributed within them, and all societies have means for allocating scarce resources. These arrangements produce particular social formation. The interests of dominant groups in societies, which seek to explain and validate their positions in particular structures, affect cultures.

One of the ways in which groups do this is through the construction of traditions and their promulgation[13] through the population. Thus it might be argued that the idea of a tradition of British Parliamentary democracy excludes other ideas of democracy and social organization that are against the interests of the powerful. Likewise, tradition in English literature excludes and marginalizes other voices. The definition of trash or mass culture might be seen to negate forms of culture that are actually enjoyed by oppressed groups.

However, another way of looking at this suggests that such mass or popular forms are actually used by those in power to drug[14] or indoctrinate subordinate groups. Forms of popular culture can in this view be seen to be like propaganda. For example, one commentary on modern culture, that of the Frankfurt School of critical theory, argues that the culture industries engender passivity and conformity[15] among their mass audiences. For example, in this type of analysis the relationship between a big band leader and his fans could be seen to mirror the relationship between the totalitarian leader and his followers. Both fans and followers release their tensions by taking part in ritual acts of submission and conformity (Adorno, 1967: 119-32).

Whatever view is adopted, it is clear that power and culture are inextricably linked and that the analysis of culture cannot be divorced from politics and power relations. Indeed, we would argue that this is a very important reason for studying culture and for taking culture seriously. However, the precise way in which forms of culture connect to power remains a complex issue requiring careful investigation.

---

13) promulgation - n.발표, 선언, 시행
14) drug - vt.~을 마취시키다
15) conformity - n.순응, 복종

How is 'culture as power' negotiated and resisted?

Given the interests of different groups in society, it is inevitable that cultural attitudes will always be in conflict. Thus, the process of negotiation is endemic to societies and cultural resistances occur in many areas of life. Four key areas of struggle and negotiation that have concerned cultural studies are around gender, 'race', class and age. These concepts define social relationships which are often fraught. To take one area as an example, the concept of gender encompasses both how masculinity and femininity are defined and how men and women relate to one another. Gender definitions are points of struggle in many societies since what it is to be a man and what it is to be a woman are never fixed. Indeed, these definitions themselves are, in part, the product of a power struggle between men and women.

Feminist writers have been most influential in gender studies. Feminist discussion of gender might be divided broadly into three arguments: for equality, for commonality or universality, and for difference. The argument for equality emphasizes the political idea of rights. Equality between men and women is defined by abstract rights, to which both sexes are entitled. Inequality can be defined by women's lack of rights, for example to vote or to equal pay. Negotiation here is around the concept of women's rights. The argument for commonality or universality stresses that although women may belong to very different social, geographical and cultural groups they share common or universal interests because of their gender. Negotiation here is around the fundamental inequality of women because of their subordination in all societies. The argument for difference is more complicated; it rejects both ideas of simple equality and universality. Instead, it maintains that differences between men and women and between different groups of women mean that a concept of gender can never be abstracted out of a particular situation. Negotiation, therefore, while not denying inequality, will be around the specificity of differences. Critics of gender divisions struggle to redefine cultural constructions of gender. Women's movements but also campaigns for lesbian and gay rights, seek to redraw the cultural boundaries of men's and women's experience. Such political movements are often drawn into conflict with the law and social and political institutions like religious organisations and political parties that do not wish the cultural support for their dominance to be eroded or destroyed. In these examples it can be seen that the wider frameworks of society (power and authority) influence and impose themselves on cultural belief and practice to affect outcomes. We have already introduced a number of other areas where culture can in some sort of way be held to be connected to relationships and patterns of power.

How does culture shape who we are?

The above examples demonstrate that struggle and negotiation are often around questions of cultural identity. An example that gives the question of identity more prominence is the way in which the origins of English studies in the nineteenth century were closely linked to the growth of universal education. As a discipline English was, in the view of many commentators, designed to give schoolchildren a sense of a national culture (Batsleer et al., 1985, as discussed in Ashcroft et al., 1989). Literary texts were used to instil this sense. Consequently, although English literature was often presented as a proper study in itself, the way it was taught was often designed, consciously or unconsciously, to encourage a particular national identity, a sense of British identity, other national cultures or identities within Britain were either treated uncritically as part of English culture, or were left out of the canon.

Another effect of this process, which some writers have detected, was to infuse a pride in the British Empire. For example, the Nigerian writer and critic Chinua Achebe has criticised the way that the novel

Heart of Darkness by Joseph Conrad is still often presented as a great example of English culture. The novel describes a nightmarish encounter with Africa from the European point of view. However, Achebe has demonstrated that the representation of African culture that it contains is partial[16)], based on little knowledge and is thus grossly distorted. Consequently, to read the novel as an English or even a European (Conrad was Polish in origin) work of art is to receive a very one-sided view of European imperialism in Africa. Through such processes an English national identity was constructed which involved constructing African identities in particular ways: as irrational and savage 'others'.

Identities are very often connected to place both locally and more widely. We may feel that we identify with a particular local area, a city, a region and a country and that the extent to which we place emphasis on one of these may depend on a context, for example, who we are talking to at any particular time. However, it is clearly the case that these identities can cause conflict and disagreement and that important issues in the study of culture concern the way in which such identities are constructed and how they reflect and inflect particular distributions of power.

Summary examples

In order to examine some of the ideas contained in section 1.2, two short examples are given below: the family and Shakespeare.

Example 1: The family

An examination of family life reveals some of the issues that we have identified in the study of culture. For instance, within a family adults have great power over the lives of children because human

16) partial - a.편파적인, 치우친, 불공평한

infants are dependent on adults for their survival for relatively long periods of time. One way of understanding family life is to examine relationships and processes in terms of dominant and subordinate culture. This approach has been used extensively by many feminist writers who have used the concept of patriarchy to refer to the assemblage of cultural and material power that men enjoy vis-a-vis women and children (Campbell, 1988; Pateman, 1989). The period of dependence of children varies from culture to culture, both historically and contemporaneously, and a number of writers have commented that the Western notion[17)] of childhood is a relatively recent concept (Aries, 1962; Walvin, 1982). Further, in many parts of the contemporary world it is a mistake to think of the lives of children in terms of childhood as it is understood in the West; this period of growth and learning is seen quite differently from that in Western societies. Caldwell (1982), writing of India, remarks that in Indian rural society there is the cultural belief and practice that wealth flows from children to parents as well as from parents to children. He comments that, typically in Western society, resources flow in a one-way direction from parents to children and parents do not expect young children to contribute to the material wellbeing of the family of origin. However, in many parts of the world children are valued, at least in part, for the contributions that they make to the domestic economies of family and household; there is what Caldwell calls a 'reciprocal flow' of goods and services between parents and even quite young children. For example, toddlers can join in gathering firewood and this is a valuable contribution in economies where this is the only fuel available for cooking and boiling water. This cultural view of children is significant in understanding responses to family planning projects. Caldwell argues that all too often Western cultural assumptions about family life and desirable family size direct the

17) notion - n.개념과 비교되는 견해

policy and goals of these projects. Looking beyond the English family to families in other parts of the world reminds us of the heterogeneity and diversity of culture and alerts us to the dangers for understanding in assuming that cultures and cultural meanings are the same the world over.

Indeed, even in Western societies there is much cultural diversity. Novels and academic studies point to the effect of class and power on family life. In the recent past, criticisms have been levelled against some traditional reading for children because it portrays a middle-class view of family structures and relationships which is far removed from the experiences of many children. Accusations of sexism and racism in literature for children have also been made. These criticisms again draw our attention to the relationships between general, diffuse cultures and local, particular cultures. Although we may identify an English culture as distinct from, say, a French culture, it cannot be assumed that all English families have identical cultures. This opens up the challenging issue of how particular local cultures relate to the broader, more general ones of which they may be thought to be a constituent part.

It is also clear that family structures and organisation change over time, not just chronological, historical time, but also structural time, that is as relationships between family members change as consequence of age and maturation. In all societies, as children grow to adulthood the power of other adults over them diminished. This occurs both as a result of physiological change (children no longer depend their parents for food) and also as a result of cultural expectations about the roles of parents and children. These cultural expectations may be gendered; for example, the English idiom that describes adult children as 'being tied to their mother's apron strings' can be read as a general disapproval of adults who do not leave the immediate sphere of their mother. Yet this idiom is overwhelmingly applied to adult male children and thus expresses a view about the proper, expected relationships between adult males and their mothers. Men are expected to be free from the close influence of their mothers, whereas there is often felt to be an identity between adult women and their mothers. Variables such as the sex of the children, the number of children and the age of the parents when children are born, all affect the course of family life. In Victorian England, when family size was bigger and life expectancy less than now, some parents had dependent children for all their lives - there was no time in which all their children had grown up and left home. These demographic and social factors greatly influence the course of family life and demonstrate not only the heterogeneity of culture but also the malleability[18)] of culture. All cultures are reproduced in specific circumstances; ideas and values are interpreted and understood in the light of local conditions. This last point brings us back to the issues of judgement and relativism in the understanding of cultural practice that we raised earlier in this section. A cultural approach to a common institution, in this case the family, demonstrates the power of cultural studies to generate a wide range and number of potential areas of investigation. Some of these have been alluded to in this example but you will be able to identify more.

Example 2: Shakespeare

The study of Shakespeare has always been central to English studies and to some constructions of English identity. Traditionally, in English studies, Shakespeare's plays and Shakespeare's language have been presented as the essence of Englishness. They have been made to serve as the defining features of a homogeneous and unchanging culture. Subsequent authors have often been judged in terms of how they fit into that tradition. Because of this connection between Shakespeare and national identity the position of these plays in

18) malleability - n.순응성, (금속의)가단성

schools has become an important issue. The argument is sometimes put forward that children must read Shakespeare in order to learn English and Englishness. Shakespeare's plays become valued over and above other forms of cultural production. As a result the teaching of Shakespeare, and English history, was also a part of colonialism's cultural project.

However, cultural studies asks rather different questions about Shakespeare. Instead of taking Shakespeare's position for granted, it asks what the social position of the theatre was in Elizabethan times. Further, it asks how plays were written and produced in the sixteenth and seventeenth centuries. Evidence that shows a high degree of collaboration between play wrights and adaptation of plays on the stage changes the conception of Shakespeare as individual genius. He appears as part of a wider culture. Shakespeare is then placed historically rather than his plays being seen as 'timeless' or 'eternal.' The question of the audience is addressed both in the sixteenth and seventeenth centuries and now. This gives a sense of who the plays were intended for and how they have been received, further challenging the conception that his work is universal: that is, for everyone, all of the time. We might ask what groups of schoolchildren make of Shakespeare's plays depending on class, race and gender, or whether they have seen the plays in the theatre or in versions made for the cinema.

The timeless nature of Shakespeare can also be challenged by studies that show that the texts have been altered considerably over the years and that he was not always considered as important as he is now. Cultural studies looks at the changing conceptions of Englishness - and its relationships to the rest of the world - that caused Shakespeare to be rediscovered in the eighteenth century as the national poet. This extends from studying different versions of the plays to looking at the tourist industry in Stratford-upon-

Avon[19]. It can also involve studying the versions of Shakespeare that are produced in other parts of the world. These do not simply show the imposition of English cultural meanings, but the complex processes of negotiation within networks of cultural interaction which mean that Shakespearean history plays were vehicles for discussing political authority in the Soviet Union, and which recently brought a Zulu[20] version of Macbeth from post-apartheid South Africa to the reconstruction of Shakespeare's Globe Theatre in London.

All of these processes of questioning and negotiation are of course political. They show that the interpretation of Shakespeare is a matter of power. This argument is developed by Margot Heinemann (1985) in her essay 'How Brecht read Shakespeare.' She gave the example of Nigel Lawson, Chancellor of the Exchequer in the late 1980s, who quoted from Shakespeare's play Troilus and Cressida (1601-2). Lawson used the quotation 'Take but degree away, untune that string/And hark what discord follows' to argue that Shakespeare was a Tory[21]. However, as Heinemann pointed out, the character who makes the speech, Ulysses, is in fact a wily, cunning politician, who is using the threat of social disorder to attain his own ends.

All of these questions and issues derive from adopting a rather different approach to the study of culture to that represented by English studies in its more conventional guises. They are the sorts of questions posed by those adopting a cultural studies perspective and are shaped by the core issues that we have identified. However, they also involve asking questions which lead us on to examining the theoretical perspectives used within cultural studies: what is the relationship between the social position of the audience (for example, race, class and gender) and interpretation of the text? How can we understand the ways in which the meanings of Englishness (and their

19) Startford-upon-Avon - n.잉글랜드 중부의 도시로, 셰익스피어의 출생지
20) Zulu - n.남아프리카 Natal 지방의 Bantu 족에 속하는 줄루족
21) Tory - n.왕당파

link to Shakespeare) and the meanings of Frenchness become defined as opposites? What ideas and methods can we use to interpret plays in their historical context or the contemporary meanings of Shakespeare within schools? In the next section we examine some of the most influential ways of theorising culture.

1.3 Theorising culture.

This section introduces theories of culture which attempt to address the issues and problems set out above and to unite them within frameworks of explanation. The bringing together of diverse issues and problems into a single form necessarily involves a process of abstraction. Theorists move away from the detail of particular instances and look for connections in terms of general principles or concepts. For the student, this means that theories are often difficult to grasp at first sight, couched[22)] as they are in abstract language. It may help you to think of issues and problems we have just introduced as the building blocks of theories. But there is no escaping the fact that the language of theory is abstract, and you may well find it difficult on first reading.

In this section we wish to outline the main features of some leading theoretical approaches in cultural studies. Broadly - and this is a caricature that can be filled out by looking at examples in the rest of the book - we start with functionalist and structuralist forms of understanding which suggest clearly defined, and often rather rigid, relationships between culture and social structure. From these we move on to theoretical approach, which sometimes might still be called structuralist and are often influenced by Karl Marx, that place emphasis on the understanding of culture and meaning through thinking about their relationships to political economy (for example,

---

22) couched - vt.표현하다, 암시하다

class structures, modes of production, etc.) and their importance within conflicts between differently positioned social group. Finally we stress what are often called poststructuralist or postmodern theoretical approaches which retain a concern with politics (and some concern for economics) in explaining culture, but use a much more flexible sense of how cultures and meanings are made.

Culture and social structure

Sociologists often use the term 'social structure' to describe the enduring, orderly and patterned relationships between elements of a society (Abercrombie et al., 1984: 198). Society is often considered to be ordered, patterned and enduring because of the structures that underlie it. Just as a tall building is held together by the girders underneath the stone and glass exterior, so too society is held together by its distinct configuration[23)] of institutions (political, economic, kinship and so forth)

One influential version of this way of thinking can be seen in the work of the American sociologist Talcott Parsons. Parsons treats culture as necessary for the proper functioning of society. In general terms culture - that is, values, norms and symbols - provide the linchpin of Parsons's solution to the problem of social order. This problem is an analytical issue concerning the sources of the enduring quality of social life – how is the regularity, persistence, relative stability and predictability of social life achieved? Parsons maintains that culture is the central element of an adequate solution to this problem because it provides values, the shared ideas about what is desirable in society, (perhaps values like material prosperity, individual freedom and social justice), and norms, the acceptable means of obtaining these things (for example, the idea that honest endeavour is

---

23) configuration - n.(각 요소·부분의) 상관 위치, 배치

the way to success). Culture also provides language and other symbolic system essential to social life. Parsons further maintain that culture is internalised by personalities and that in individual motivation thus has cultural origins. Moreover two of society's basic features, its economy and its political system, are maintained by culture. Hence there is an important sense in which culture 'oils the wheels' of society. In the functionalist view of Parsons, society, culture and the individual are separate but interrelated, each interpenetrating the other. Culture occupies a central place because on the one hand it is internalized by individuals and on the other it is institutionalised in the stable patterns of action that make up major economic, political and kinship structures of the society.

Social structure and social conflict: class, gender and 'race'

The separation of culture and social structure is not limited to functionalist theorists. It appears also in the work of theorists who argued that conflict is at the core of society and who understand culture in terms of the structured relationships of politics and economics (or political economy). Karl Marx, the nineteenth century philosopher and revolutionary, and the social theorist Max Weber treated beliefs, values and behaviour as products of social economic inequalities and power relationships. Although Marx's ideas are very complex, some of his followers have argued that those who hold the means of production in society will control its ideas and values. The ruling ideas of a society (its forms of law, politics, religion, etc.) will be those of the dominant class. These ideas will be used to manage and perpetuate an unequal and unjust system. In this scheme, culture serves as a prop to the social structure, legitimizing the existing order of things.

Feminist theorists have also seen culture as a product of social conflict; but whereas Marxists see social conflict as between classes, feminists see gender relations as just as important. Two key terms in feminist theory are 'subordination' and 'patriarchy.' Both these terms describe how men have more social and economic inequalities between men and women. However, because women have often been excluded from the mainstream of political and economic life, feminists have also emphasized the importance of studying culture as the place in which inequality is reproduced. Because it is within culture that gender is formed, feminists have studied culture in order to examine the ways in which cultural expectations and assumptions about sex have fed the idea that gender inequality is natural.

Culture and conflict are also linked in the study of 'race' and racism. The concept of 'race' is often put in inverted commas because 'race' like gender, is also a social rather than a biological category. Although people are often differently defined by 'racial' characteristics, there are always as many differences within a defined 'racial' group as between 'racial' groups (Fields, 1990: 97). Fryer (1984) has argued that racial prejudice is cultural in the sense that it is the articulation of popular beliefs held by a people about others who are felt to be different from themselves. Racism, however, articulates[24] cultural difference with structured inequality, using perceptions of these differences to validate oppression. The argument is that cultural domination is an essential element of economic and political control. Just as feminists contend that the cultural roles assigned to women (gendered roles) serve to account for their separate and unequal relationship with men, so critics of racism argue that prejudicial values and attitudes towards colonized peoples developed as European imperialists slaughtered them, took their lands and destroyed their cultures (Richards, 1990).

24) articulates - vt.~을 명확하게 발음하다, 절합하다, ~을 관절로 접합하다

Culture in its own right and as a force for change

However, culture need not be seen as dependent upon and derivative of the economic or any other dimension of social structure. The celebrated case here is Max Weber's account of the part played by the Protestant ethic in explaining the origins of modern capitalism. Weber argues that the beliefs of the early Protestant sects played a key causal role in the establishment of the 'spirit' or culture of capitalism, and thereby contributed to development of the capitalist economic system. Many of the early Protestant groups subscribed to the teachings of Calvin's doctrine of predestination that maintained that the believer's eternal salvation was determined at birth and that no amount of good works could alter God's decision. This placed a tremendous psychological burden on believers who had no way of knowing whether they numbered[25)] among the Elect (those who achieve eternal salvation in the life hereafter). The practical solution offered by the Protestant religion to the anxiety thus generated lay in the notion of vocation: the believer was instructed to work long and hard in occupation in order to attest his/her confidence and conviction that Elect status was assured. Later, the doctrine was relaxed so that systematic labour within a vocation and the material prosperity that accompanied it came to be seen as a sign of Election. The consequences of these beliefs and related restrictions on consumption and indulgence was (a) to introduce a new goal-orientated attitude towards economic activity to replace the diffuse attitudes that had persisted through the Middle Ages, and (b) to facilitate the process of capital accumulation. Weber of course was well aware that a number of factors other than the cultural contributed to a phenomenon as complex as capitalism (Collins, 1980)

His intention was to show how ideas can be 'effective forces' (Weber,

25) numbered - vt.포함되다, 세어지다

1930: 183) in the historical development of societies. Culture (here in the form of religious ideas) can shape as well as shaped by social structure.

A more interwoven view of the relationship between culture and society is shown in the work of Mary Douglas and Michel Foucault. They both stress in their writings that our understanding of particular objects relates as much to the way we think about those objects as to any qualities those objects may have in themselves. There is a reciprocal relationship between thought and the object of thought: a two-way process where objects have qualities that make an impression upon us, but that impression is influenced by the ways in which we have been conditioned to think about that object. Thought and object are, then, inseparably linked but this does not mean that we always think in the same way about things and that ideas never change. It does mean that change is the outcome of reciprocal relationships, not a uni-directional causality from structure to culture. This means that culture may influence structure, as well as structure influencing culture. The recognition that culture is a force for change (not simply the object of change) leads to the belief that culture can be examined as a system in its own right. For example, in Purity and Danger Mary Douglas (1966) argues that ideas about dirt and hygiene in society have a force and a compulsion, not simply because they can be related to the material world through ideas about contamination, germs and illness, but because they are part of a wider cosmology or world-view. Dirt and hygiene are understood within a culture not just in terms of their relation to disease, but also in terms of ideas of morality, for example moral purity versus immoral filth. Thus, a cultural understanding of dirt will have to take into account the meaning of dirt in more than just a medical sense. It will have to understand dirt's place historically, within a specific culture. The ordering and classifying of events which result from ideas about the world gives meaning to behaviour. The state of being dirty is thus as much the product of ideas as it is of the material world.

In turn, Foucault argues that social groups, identities and positions-like classes, genders, races and sexualities - do not pre-exist and somehow determine their own and other cultural meanings. They are produced within discourse which define what they are and how they operate. So, for Foucault, even though there have always been men who have sex with men, there was no 'homosexual' identity, and no 'homosexual sex' before that identity and the figure of the 'homosexual' were defined in medical, psychological and literary texts at the end of the nineteenth century. That those discourses about homosexuality both produced moves to regulate male sexuality – and therefore defined more clearly a group of homosexual men - and provided the basis for positive identification with that term on the part of some of those men, meant that 'homosexuality' came to have a significant place within the social structure. In Foucault's version of things there is no determinate relationship between social structure and culture. Instead there is a flexible set of relationships between power, discourse and what exists in the world.

In considering theoretical accounts of the relation of culture and social structure we have demonstrated the rigid determinism of the functionalists; the strong connections between cultural struggles and the social relations of class, race and gender made by Marxists and feminists; and the importance of culture in reciprocally shaping social structures and social positions and identities argued by Foucault. These introductory remarks will be taken further in subsequent chapters that examine the issue they raise in more detail.

1.4 Conclusion.

What, then, is cultural studies? Throughout this chapter we have stressed the linkages between something that we have called cultural studies and the disciplines of sociology, history, geography, English and anthropology. We have discussed a set of central concerns for these disciplines, arguing that, given their common interests in culture, there are issues and problems that they all must address. These central concerns we call the core issues and problems in the study of culture. The shared interest in the topic of culture and the recognition of common themes brought practitioners from different disciplines together in the belief that it is through cooperation and collaboration that understanding and explanation will develop most powerfully. This clustering of different disciplinary perspectives around a common object of study offers the possibility of the development of a distinctive area of study characterised by new methods of analysis. It is this configuration of collaborating disciplines around the topic of culture that we see constituting both the substance and the methods of cultural studies. The arena in which this takes place can be labelled as interdiscursive space, capturing the fluidity and focus that characterise cultural studies and contrasting the emergent, innovatory themes in substance and method that arise out of collaboration with the traditional themes of single disciplines. The metaphor of space also draws attention to the permeable[26] nature of cultural studies: there are no fixed boundaries and no fortress walls; theories and themes are drawn in from disciplines and may flow back in a transformed state to influence thinking there.

Richard Johnson (1986) has pointed out the dangers of academic codification in regard to cultural studies, suggesting that its strength lies in its openness and hence its capacity for transformation and growth. He argues that cultural studies mirrors the complexity and polysemic[27] qualities of the object of its study, culture. The power of culture arises from its diffuseness: the term is used where imprecision matters, where rigidity would destroy what it seeks to understand. Consciousness

---

26) permeable - a.스며드는, 침투성이 있는
27) polysemic - a.다의성의

and subjectivity are key terms in Johnson's portrayal of cultural studies. Consciousness is used in the Marxist sense of knowledge and also in a reflexive sense to give the idea of productive activity. Subjectivity is used to refer to the construction of individuals by culture. Combining these two concepts leads Johnson (1986) to describe the project of cultural studies as being to 'abstract, describe and reconstitute in concrete studies the social forms; through which human beings 'live', become conscious, sustain themselves subjectively.'

This project has been interpreted in cultural studies in terms of three main models of research: (a) production-based studies; (b) text-based studies; (c) studies of lived cultures. As you can see, there is a close correspondence here with the three senses of culture that we elaborated earlier in this chapter. Each one of these areas has a different focus; the first draws attention to processes involved in and struggles over the production of cultural items; the second investigates the forms of cultural production; the third is concerned with how experience is represented. Johnson points to the necessarily incompleteness of these ventures; like the wider arena in which they operate, they are fed by interactive communication. Each one gives to and takes form the others.

In summary, we suggest approaching cultural studies as an area of activity that grows from interaction and collaboration to produce issues and themes that are new and challenging. Cultural studies is not an island in a sea of disciplines but a current that washes the shores of other disciplines to create new and changing formations.

chapter 12

Culture, power, globalization and inequality*

1.0 Introduction

Globalisation, is the buzzword[1] that has been coined to describe the spread of economies, cultures and power across national borders. It is a highly contested term that is both used and misused. Indeed as Dicken (2007) suggests it has become a convenient term used to collect together all the 'goods' and 'bads' facing contemporary societies. However, it is true to say that there is an increasingly global scale to the, complex geography of production, distribution and consumption of the things that we use in our daily lives (Dicken, 2007). We shall suggest that the globalisation of capitalist economies and a westernised consumer culture has had a significant impact on contemporary societies. We will see that in many ways culture is the most visible manifestation of this globalisation. However, we also want to suggest that the globalisation of capitalism leads to an unequal distribution of income and wealth between and within societies.

The development and global expansion of a world capitalist system of production has generated increasing disparities of wealth, income and life chances within and between the populations of the world's nation-states[2]. The pursuit of capitalist goals is contrary to social, economic and political egalitarianism; capitalism produces

---

* ch. 3. Culture, power, globalization and inequality in Brian Longhurst, Greg Smith, Gaynor Bagnall, Garry Crawford, Miles Ogborn, Elaine Baldwin, Scott McCracken, *Introducing Cultural Studies* (Longman, London, 2008.), ch. 3(pp. 58~89).

1) buzzword - n.(전문가나 관공서의) 애용어

2) nation-states - n.민족국가, 국민국가

inequality. It is also becoming more and more apparent that the sources and manifestations of this inequality are not simply produced by the globalization of market logics and mechanisms. The cultural dimension is increasingly significant.

This chapter begins with a discussion of globalisation and the cultural and economic effects it produces. We examine a range of approaches to the study of globalisation taken by writers in and around cultural studies. We shall suggest that the pessimism that often frames the debate around the globalisation of culture is not always well founded. However, we shall see that inequalities are inherent to a global capitalist system of economic production. Second, we develop this idea and examine the relationship between culture, power and inequality, looking at explanations of the origins of inequality in capitalist societies. Third, the chapter considers how and why inequality is maintained in capitalist societies with particular reference to the role of culture. Fourth, it looks at systems of inequality that are commonly seen to be rooted and expressed in noneconomic values, namely race, ethnicity, age and gender. This will allow us to examine the principal sources and characteristics of inequality (class, status and caste), the ways that inequality is made acceptable to people, that is how it comes to be seen as legitimate, and some of the leading cultural consequences of inequality. In the concluding section we shall examine the idea that different kinds of inequality interact to produce multiple disadvantages.

1.1 Understanding globalisation

Globalisation is a term that tries to capture the rapid social change that is occurring simultaneously across a number of dimensions, including the economy, politics, communications and culture (Tomlinson, 1999, 2006). Theorists of globalisation emphasise that we inhabit a world where there are global economies, a global media, a world characterised by virtual[3] communication, institutional deregulation, and the movement of capital, information and people at great speed across large distances (Sanage et al., 2005). Where social and cultural life can no longer be seen as firmly located in particular places with clear boundaries (Abercrombie et al., 2000)

Globalisation: cultural and economic change

We can think of globalisation in two senses as a process and as an outcome, in both these senses globalisation leads to cultural and economic change. Firstly, it is a process over time that is compressing the distance between people and places and which increases the sense that we live in a single world. Secondly, it is suggested that the outcome of globalisation is that we live in a world criss-crossed by global processes, where individual places, groups of people and societies have lost their significance and power and where there is interdependency, culturally, politically, economically and militarily (Abercrombie et al.,2000).

New forms of global communications, such as the development of international travel via mass jet transportation, or high-speed trains, and the increased prevalence of mobile phones, the internet, fax and satellite communications play a key role in the development of globalisation. It is suggested that such developments reduce the distance between places and people, as they reduce time taken to move people, images or information. They lead to a re-drawing of the categories of time and space, and a compressing of distance: we are seen to inhabit a 'small world' where there is an increasing sense of global interdependence (Abercrombie et al., 2000). These technological developments are seen to be sweeping away cultural boundaries and creating the possibility, even the likelihood of a global culture(GPF, 2007).

---

3) virtual - a.(명목상으로는 다르나) 사실상의, 실질적인, 가상의

Another key aspect of globalisation is that there are huge flows of money between different foreign exchange market, leading to an internationalisation of economies, and a sense of economic interdependence. Companies, such as Microsoft, Nike, McDonalds, Virgin, or Sony adopt global strategies, and have an annual turnover[4) greater than whole national economies. An extensive range of products are available worldwide, such as the iPod or Coca Cola. There is growth in scale of the import and export of goods and services as the barriers to international trade are reduces and capitalist system expands on a worldwide scale.

Large corporations also control the world's mass media, leading to a uniformity of programmes based on a large international market, and reducing the impact of local programmes and identities. We begin to inhabit a world of media sameness and again there is the suggestion that this leads to a homogenised global culture. The proliferation of 'reality television' across the globe is symptomatic of this. International companies such as Endemol N.V, market themselves as 'global leaders' aiming to promote their 'premium entertainment concepts' or brands such as 'Big Brother' across the globe (www.endemoluk.com). Global entertainment companies have the capacity to shape people's perceptions and dreams wherever they may live. The culture, norms and values promoted tend to support Western ideals of capitalism and consumer culture.

The extent and effects of globalisation are difficult to measure, but the World Bank suggests that the scope and pace of change can be monitored along four key channels: trade in goods and services; financial flows; the movement of people; and the diffusion of technology and knowledge. The following data from the 2007 edition of the World Bank's annual publication, World Development Indicators go some way to illustrating the scale and the growth of

4) turnover - n.자금이나 상품의 회전율

globalisation over the past 20-30 years.

/ Exports and imports of goods and services exceeded $26 trillion in 2005, or 58 per cent of total global output, up from 44 per cent in 1980.

/ Gross private capital flows across national borders exceeded 32 per cent of global output in 2005, up from 9 per cent in 1980.

/ People have become more mobile. More than 800 million people travelled to foreign destinations in 2005, nearly triple the number in 1980. Some 190 million people are estimated to reside outside their land of birth, nearly double the 1980 level.

/ Technology and knowledge are diffusing at unprecedented speed across countries. International phone traffic, measured in minutes, increased more than fourfold between 1995 and 2005 (World Bank, 2007).

Theorising about globalisation

Globalisation theory emerged from the late 1980s onwards as commentators tried to make sense of the rapid social change they were observing. Early globalisation theory was a response to the new forms of capitalist power and dominance that were being identified (Rovertson, 1992). The collapse of most state socialist regimes, as well as the weakening power of labour movements and socialist politics within many capitalist nations removed the main political alternative to capitalism (Bauman 1987). Economic restructuring, state deregulation[5], the power of large transnational corporations, and the proliferation of new technologies facilitating the mobility of goods, capital, people and symbols, led to a new sense of global connectivity

5) deregulation - n.인·허가 규제의 철폐 또는 완화

(Savage et al., 2005). As Tomlinson (1999) has outlined, at the heart of globalisation is a process of accelerating 'connectivity', a rapidly developing and increasingly dense network of interconnections and interdependencies that characterise modern social life (Tomlinson, 2006).

Commentators have tried to connect this process to historical and social change indicating that we have entered a 'global age', one that marks the end of modernity (Albrow, 1996). Consequently, a new kind of consumerist post-modern aesthetic and intensified forms of individualised identities were heralded as indications of new social relations generated by global flows (see Harvey, 1990; Jameson 1991; Lash and Urry, 1987; Bauman, 1987). By the early 1990s it was possible to conceive of one world organised around common capitalist parameters, for the first time since the First World War (Fukuyama, 1992). Roland Robertson (1992) developed the first major account of globalisation as the rise of a 'global awareness'. He argued that globalisation was making the world a 'single place' which was leading to 'the compression of the world and the intensification of consciousness of the world as a whole' (1992: 8)

The move towards the characterisation of the world as a single place went alongside a fear of the decline in importance of the local. As communication was no longer confined to the boundaries of particular places, practices became increasingly detached from their local settings. An important impetus here was the way that new media technologies could be seen to play a crucial role in time-space distanciation. Early globalisation theorists' response to this was rather pessimistic. Giddens (1991) argued that new forms of media generated 'no sense of place', with people defining their salient relationships not in terms of face-to-face contacts but in terms of media characters and celebrities. Concern was expressed over the spread of a global culture that would homogenise cultural experience, destroy local identities and localities, and lead to a loss of community and 'face-to-face' interaction (Savage et al., 2005). There was anxiety that local cultures would be taken over by a global consumer culture, and that consumer values would overwhelm people's sense of community and social solidarity[6). However, for some there was also the hope that a common culture would lead to greater shared values and political unity. This early period of classic globalisation theory was, however, short-lived.

By the early 1990s any simple hopes for a new world order were dissipated behind growing national and cultural conflicts (Savage et al., 2005). It became clear that major global tensions, between religious blocs and between national and ethnic groups, only served to highlight the significance of boundaries. It was clear that the world was not a single unified place, politically, economically or culturally. Globalisation was and is an uneven process: it does not spread to all corners of the globe. For example, the developing world is not able to participate in global communications or the global economy to the same extent as the developed world (Massey, 1994).

A different approach to globalisation and spatial change emerged by the mid 1990s, and can be found in the later work of Robertson (1995), in the writings of Lash and Urry (1994), Massey (1994), Appadurai (1996) and Castells (1996, 1997). These writers did not emphasise the erosion of place but rather focused on new forms of connection and mobility, of global flows between places, and their potential to rework social relationships and to reconstruct localism. As Beck says (2002: 23), 'you cannot even think about globalisation without referring to specific locations and places'. A key point made by these writers was that the local is not transcended by globalisation, but rather that the local is to be understood through the lens of global relationships (Savage et al., 2005). Globalisation, therefore, produces new forms of localisation in a dialectical relationship that Robertson (1995) popularised as 'glocalisation', where 'globalisation' has involved the

6) solidarity - n.결속, 연대의식

reconstruction of 'home', 'community' and 'locality'. As Urry states, 'the global and local are inextricably and irreversibly bound together through a dynamic relationship' (2003: 84) so that people dwell 'in and through being at home and away, through the dialectic of roots and routes' (Urry 2000: 132-3). Hence, whilst, there is evidence of the spread of a westernised or Americanised consumer culture, this does not necessarily translate into a uniform global culture, rather it can lead to the appearance of new cultural .forms, for example Disneyland Paris, or the transformation of traditional cultural expressions such as Turkish McDonald's restaurants serving their customers a 'McTurco' a type of Turkish kebab. However, this does not mean that globalisation is unproblematic. As we shall see in the next section inequalities are an inherent part of the global capitalist system.

Globalisation and inequality

Globalisation leads to an unequal distribution of income and wealth. The development and global expansion of a world capitalist system of production has generated increasing disparities of wealth, income and life chances within and between the populations of the world's nation-states. In 1996 the Organization for Economic Cooperation and Development (OECD) complimented the British government on its economic success in controlling inflation and reducing unemployment in the British economy but warned that there might be a high price to pay in terms of social disharmony and civil[7] unrest because the policies of sound economics had produced a big gap in incomes and wealth in British society. By 2006 the OECD was warning that exceptionally strong labour force growth, driven by high immigration and rising workforce participation was outstripping employment growth, pushing the UK unemployment rate

7) civil - a.국내의, 사회의

up and contributing to a high rate of child poverty and joblessness. Similar warnings have been given about the relationships between the industrially developed and economically advanced nations of the world and areas of the former communist world and countries of the so-called developing or Third World. This is a political term which is used to describe poor countries in Africa, Latin America and parts of Asia, many of which were former colonies of European states. In all cases the warning is that there are dangers to social cohesion and political stability as a result of the operation and continuing expansion of the capitalist system.

If we consider the global economic differences between societies, it is evident that the contrasts are very marked in scale and continuing to grow. Economists speak of these increasing differences in the wealth of the developed and developing world societies as the 'development gap'. One way of measuring the development gap is to compare the gross national income per head of the population (GNI per capita). This is the total value of goods and services produced annually in a nation divided by its population. In 2005 the World Bank's 'high income' nations - mainly in North America, Europe, Australasia and parts of the Middle and Far East - made up 16 per cent of the world' s population yet had an average GNI per capita well over 20 times higher than the average for the rest of the world (World Bank, 2007).

A key area of concern is Third World debt, which has long been recognised as a major obstacle to human development, education, health and economic recovery and growth. Many other problems arise because of the enormous debt that Third World countries owe to rich countries: it is estimated that about 11 million children die each year around the world, due to conditions of poverty and debt. The developing world now spends $13 on debt repayment for every $1 it receives in grants. In 1970, the world's poorest countries (roughly 60 countries classified as low-income by the World Bank) owed $25 billion in debt: by 2002, this was $523 billion, For Africa, in 1970, it was just under $11 billion and by 2002 it was $295 billion. These countries have paid back $550 billion in principal and interest[8)] over the last three decades, on $540 billion of loans and they still continue to pay (http://news.bbc.co.uk). The G8 Summit (the periodic meeting of the eight most industrialised nations in the world to discuss and draw up global economic policies) in July 2005 promised debt relief and a doubling of aid for some poor countries in Africa. However, to date, whilst there has been some reduction in debt, the World Bank (2007) notes that 'donor nations are falling behind in fulfilling their promises'.

Debt has impeded sustainable human development security and political or economic stability in the developing world. It leads to an unequal distribution of power and wealth throughout the globe. It is partly in response to such inequalities that we have seen the development of the anti-globalisation movement which is both a political and cultural response to the effects of globalisation. This is a diverse new social movement (NSM) or collection of social movements who oppose certain aspects of globalisation, such as the political and economic power of large corporations and industrial nations, or the environmental impacts. They campaign for human rights and the dissolution or reform of the capitalist system. The movement is made up of different groups and organisations, with different viewpoints, strategies and tactics but who come together to demonstrate at international events. This has led to anti-globalisation demonstrations and mobilisations against organisations such as the World Trade Organization, International Monetary Fund and the World Bank. The anti-globalisation movement is against neo-liberalism, United States imperialism and domination by US-based transnational corporations (Epstein, 2001). They have been involved in a variety of peaceful and violent marches, demonstrations and street

---

8) principal and interest - n.원금과 이자

protest. They have employed civil disobedience[9] and used a strategy of confrontation against, amongst others, the WTO in Seattle in 1999, and the G8 summit meetings in Genoa in 2001 and Germany in 2007.

Of course what these data about inequalities between societies overlook are the very considerable differences in income, wealth and associated life chances that individuals may experience within any given society. Even in a rich society such as the USA, the poor encounter real deprivation. Nevertheless, the differences between rich and poor societies in a global perspective are striking, for example, in 2005 life expectancy at birth varied from 75 years in 'high income' nations to 59 years in 'low income' nations (World Bank, 2007). These differences remain an underlying source of tension and instability in the contemporary world.

1.2 Theorising about culture, power and inequality

We have suggested that globalisation and the expansion of the global capitalist system leads to an unequal distribution of power, income and wealth within and between societies. In this section we shall look at how theorists have tried to explain this and we show how culture contributes to the production and maintenance of inequalities and power relations in the contemporary world. We begin with the work of Karl Marx.

Marx and Marxism

Much contemporary theorising about culture, power and inequality derives from Marx's theories (Marx and Engels, 1967; McLellan, 2000) and Marxian analyses and models of the social and economic processes of class formation, in capitalist society. As Raymond

9) civil disobedience - n.시민 불복종, 시민적 반항

Williams (1983a: 16) has noted, Marxism has made an influential contribution to modern cultural thought, even though Marx himself never developed a fully systematic theory of culture. Marx outlines a historical progression from societies that he saw as exhibiting primitive communism through feudal society and into various forms of capitalist society, leading eventually to a revolution in which the agencies of the state would be overthrown and a socialist society emerge. There are a number of features of Marxian analyses that are significant for consideration of the connections between culture and inequality: the underlying economic structure of class inequality; Marx's emphasis on the opposed and antagonistic relationship between the classes; and the connection between power and culture.

It is economic relationships that underpin[10] inequality for Marx; in all known societies (save the early state of primitive communism) there has always been the basic and fundamental contradiction that some members of society have owned and controlled the means of production, a characteristic that has given them power over the remaining members of society who, in order to make a livelihood, participate in production on terms and conditions set by these owners. For Marx, inequality in capitalist society hinges on[11] whether one is an owner of the means of production or an owner of one's labour. As capitalism develops, the class structure simplifies around two main classes, proletariat and bourgeoisie. The relationship between these classes is asymmetrical: there is an unequal distribution of power between them. In the context of the underlying economic relationship this asymmetrical relationship is an antagonistic one as the owners of the means of production increasingly seek to exploit the providers of labour. It is this antagonism and contradiction at the heart of society that acts as the dynamic that propels society on to new forms of exploitation. As it is inherent in capitalism to expand and to destroy

10) underpin - vt.지지하다, 입증하다
11) hinges on - v.~에 따라 결정되다, ~에 달려있다

all other forms of production, the relationship between the principal classes, the bourgeoisie (the owners of the means of production, those with power and money) and the proletariat (the owners only of their labour, and so lacking in power and money), becomes ever sharper and more antagonistic until eventually the proletariat rises up in revolution and overthrows the bourgeoisie.

For Marx, inequality in society is grounded in antagonistically related social classes. Marx addresses the question of how and why it is possible for the bourgeoisie to maintain its position of dominance for protracted periods, given the fact that it is a minority in society and given the level of oppression and hardship experienced by the masses, the proletariat. Part of the answer is that the bourgeoisie, through its economic power, also exercises political power and so shapes and controls the agencies[12] of the state. Effective control of the state apparatus also gives it a monopoly on the use of force. Another aspect of its power to shape and control the state is the cultural control exercised by the bourgeoisie. Marx sees the bourgeoisie spreading and implementing beliefs and values that sustain the unequal system of relationships by legitimising it through reference to non-economic domains of social experience. An example of this is the realm of spirituality and religious belief. Marx sees the particular beliefs of organised religion as buttresses for an unequal, unjust society. Religion, in his celebrated phrase, is the opiate[13] of the masses. Thus Marx presents culture as ideology, as partial, biased prop for the bourgeoisie, which is fashioned by it in its own interest. Culture as ideology blunts[14] the understanding of the proletariat: it is the instrument of its deception, occluding its true interests. Culture in this sense stands as somehow opposed to the truth of things.

This is an important aspect of Marx's and Marxist thought and

12) agencies - n.정부기관들
13) opiate - n.아편, 진정제
14) blunts - vt.~을 무디게하다, ~을 약하게 하다

one that reverberates[15] in wider discussions of culture, many of which are discussed in this book. The proposal is that culture is partial, often promoting a 'false consciousness' of the world and thereby acting as an instrument of oppression. Marx sees all the agencies of the state operating within cultural values that serve the interests of the bourgeoisie. The bourgeoisie has power, through its power it has knowledge and through its power and knowledge it creates the dominant culture. Marxist thought draws attention to the connections between power, knowledge and culture and proposes a systematic relationship in which cultural beliefs and practices are a cultural code for relationships of power.

Marx's favoured method for conceptualising these connections is the base-superstructure metaphor. The formula that Marx proposes is that the economic (or material) base of a society determines the broad character of its superstructure. In other words, if we wish to understand the principal features of the superstructure (i.e. culture - including the legal institutions, political organisations and belief systems) of a society, then we must carefully analyse the force of production (productive technologies, institutionalised property relations) and the social relations of production consequent[16] upon these productive forces. In a famous passage Marx and Engels (1968: 61) contend that 'the ideas of the ruling class are in every epoch the ruling ideas'.

When nineteenth-century capitalist England is analysed in these terms, it is no surprise to find that the state is the 'executive committee of the bourgeoisie' (Marx and Engels, 1967), that the laws and courts consistently favour the interests of capital (those with power and money) as against those of organised labour, and that Christian doctrine as institutionalised in the established Church endorses the existing ordering of society and preaches the virtues of

---

15) reverberates - vt.울려퍼지다, 반사하다
16) consequent - a.결과로서 일어나는, 필연적인

humility to the poor. Although Marx is sometimes equivocal about how strict a relation of determination obtains between base and superstructure, the broad thesis that he advances is that forms of consciousness crystallise into cultural forms and practices which are to be understood as originating socially. The social relationships that provide the touchstone for understanding cultural forms and practices are those predicated on the mode of production.

At first sight this formulation seems to allocate a secondary role to culture as a mere reflection of the material base of a society. Indeed, even Engels, whom many regard as a simplifier of Marx's ideas, baulks at[17)] the implications of this position. It is a view that gives culture no significant role in social change; for example, it denies the potentially revolutionary effects of art forms such as theatre and novels in transforming people's perception of the world and thus their action within it. The debate focuses around the determining power of the material base and the degree of autonomy to be given to the superstructure. Williams (1973b: 4) suggests that Marx 'uses the notion of determination and conditioning not in the narrow sense but in a much looser sense of setting limits, exerting pressure and closing off option'. He goes on to argue that Marx did not see either base or superstructure as fixed entities but as dynamic and shifting relationships, and this therefore precludes any simple formulaic conception of the relationship between the two. If determination is to be understood as setting limits, exerting pressure and closing off options, then what we have instead is an agenda for empirical inquiry. This is precisely the view taken by versions of cultural Marxism (e.g. Jameson, 1991), where the base-superstructure metaphor becomes simply a problem to guide inquiry, not a solution. Historically, the significant challenge to Marxian conceptions originates in the thought of Max Weber (1864-1920).

---

17) baulks at - vt.쩔쩔매다, 주저하다

Weber, status and inequality

Max Weber (1978) proposed a complex approach to inequality which expressly[18)] takes account of non-economic dimensions of ranking and inequality. Against Marx, Weber maintains that the operation of power in societies is yet more fundamental than their economic basis. Power is defined as the capacity of individuals or groups to realise their will, even in the face of the opposition of others. This yields three categories fundamental to the analysis of inequality: class, status and party. Inequality may be located in economically defined classes (here Weber emphasises market capacity in contrast to Marx's stress on property) but could also be founded in status groups (organised around notions of prestige[19)] and honour) and political parties and groupings. In this elaboration he sought to refine the measurement of inequality and to show the potential singularity of his criteria as well as their connectedness. For example, power is often linked to class-based wealth but it can be separated in situations where power is linked to knowledge. Status refers to style of life. It also refers to social esteem, the respect and admiration accorded a person according to their social position, and this can be local personal subjectivities. Marx's stress on structural relationships and on the duplicitous nature of culture tends to be replaced by a view of classes as ranked hierarchies of fixed groupings through which individuals may be mobile. While the categories are fixed and classes are bounded, individuals may, nonetheless, change their class position. Furthermore, Weber's discussion emphasises how both class and status distinctions can affect people's life chances, that is, the chances that an individual has to share in the economic and cultural goods of a society. Material and cultural goods are often asymmetrically distributed and class and status rankings will ensure that people will have differential access to

18) expressly - ad.명백한 말투로, 명확히
19) prestige - n.(업적·지위에 의한) 명성, 위신, 위세

these goods. These features of Weber's thought are important to bear in mind when considering non-class based systems of inequality.

This approach allows for the consideration of systems of inequality other than class. There are ranked societies where there is unequal access to positions of status and prestige and these are not necessarily linked to economic wealth. An example is found in those traditional African societies where the chiefs did not live at a higher standard of living than their subjects and where economies were redistributive, that is the chief received tribute which he then gave back to his followers as a mark of his status and largesse[20]. The position of many European noble families is a contemporary example of ranked society: access to claim a title[21] is limited, usually to family members, and many of these titled families are no longer wealthy and have no power by virtue of their nobility in their societies. Within families there are usually ranked orders, sometimes of generations, sometimes of generation and gender. Once one starts to look and notice, it is clear that notions of rank and inequality are pervasive in English society. In England accent still serves as a telling sign of status. Other features of speech patterns also express status rankings. Studies of who interrupts whom have found that parents interrupt children, men interrupt women, doctors are not to be interrupted by patients. All these are illustrations of the pervasive nature of hierarchy and status-based inequality in day-to-day living in which a socially adept member of society must be well versed[22].

Caste societies

Comparisons are often drawn between caste and class societies. These comparisons sometimes draw attention to the apparent

20) largesse - n.후한 선물, 축의
21) title - n.작위, 칭호, 직함
22) versed - a.~정통해있는, 조예가 깊은, 숙련되어있는

similarities of the structured system of groups and the fixed relationships between constituent groups. However, it is misleading to link the two systems in this way since to do so is to focus upon structure at the cost of overlooking culture. Class inequality is based on economic criteria and culturally it is open to an individual to achieve their own class position. Individual class mobility is possible in class systems, and indeed this is the ethos[23] of most industrial class systems in the contemporary world. Caste systems are based on religious and ritual criteria. Castes cannot be understood in secular terms of inferiority and superiority for the principle that ranks the parts in the whole is religious (Dumont, 1970). In Hindu India there are four categories (varnas) which are distinguished from one another by degrees of ritual purity as established in the Sanskrit texts. These varnas are: Brahmins, who are the priests and scholars; Kshatriyas, who are the rulers, the warriors

and the landowners; Vaisyas, who are the entrepreneurial middle classes; Sudras, who are the cultivators, workers and traders. The Harijans, or untouchables[24], perform the most menial tasks. In theory they lie outside the caste system because they are ritually impure. Although these broad varnas are associated with occupation, in practice within a village there will be a number of occupations associated with a particular varna, so although the system is clear and unambiguous in principle, empirically there may be variety and complexity.

A person's caste membership is ascribed; this ascription[25] is given religiously and is dependent upon the individual's conduct in their past life. Reincarnation is a central doctrine of Hindu belief, so to be given a favourable caste position one must lead a good life according

---

23) ethos - n.(한 문화의) 기본적 성격, 특성, 기풍

24) The Harijans, or untouchables - n.인도카스트제도에서 최하층 천민, 불가촉천민 (1955년 폐지)

25) ascription - n.귀속

to caste values and conventions, and fulfill caste expectations. If one fails to meet caste expectations then in reincarnation one will come back as a member of a lower caste or even in non-human form. The insistence upon living according to caste expectations places great value on maintaining caste boundaries, since contact with lower castes may be polluting and one may only carry out those tasks that are fit for one's own caste. The consequence of this is that there is a high degree of social segregation between castes but, of necessity, there is a high degree of economic interdependence as castes rely on others to perform tasks for them which they themselves are forbidden to carry out.

An important aspect of the maintenance of group boundaries is that marriage is endogamous[26)], that is, individuals must marry within their own caste. This is an important difference from class societies where marriage is not formally circumscribed between classes, and can be an acceptable means of achieving social mobility.

The variety of occupational ranking and the diversity within villages means that in practice the significant groupings of caste in day-to-day relationships are the jati, endogamous groups of kin who are associated with certain occupations. These local subgroups of caste often compete with one another for ranking in the caste system and it is not unusual for a local jati to seek to improve their caste ranking by adopting the manner and practices of a higher-ranking group. It may take time for these aspirations to be met and their claims to be realised but movement is possible within the caste system and boundaries are more permeable[27)] than might at first seem possible. However it would be a mistake to assume that the possibility of mobility raises again the possibility of comparison with class systems. The mobility issue in the caste system is that the claim of the jati, the whole group, must be recognised, not just the claim of a single

26) endogamous - a.동족 결혼에 의한
27) permeable - a.투과할 수 있는, 침투할 수 있는

individual. Adrian Meyer (1960) observed that in one village in South India which he studied there were 23 castes which grouped themselves according to the use of the same smoking pipe, the provision of ordinary food for common meals and the provision of food for feasts. The higher castes in the village would share the pipe with almost all castes except four; between 12 and 16 castes would smoke together, although in some cases a different cloth must be placed between the pipe and the lips of the smoker. Meyer writes that castes that enjoyed power in the village were not fussy[28)] about what they ate and with whom they ate. It was the middle range of castes who were very fussy so that if, for example, they were invited to a feast by a more powerful group, they would insist on having their food served raw and carrying it home to cook. The untouchables - the outcasts are literally outside the caste system altogether. Caste discrimination is not allowed in modern India, but in practice the diversity of groupings and the complexity of relationships make such a ruling difficult to enforce. There are other examples of religious ranking and hierarchies that you may wish to explore, for example Drid Williams' (1975) study of Christian nuns where she found that for nuns what mattered and what came first was the issue of nearness or distance from God. The hierarchies of the convent[29)] were hierarchies of spirituality, not power.

1.3 Legitimating inequality

Whenever the topic of inequality is addressed, the question that sooner or later must be asked is: why do people allow such manifest inequalities, disadvantages and injustices to remain as an acceptable part of their lives? Weber's answer is that people believe in certain legitimate forms of authority - an ordering of the world which

28) fussy - a. 까다로운, 법석을 떠는
29) convent - n.수녀원, 수도원

they accept as 'right', as justifiable and reasonable. Three bases of legitimate authority are identified: traditional ('accept this, because it is what our people have always done'), Charismatic ('accept this, because of the leader or prophet's exceptional powers which can transform your life'), or legal-rational ('accept this, because this is what is specified in the laws and rules governing our society'). These forms of legitimacy show how cultural power is institutionalised and given moral grounding. They provide the bases on which people may tolerate .inequality and subordination, if not actually embrace it. A somewhat different range of solutions to this problem gives more explicit attention to the cultural dimension. We consider next: Gramsci on hegemony; the Frankfurt School's development of the theory of ideology; and Bourdieu's theory of the habitus.

Ideology as common sense : hegemony

One development of Marx's thinking about ideology which has proved influential and productive in cultural studies is the concept of hegemony, advanced by the Italian Marxist Antonio Gramsci (1891-1937). He wanted to explain how, despite manifest evidence of inequality, capitalist ruling classes continue to rule. Only part of the explanation, Gramsci believed, was due to ruling-class control of the means of coercion[30)] in society (the military and police). Underlying repressive state power lay hegemony, 'a special kind of power - the power to frame alternatives and contain opportunities, to win and shape consent, so that the granting of legitimacy to the dominant classes appear not only "spontaneous" but natural and normal (Clarke et al., 1976: 38). Hegemony is about what passes as the common-sensical, unquestioned backdrop[31)] of reflection on the workings of society. Consequently, the terrain on which hegemony 'is won or lost is the

30) coercion - n.강제, 억압, 강압
31) backdrop - n.배경, 배경막

terrain of superstructures'. The central institutions of capitalist society - its courts and schools, its churches and mass media - are framed by ideas and belief that promote ruling-class interests. The pervasiveness of hegemony is described by writers from the Birmingham School thus:

> A hegemonic cultural order tries to frame all competing definitions of the world within its range. It provides the horizon of thought and action within which conflicts are fought through, appropriated (i.e. experienced), obscured (i.e. concealed as 'national interest' which should unite all conflicting parties) or contained (i.e. settled to the profit of the ruling class). A hegemonic order prescribes not the specific content of ideas, but the limits within which ideas and conflicts move and are resolved. (Clarke et al., 1976: 39)

The notion of hegemony is related to the concept of ideology but can be distinguished from it:

> Hegemony works through ideology, but it does not consist of false ideas, perceptions, definitions. It works primarily by inserting the subordinate class into the key institutions and structures which support the power and social authority of the dominant order. It is, above all, in these structures and relations that a subordinate class lives its subordination[32)]. (Clarke et al., 1976: 39)

Gramsci believed that capitalism could not be overcome until the working class developed its own counter-hegemony which successfully challenged the existing ruling-class cultural hegemony.

Existing power relations and inequalities are thus stabilised through cultural hegemony. The concept has been influential in cultural studies since the 1970s because it offered a more complex analysis of ruling class

32) subordination - n.복종, 순종, 종속

domination than older models of ideological domination. The Birmingham School linked the concept of hegemony to Althusser's notion of ISAs (ideological state apparatuses - schools, churches, media, etc., which support state ideology) to present a more complex analysis of how class domination worked. Hegemony emphasises that the ruling class was itself composed of different fractions, that class rule also required the winning of the consent of the subordinate class, and that it facilitated the empirical exploration of the institutions through which cultural hegemony works such as youth subcultures (Hall and Jefferson, 1976), schools (Willis, 1978) and broadcast news (Glasgow University Media Group, 1976). Importantly, the notion of hegemony is amenable[33)] to historical analysis since it is not a 'given' of any particular class or organisation but is something that has to be worked for and sustained. So it can be argued, for example, that hegemonic cultural domination was a more significant source of working-class subordination in Britain in the 1950s than in the 1930s. That stabilisation was obtained in the 1930s by market effects (unemployment as an instrument of labour discipline), whereas in the prosperous 1950s working-class consent was obtained through the hegemonic domination of an ideology of affluence.

Ideology as incorporation: the Frankfurt School

Members of the Frankfurt School, in particular Theodor Adorno and Max Horkheimer (in Dialectic of Enlightenment, 1972) developed an analysis of the part played by the superstructure in accounting for the failure of the revolutionary social change that Marx had predicted. They focused on the role played by mass culture, or what they preferred to call the 'culture industry' (to distance themselves from the - erroneous - idea that mass culture is a spontaneously erupting

---

33) amenable - a.다루기 쉬운, 유순한

popular culture) in securing the incorporation[34] of working class into capitalist society.

Through radio, TV, movies and forms of popular music like jazz, the expanding culture industries were disseminating ruling-class ideologies with greater effectiveness than Marx could have envisaged. The further development of consumer society in the twentieth century powerfully aided the process of working-class incorporation by promoting new myths of classlessness, and wedded the working class even more tightly to acquisitive and property-owing belief. Even oppositional and critical forms of culture can be marketed (consider Andy Warhol, the Sex Pistols, Damian Hirst). The development of the culture industries, one part of the superstructure, seemed destined to subvert the social changes that Marx saw as originating in society's material base. Other Frankfurt School theorists, notably Marcuse, condemned the 'one-dimensionality' of the society that the culture industries were shaping with increasing success. Unfortunately, the force of the Frankfurt School's critique was weakened by their apparently elitist dismissal of forms of popular culture.

The celebrated - some might say notorious - example of the Frankfurt School's dismissive approach to popular culture is Theodor Adorno's (1903-69) analysis of popular music. Writing in the late 1930s and early 1940s Adorno proposed that the industrialisation of musical production and the commercialisation of musical consumption had a baleful[35] influence on musical form. Popular music had become standardised: 'all aspects of musical form - Adorno instances overall structure (the thirty-two-bar chorus), melodic range, song-types and harmonic progressions - depend upon pre-existing formulae and norms, which have the status virtually of rules, are familiar to listeners and hence are entirely predictable' (Middleton, 1990: 45). Popular music has become standardised into particular types (country & western, heavy metal, pop, etc.) and within each type particular formulas

34) incorporation - n.합체, 결합, 편입
35) baleful - a.해로운, 사악한

develop. Adorno contrasted popular with 'serious' music which was not standardised but distinctive and original. Beethoven's work was Adorno's exemplar of serious music. Not only were popular and serious music different in form, they encouraged different responses from listeners. Serious music made challenging demands on the listener while popular music made little - popular music had become just another stultifying element of mass culture. Adorno maintained that:

> Music for entertainment ... seems to complement the reduction of people to silence, the dying out of speech as expression, the inability to communicate at all. It inhabits the pockets of silence that develop between people moulded by anxiety, work and undemanding docility ... It is perceived purely as background. If nobody can any longer speak, then certainly nobody can any longer listen ... Today ... [the] power of the banal[36] extends over the whole society. (Adorno, quoted in Middleton, 1990: 34)

Adorno's searing[37] critique of popular music places it alongside film, cheap holidays and comic books as a method of incorporating the working class. But it is an analysis that has a number of flaws (see Longhurst, 2007a: 6-11). The popular/serious distinction introduces a value judgement before the analysis has begun. The scope of Adorno's theory (all popular music under capitalism) seems far too broad and Adorno does not appear to appreciate how that scope might be constrained by his own social and historical location. Some types of music (jazz, blues, rap) might have non-standard structures or might express resistance to dominant ideologies. The development of new musical technologies might also work against the tendencies that Adorno noted in popular music. Thus critics suggest that the claims of the theory exceed what can be reasonably

36) the banal - 독창성이 없는 것, 진부한 것, 흔해 빠진것
37) searing - a.타는듯한, 신랄한

sustained. As a critique of Tin Pan Alley[38] in the 1930s and 1940s Adorno made some sense, but the application of his ideas to the proliferation of popular musical styles since then tells only a small part of the story.

The contribution of the Frankfurt School was to indicate the enormous expansion of the culture industries and their increasing influence in modern capitalism. Leo Lowenthal (1961) captured this change well in his study of the biographical articles appearing in popular US magazines between 1890 and 1940. He found that in the earlier period it was predominantly 'captains of industry and finance' who were profiled[39], This gave way in the later period to a preponderance of interviews with movie stars and singers. There had been a shift from the 'idols of production' to the 'idols of consumption' - the culture's heroes were now firmly' located in superstructural occupations, not the material base. Unlike the economism of earlier Marxian traditions, the Frankfurt School attributes a significant role to the domain of culture in analysing relations of culture and power.

Habitus

The work of Pierre Bourdieu (Robbins, 1991, 1999) stresses the learned, unquestioned, taken-for-granted aspect of cultural behaviour. He puts forward the notion of habitus, the cultural framework wherein and whereby the habitual aspects of everyday social thought and action operate. People's perceptions, thoughts tastes and so forth are shaped by their habitus. These principles are symbolically mediated in action and art learned through experience. However, the power of the dominant classes ensures that their cultural habitus is preferred over others. Schooling is a process in which dominant class power works symbolically to legitimate the kinds of accomplishment that

38) Tin Pan Alley - n.뉴욕의 대중음악가들
39) profiled - vt.~의 인물 소개를 쓰다

will count as knowledgeable and worthy and to relegate[40] features of the habitus of working-class pupils as evidence of failure. In effect, one cultural system of symbolism and meaning is imposed on that of another social group - a process termed 'symbolic violence' (Bourdieu and Passeron, 1990).

Bourdieu is especially interested in the ways in which particular groups (classes) in society mark their identity, the symbolic ways in which they express value and seek to maintain boundaries between themselves and other groups. He describes this as the process of 'distinction' (Bourdieu, 1984). Again there is a stress that culture is deceptive. While novelty and creativity is acknowledged, the emphasis lies on the ways in which what is learned and practised is an affirmation of an existing set of hierarchically organised systems of relations. Bourdieu's position has been described thus:

> To a very large extent we do not choose our identity. We receive the cultural identity which has been handed down to us from previous generations ... We adhere to groups, whether clubs or political or religious organisations, and we adopt the identifying images of social groups, whether in hair-style or clothing, so as to confirm our social identity. For the same reason, we take steps to distinguish ourselves from those who belong to different groups. Our tastes and our lifestyles have no intrinsic value but serve to maintain the coherence[41] of the group to which we belong. (Robbins, 1991: 174)

Bourdieu's focus on distinctions between groups rather than on the whole system of which they are a constitutive part contrasts with the Marxian and the dominant ideology approach. Bourdieu sees cultural striving for individual expression as a sham[42] but in many

40) relegate - vt. ~을 좌천시키다, 내쫓다
41) coherence - n.응집, 밀착, 일치, 통일
42) sham - n.모조물, 가짜

ways he has a more organic approach to the issue of inequality than Marx, Gramsci or the Frankfurt School.

These debates around hegemony, incorporation and habitus show how misleading it is to think of culture as a mere superstructural 'effect' determined by the material base. In the views of the theorists reviewed in this section, culture plays a part in legitimising and naturalising many forms of inequality. The extent to which dominant ideologies are themselves guarantors of social order has been questioned by some sociologists. Abercrombie et al. (1980) propose that the dominant ideology only brings coherence to the dominant class, not to the society as a whole. Subordinate classes are incorporated by political and economic control, not ideological dominance. A different approach is taken by other theorists who argue that the cultural dimension is a significant source of inequality. We next consider a selection of studies that examine this idea.

1.4 Culture and the production and reproduction of inequality

In this section we explore the relevance of the explanations of inequality discussed above by means of a review of some cultural manifestations of inequality. We shall look at studies that focus on the key variables of class, ethnicity, gender and age as sources of cultural inequality.

Class

The notion that cultural differences follow class lines has a long history. Weber's concept of status includes the notion of style of life and opens the way for considering overlaps and disparities[43] between

43) disparities - n.격차, 불균형, 상이

class and status. The early classics of cultural studies, notably Hoggart (1958) and Thompson (1968) were very much concerned with the shaping, characteristics and development of working-class culture. In more recent work on youth subcultures the notion of class cultures is also prominent. Cultural commentary has long addressed the lifestyles of the rich as well as the poor. Those living at the extremes of society, it is sometimes felt, are perhaps very different in their ways of life from the broad mass in the middle. In this section the issue of class, culture and inequality is approached by means of a survey of explanations of the lifestyles of the poor: we shall consider in turn the culture of poverty thesis, the cycle of deprivation theory and the putative[44] emergence of an underclass.

The culture of poverty thesis was popularised in the 1950s and 1960s by the American anthropologist Oscar Lewi's studies of the poor in Mexico, Puerto Rica and the USA. He sought to understand how it was that poverty seemed to reproduce itself across generations: how poor people appeared to produce more poor people. His explanation concentrated on the distinctive cultural features shared by the so-called underserving or disreputable poor. Lewis (1961, 1966) proposes that the poor have a distinctive subcultural lifestyle which, like any culture, is a design for living that provides a structure and rationale enabling the poor to go on with their lives. Controversially, he suggests that this way of life is passed down across the generations through the medium of the family. At the centre of this theory is the identification of about seventy traits said to characterise the culture of poverty. They include the following:

/ The poor are not integrated into the major institutions of the society and remain fearful of them.

/ There is a low level of community organisation or identification

44) putative - a.추정되는, 상상의

with place in slum neighbourhoods.

/ Families display the following features:

- absence of a lengthy childhood phase of the life cycle
- early initiation into sex
- free unions or consensual marriages[45)]
- high incidence of abandoned wives and children
- female-centred households
- predisposition to authoritarianism and frequent use of violence as a way of resolving conflict
- competition for household maternal affection
- sibling rivalry.

Lewis argues that the culture of poverty only emerges in specific historical and social contexts, namely the early free enterprise phase of class-stratified individualistic capitalist society. Excluded are pre-literate societies where poverty is no bar to social integration and the lower castes of India (because caste membership is a source of integration). The culture of poverty is regarded as a creative, adaptive response on the part of the poor to their material deprivation. An implication of the culture of poverty thesis is that the poor will always be with us as long as their culture is.

The theory has been roundly[46)] criticised (see Valentine, 1968). Although Lewis recognises the fundamentally material origins of poverty, he does not attempt to assess the relative importance of social and economic compared to cultural factors. He assumes that the culture of poverty will override other cultural traditions, such as those that new immigrants bring with them. He agrees that not all the poor participate in the culture of poverty but he fails to specify fully the criteria of inclusion. It seems plausible that chronically poor people

45) consensual marriages - n.합의결혼
46) roundly - ad.가차없이, 거침없이

will lead distinctive styles of life, but these cannot be explained in purely cultural terms.

This was also the conclusion arrived at by social scientists in the 1970s charged with investigating the 'cycle of deprivation'. The idea came to public attention in speech made by Sir Keith Joseph, the Secretary of State for Social Services, in 1972. He asked, 'Why is it that, in spite of long periods of full employment and relative prosperity and the improvement in community services since the Second World War, deprivation and problems of maladjustment so conspicuously persist?' His reply was to posit a 'cycle of deprivation'.

In Sir Keith's view, parents who were themselves deprived in one or more ways in childhood went on to become the parents of another generation of deprived children. This political initiative[47)] was recast in social scientific terms as an investigation of the intergenerational continuities in 'disadvantage', a more inclusive term than deprivation. It also conceded that factors other than family and culture might cause disadvantage, such as social group membership, ethnic discrimination or residence in a particular locality. The outcome of this research was to build a more comprehensive picture of the multiple disadvantages faced especially by members of the lowest social classes (see Rutter and Madge, 1976).

Blaming the poor for their circumstances is still a popular activity for cultural commentators. It sometimes surfaces in debates about the 'underclass'. Beginning with Marx's comments about the lumpen proletariat[48)], class analysts have long recognised the existence of a class beneath the established working class. Attempts have been made to identify this class in structural terms, that is, in terms of the conditions of life encountered by people in particular circumstances. For example, in the UK the underclass is often felt to comprise groups such as the long- term, unemployed, single-parent families and elderly

47) initiative - n.진취적인 마음, 독창력
48) lumpen proletariat - n.계급의식과 연대의식이 없는 최하층 프롤레타리아

pensioners. In the USA it is often associated with poor black residents of inner-city ghettos. Structural explanations of the underclass are usually advanced by academic sociologists who emphasise that these groups of people have most to lose from processes of continuous industrial restructuring and its impact on the patterning of work. But other commentators, notably the influential New Right theorist Charles Murray, have seen this phenomenon in primarily cultural (and by extension highly moralistic) terms. Murray focuses on the significance of illegitimacy, material breakdown, inadequate patterns of childrearing and criminality among the poor (for a review of the debates about the underclass in the USA see Wilson, 1993; for the UK, see Lister, 1996). Correspondingly, the solutions advanced for the problems of the underclass differ. Structural explanations emphasise that underclass problems are rooted in the social and economic structures of societies. Culturalist accounts of the underclass seek changes to the moral fabric of individuals and their family circumstances. The debate between these two understanding of the underclass reruns elements of a much older cultural distinction between the 'deserving' and 'undeserving poor'. An assertion of cultural difference is a response that is apparently only acceptable in the first case. (See Skeggs, 1997 for a discussion of the relationship between gender, class and 'respectability'.)

'Race' and ethnicity

The term 'race' is often placed in inverted commas in cultural studies to signal its historical dubiousness and its questionable status as an analytic concept. In the nineteenth century there were numerous attempts by European investigators to classify people according to racial groups ('White: 'yellow: 'black') and ascribe unchanging characteristics to them. These attempts to legitimate sets of stable racial differences scientifically are now widely regarded as spurious[49] (Miles, 1989). However, race is an everyday concept that people routinely employ to categorise themselves and others.

Irrespective of the scientific utility of the term, race is widely believed to serve as a potent marker of cultural difference. These differences, whether they are believed to be grounded in culture or biology, are often manifest in expressions of racism, the discrimination against others on the basis of their membership of a perceived 'racial' group. Racism, when it is practised by an individual towards another person, is often termed 'racial prejudice'. However, racism can also take institutional form, as when a political policy takes it for granted that immigration is a problem, or when schools systematically understate the contribution of ethnic minorities to the development of art and science and teach history that fosters a negative perception of Africa or Asia. Institutional racism may be more deeply taken for granted and thus harder to dislodge[50] than a prejudicial attitude.

Sometimes the terms 'ethnicity' and 'ethnic groups' are employed in an attempt to put some distance between the historically racist implications of 'race' and to emphasise that it is cultural and not biological difference that is the key distinction. Writers within cultural studies have tended to avoid the anodyne[51] terminology of 'ethnicity' and headed straight for the freighted[52] term 'race' in an attempt to grasp the real-world significances of this dimension of cultural difference and inequality. One early study in this tradition, by Hall et al.(1978), examined the moral panic surrounding the emergence of 'mugging' as a social problem. 'Mugging' was not a legal term (robbery' and larceny[53] from the person being the English legal terms) but it quickly came into popular and media discourse from

49) spurious - a.가짜의, 위조의
50) dislodge - vt. 제거하다, 퇴거시키다
51) anodyne - a.진정작용을 하는, 감정을 누그러뜨지는
52) freighted - a.(의미를) 선적한, 내포한, 담은
53) larceny - n.절도행위, 절도범

1972. The category was imported from the USA and, translated into British society, it came to stand for a particular kind of perpetrator - a young, black male, usually acting with one or more accomplices. Hall et al. trace the development of a moral panic that bears some resemblances in form to the earlier moral panics surrounding 1960s youth subcultures. The myth of the black mugger condensed many exaggerated fears about youth, crime and personal safety, race and immigration. Hall et al. see mugging as an 'ideological conductor' of the 'crisis of hegemony of early 1970s Britain'. They show how the moral panic over mugging, a social constructed deviant behaviour, nevertheless articulated deeper concerns about British society. The exaggerated response to the 'problem' of mugging is indicative of a drift towards more authoritarian state interventions.

The theme of racial issues sparking a hegemonic crisis in Britain where established understandings about the ordering of ethnic groups come to be challenged is taken up in The Empire Strikes Back (Centre for Contemporary Cultural Studies, 1982). This is the work of seven members of the Birmingham centre who set out to analyse race and racism during the 1970s from a vantage[54)] committed to black resistance. They emphasise the need to locate racism not in individual psyches but in large-scale social processes. They draw particular attention to the change in Britain's international position since the end of the Second World War. They suggest that the prominence of 'race' as an issue in the 1970s is connected to the decline of Britain's position as a major trading nation. It is in the context of these changes that immigration policies, ethnic bases of competition in housing and labour markets, etc., must be set. In the crisis of hegemony facing British capitalism, the Centre for Contemporary Cultural Studies (CCCS) collective maintains, the British state is moving in authoritarian directions (which were shortly to become even more pronounced as

54) vantage - n.유리한 위치, 입장

Thatcherism became established). At the level of lived experience this issues forth in forms of popular authoritarianism of which racism is the most conspicuous example. Racism, then, cannot be understood as a simple ideological phenomenon. To appreciate its force requires a detailed and specific analysis of changes in the British state and Britain's dominant and working classes.

The Empire Strikes Back sparked a good deal of controversy when it appeared, not least because of its criticisms of the 'race relations industry' which they saw. as just one more instrument of control over black working-class communities. They are especially critical of those studies that account for black disadvantage in terms of fractured nuclear families that fail to provide material and emotional support to children.

Such studies 'pathologise[55)]' black subcultures. The CCCS collective are hesitant about offering recommendations beyond a general endorsement of black resistance. In the analysis of cultural forms, this emphasis on a complex Marxism in which close historical analysis of political and economic circumstances is combined with a commitment to black struggles has been taken forward most notably in the work of Paul Gilroy.

Another part of the larger picture in which 'race' and racism is located is the history and consequences of colonialism. Many influential conceptions of racial difference have their origin in the colonial encounters of European powers with the societies that they sought to dominate. Cultural analysts such as Edward Said, Gayatri Spivak, and Frantz Fanon have focused on colonial texts to consider what they tell us about oppressor and oppressed. Said's (1978) monumental study, Orientalism shows how European writing, from the nineteenth century onward, constructed a conception of the 'Orient' (the Middle East in particular) as exotic, glamorous and dangerous. This fictional, simplified framework nevertheless served to

55) pathologise - vt.병으로 취급하다

act as a potent cultural grid through which the cultures of the East were apprehended. Gayatri Spivak (1987) is more concerned with issues of power and representation. In a world dominated by Western discourses, how can the 'subaltern[56)]' status of Third World voices achieve parity in dialogue with those of the West? The work of Frantz Fanon (1968) is concerned with language as an index of power, and the objectification[57)] of the black body through literary and other representations. Said, Spivak and Fanon deepen our understanding of racial difference by using the tools of literary and cultural analysis to problematise the representations of the 'other' contained in Western texts.

Gender

Discussions about relationships between men and women mirror many of the arguments that have been discussed above. It is often remarked that, whatever the nature and type of relationships between men and women in whatever part of the world, there is inequality, men are the dominant sex and are regarded as superior to women. It is suggested that there is a natural hierarchy between men and women, a natural inequality. Support for this in inequality is often drawn from historical evidence and from comparison with the animal world (the science of ethology, popularised by the works of Desmond Morris). It seems that it is impossible to think about gender without thinking about hierarchy (Moore, 1993). One suggestion about the seemingly[58)] inevitable connection between male superiority and female inferiority is that this thinking is congruent with other patterns of thought in Western society, namely the hierarchical relation between nature and culture. Moore (1993), Ortner (1974) and Strathern (1981) have all

---

56) subaltern - a. 하위의, 종속의
57) objectification - n.대상화, 정복, 복종
58) seemingly - ad.겉보기에는, 겉으로는

drawn attention to the association of female with nature and male with culture; female with the private and the domestic and male with the public and the collectivity. They argue that, in societies where culture is seen as preferable and superior to nature and where the public always encompasses the private, then it is inevitable that gender relations will be apprehended in hierarchical terms.

The argument is similar to the discussion of caste and class above. It is necessary to understand that cultures may be organised differently and experienced differently from those in the West and that it is important not to fall into the trap of thinking 'that all societies struggle with the same givens[59] of nature, so that all social formations appear equivalently and thus holistically[60] organized to the same ends' (Strathern, 1988: 342-3). A general theme of women anthropologists writing about issues of gender and inequality (and some men, notably Ardener, 1974, and Errington and Gewertz, 1987) is that much of the writing on non-Western societies is formulated in terms of Western assumptions about persons and relationships; there is a Western folk model which sees social life in dichotomous terms and this is imposed onto the substance of other lives and other arrangement. In making this line of argument - namely that the dichotomies are a feature of anthropological discourse, not the social and symbolic systems of the societies studied by the anthropologist - the reasoning is similar to that made in discussions about writing culture. Errington and Gewerts (1987), who studied the Chambri people of Papua New Guinea (a people made famous by Margaret Mead and Reo Fortune as the Tchambuli), write that in her wish to explore variations in culture and personality, Mead, paradoxically, underestimated the extent to which cultures differ from one another. In a complex argument they contrast Western views of persons as distinct and competent individuals with private subjective selves and unique dispositions with the Chambri view that

59) givens - n.기정사실, 당연한 일
60) holistically - ad.전체론 적으로

persons are constituted by social relationships. Individuals are not bounded entities who possess certain characteristics as they are said to be in the West (and note the value-laden term 'possess' - denoting a materialist view of persons) but persons who share and who are part of others through their relationships and are multiply constituted (see also Strathern, 1988). Errington and Gewertz (1987) argue that women among the Chambri are very different from women in the Western world and gender concepts have a different meaning.

> The notion of 'sex' made it possible to group
> together, in an artificial unity, anatomical elements,
> biological functions, conducts, sensations, and
> pleasures and it enabled one to make use of this.
> fictitious unity as a causal principle, an
> omnipresent meaning: sex was thus able to
> function as a unique signifier[61] and as a universal signifier.
> (Foucault, 1984b: 154)

This does not mean that anatomical differences are not noted but these are not necessarily the basis of a binary sex classification (Moore, 1993). Notwithstanding the suggestion that perhaps sexual differences are culturally constructed, there seems to be general agreement among commentators about the cultural constructs of gender in Western society (Strathern, 1988; Moore, 1993; Butler, 1990; Tcherkezoff, 1993).

Taking up the issues of knowledge and the power to impose particular knowledge constructs on society as a whole, which were considered earlier in this chapter, feminists have developed the idea of patriarchy. This is a male-dominated social system in which society is seen as male-dominated, identified or centred. The argument is that society is based on convention, a convention in which men are

61) signifier - n.기표 기의는 signified

prominent - men have certain interests in the framing of cultural conventions which give them power and exclude women from power. Strathern (1988) states that women experience a double arbitrariness: the Western dichotomous model creates opposed categories so woman are what men are not, and since it is men who decide who men are, then women are doubly excluded. These feminist arguments rest on the cultural conventions about the nature of persons in Western society, the idea of duality[62] and dichotomy and the connectedness of these ideas to the domains of the individual and society and to men and women/ male and female in Western society. Strathern argues that there is in Western society a social contract view of society - culture is collective - held in common and so individuals willingly subordinate themselves to it (Strathern, 1988). This masks the reality that culture is 'authored[63]' - 'it is patriarchy that produces cultures' (Strathern, 1988: 323).

These views have also been given voice in discussions about women's participation in science (Harding, 1991), where it is said that the idea of woman the 'knower' is a contradiction in terms. Harding points to the male domination in scientific fields. The production of scientific knowledge tends to be the province of those who have male characteristics and since it is predominantly men who have male characteristics so women are excluded (Harding, 1991: 48). Dale Spender(1982), writing about women in education, makes a similar cultural argument: that women cannot have a voice as producers of art and knowledge because they are not men. Spender cites the marginalisation of many women in the field of literature and women's rights, for example, Aphra Benn, Mary Wollstonecroft, Catherine Macauley.

While feminism has served to refocus attention on the nature and sources of women's subordination it has also, obliquely[64], stimulated interest in the characteristics of masculinity and the sources of

62) duality - n.이원성, 이중성
63) authored - vt.~을 창시하다, 저술하다
64) obliquely = ad.우회하여, 간접적으로

male domination. There is what is sometimes termed 'hegemonic masculinity' (Connell, 1987), the ideal form of being a man: a configuration[65] of courage, physical strength and toughness that is endlessly paraded in the mass media. One codification of the US version is offered by Brannon (1976):

/ 'no sissy[66] stuff' - the avoidance of all feminine behaviours and traits
/ 'the big wheel' - the acquisition of success, status and breadwinning competence
/ 'the sturdy[67] oak' - strength, confidence and independence
/ 'give em hell' - aggression, violence and daring

In recent times masculinity itself has, in some quarters at least, become another contested terrain. The pervasiveness of hegemonic masculinity has been empirically questioned and it is suggested that there are in fact multiple discourses of masculinity rather than a single ideal (Edley and Wetherall, 1996), a situation that has led some commentators to speak in the plural of 'masculinities' (Hearn, 1996). Masculinity or masculinities are undoubtedly real but whether the concept on its own has much efficacy in explaining the gendered basis of domination seems open to question.

Age

Age and the ageing process are, like gender and the body, apparently natural processes. Yet it will come as no surprise that within this chapter, as in the book as a whole, the argument will be made that what seems straightforwardly natural is highly cultural and culturally specific, with the added twist that cultural ordering locates

65) configuration - n.(각 요소·부분의) 상대적 배치, 외형, 형태
66) sissy - n.여자같은 사내
67) sturdy - a.강건한, 억센

age in the biological work. Culture naturalises age, as it also naturalises gender, race, ethnicity - all those aspects of human experience that seem to be rooted in biology. Age is a cultural construct symbolically located in a biological metaphor (spencer, 1990). The apparently natural process of the person's passage from birth to death in chronological time is ordered, sometimes controlled, but always shaped by cultural ideas of what is appropriate and conventional behaviour at certain ages.

Age has different meanings among different peoples not only for the individual but for all those with whom the individual is associated; a change of status for an individual involves others in new roles and relationships. Also as with gender (see above), theorising about the significance of age must give regard to, and account for, the ways in which age is mediated by class, gender, race, ethnicity and all other culturally significant variables at particular moments and contexts. A small example to make the point is that most people who live in British society treat age as if it was a linear[68] process in which one is born and one passes through measured time until one's death. However, there are those in British society who believe in reincarnation and so the ageing process is for them a circular and not a linear journey, and they look forward to a rebirth - equally for those who believe in the resurrection of the spirit and/or operate with a different sense of time than those who believe that death is the end of being.

In fact something that seems so taken for granted and unremarkable a empirically turns out to be an important principle of social organisation and marker of social differentiation. It is arguable that age and gender are the most important shapers of social experience for individuals. For example, if we look at how people spend their leisure time we see that the type of leisure people engage in is related to their age. Research has shown that the range and

68) linear - a.직선의, 선모양의

frequency of participation in out-of-home leisure declines with age, so that 42 per cent of 16-24 year olds spend their free time mainly at home compared to 67 per cent of over 60 year olds (Martin and Mason,1998: Roberts, 1999). It seems that in all societies people are treated differently on the basis of age. It is possible to speak of age roles, the clusters of expectations that accrue[69] to certain chronological and structural age bands. Most societies have conventions about the age at which it is suitable for individuals to marry (this may be gendered), to engage in sexual relations, and in British society there are a set of age-determined laws regarding employment and retirement.

The significance of age is not just a matter for the individual; it is a relational matter touching on how one behaves to others. The ideas about the relationship are incorporated into social expectations, often into scientific, 'natural' ideas about how children should develop and how they should behave to others The disciplines of child psychology and developmental psychology and the psychology of ageing rest on models of 'normal' (cultural) expectations. In the individual life course the experience and the practice of age roles is common within the domestic life-cycle. Most people grow up in the company of others and learn the age-appropriate behaviour for their sex, class, race or ethnic group and according to scientific and medical knowledge.

Historical evidence shows that our ideas of ageappropriate behaviour have changed considerably in the recent past in Western society. Aries (1962) has written that the idea of childhood is a recent one; and Mayhew's (1968) survey of the London labouring classes in the middle of the nineteenth century showed clearly the class-based experience of childhood. Mayhew declared himself appalled[70] by the lack of childhood for these children, noting how they looked older than their years and finding that children as young as six or seven years old were making a living for themselves independently

69) accrue - vi. 결과로서 생기다
70) appalled - v.소름이 끼치다, 섬뜩하게 하다

on the streets of London. Reports in the contemporary world often speak of the high incidence[71)] of child labour in developing world countries where children are seen as a resource to make a contribution to household economies. Caldwell (1982) points out that the flow of resources from parents to children in affluent Western societies is unidirectional, whereas in developing world countries resources flow both ways when children start to make a contribution to the household.

In some societies the transition to new status roles based upon age is highly ritualised. Such highly ritualised movements are named rites of passage[72)]. The seminal work on rites of passage was carried out by van Gennep (1960) who established a common threefold pattern in such rites: the phase of separation (when the initiate[73)] leaves old associations and relationships); the liminal (limbo[74)]) phase; and the phase of incorporation into the new status. It is possible to identify several rites of passage in modern society. Weddings and funerals are both loosely associated with age but not necessarily so. There are a few rites of passage that are tightly linked to age and to major shifts in life courses. The commonest example in Western society is that of the bar mitzvan[75)] for young Jewish boys (and bat mitzvah for girls) which takes place around the age of thirteen when boys become ritually full adult members of the religious community. The best-known ceremonies of status change are to be found in African societies, for example among the Masai and the Hazda people. Young men, when they are initiated into the status of warriors, become the herders of cattle and serve in this role for several years until a new cohort[76)] of

71) incidence - n.발생, 출현
72) rites of passage - n.통과 의례, 통과 의식
73) initiate - n.새로 가입한 사람, 입문자
74) limbo - n.지옥과 천당사이의 변방
75) bar mitzvah - n.13세 남자의 성인식
76) cohort - n.그룹, 한 패

young men are initiated. Rites of passage often involve scarification[77] or other forms of bodily mutilation so that there is a permanent, visible sign of changed status. Sociologists have taken these ideas further, advancing the idea that 'status passage' (Glaser and Strauss, 1971) is a very common feature of modern societies. For example, occupational life is increasingly frequently thought of in 'career' terms and the status passages associated with promotion, retirement and so forth are important ceremonial occasions in organisational cultures.

All this may yield the misleading impression that status passages are pre-programmed by the culture and unproblematically experienced by the passage. Often there is considerable individual diversity of experience in negotiating status passages, even among persons in broadly similar situations. Consider the transition from school to work. Although it is becoming increasingly less common for this transition to be made at the age of sixteen, until the mid-1970s this was a standard trajectory for very many British schoolchildren (as late as 1976 only 25 per cent of pupils stayed on beyond their sixteenth year). Almost a quarter of school-leavers entered the labour market with no educational qualifications. Many ended up in poorly paid occupations. Of course, the process is not random: this is an important moment of social and cultural reproduction. As Paul Willis pointedly puts it:

> The difficult thing to explain about how middle class kids get middle class jobs is why others let them. The difficult thing to explain about how working class kids get working class jobs is why they let themselves. (Willis, 1977: 1)

The conventional sociological wisdom invokes a description of class culture that suggests that workingclass children are enmeshed[78] in

---

77) scarification - n.(외과에서)난설, 난자
78) enmeshed - vt.망에 걸리게 하다, 말려들게 하다

cultural notions such as a lack of deferred[79)] gratification, weak or absent future orientations and the like. For Willis such explanations are doubly inadequate, for they fail to suggest where these attitudes originate (1977: 141) and they work with a notion of culture as something passively absorbed by the children rather than as at least in part actively constructed, a 'product of collective human praxis' (Willis, 1977: 4).

The core of Willis's explanation turns on his interpretation of the 'lads' counter-school culture. His ethnography of school-leavers in their final year at school distinguishes the 'lads' from the more conventional pupils (the ear 'oles'). The lad's culture is sexist and racist, as well as anti-school and anti-conventional morality. Most of the lads will end up with unskilled, heavy labouring jobs that pay reasonably well early on but which will soon take their toll on[80)] their health. Ironically, this is a future that the lads choose and willingly embrace.

Willis documents the features of the lads counter-school culture - drinking and smoking, sticking up for their mates, 'dossing, blagging and wagging', 'having a laff' and so on. He goes on to argue that the counter-school culture is both ideological in character and a rational response to the realities of their situation. The lads culture is ideological because it facilitates their smooth transition into dead-end work. As an ideology the culture masks the reality of the lads' situation and effectively dupes[81)] them into accepting the worst jobs going. But the counter-school culture is also a considered, rational response. The lads positively value manual work which they regard as masculine, an activity infused with machismo. Moreover they do not much care what work they do providing that it is a manual job (white-collar work they define as effeminate). In their indifference to occupational choice the lads effectively reaffirm their conviction that all jobs are essentially the same. And this, for Willis, represents

79) deferred - a.연기된, 유예된
80) take their toll on - ~에 큰 피해 (타격)을 주다
81) dupes - vt.~을 속여서 ~시키다

a penetration of the real conditions of their existence as a class - it is a profound expression of the reality of their situation. As capitalism advances, labour becomes more abstract and thus it matters less and less what occupation you work in so long as you work. In this sense the lads counter-school culture is a rational assessment of the reality of their situation in the labour markets of advanced capitalism.

There has been criticism of the emphasis on age as an indicator of a person's social role or influence upon their social experience. It is suggested that in a post industrial society that is characterised by de-standardisation and flexibility. There is a less secure work life, families are more diverse and less stable, and major life events are no longer so closely linked to age. There is a greater variety within all age groups and it is difficult to generalise about the circumstances and behaviour of people at any life stage. For example, women aged 25-40 may still be traditional housewives, in full-time employment, or single and childless. Young adults by the age of 25 may have established themselves in careers and good jobs, may have poor jobs, may be unemployed or on various schemes, or may be full-time students (Roberts, 1999). This is not to suggest that age has become socially meaningless, it is still a basis for social discrimination, and people's behaviours early in life still has important implications for their future.

Structural and local conceptions of power

To conclude this section we can make two general observations about the workings of culture, power and inequality. These concern power as a local phenomenon and the interrelations of systems of domination and disadvantage.

All the theories reviewed above tend to take an objectivist, structural view of power and inequality. They decode the cultural to reveal the true nature of the relationships involved and, as has been argued, much of that revelation has turned on power and its manifestations. Often that power seems to be encompassing in form, lodged in the class structure or ethnic hierarchy or institutionalised arrangements between men and women. But, as Foucault reminded us, power is also something diffused[82)] throughout the working of a society. So power is also local and can be understood contextually rather than structurally - a recommendation for a hermeneutic approach to understanding culture, power and inequality.

This can be illustrated by two studies of power and control in work organisations: Malcolm Young's study of the police (1991) and Sallie Westwood's study of Asian women garment workers (1984). In both cases control was in the hands of men, and in the case of the factory the control was experienced through the discipline of the operation of a capitalistic enterprise. The firm was, Westwood says, a reputable and paternalistic[83)] firm, which stressed good time-keeping and maximising output. There were separate canteens for management (all men) and workers (mainly women) and there were considerable differences in pay and conditions, with the management receiving company cars and allowances. Westwood describes how the women developed a 'shopfloor culture of resistance and celebration'. Elaborate rituals were engaged in to celebrate the events of the women's lives (weddings, engagements) and the women used company time and resources for their own affairs. The shopfloor culture was one that emphasised friendship and solidarity. The playful antics[84)] of the women can be regarded as rituals of resistance which served to emphasise 'sisterhood and strength against the patriarchy and gender inequalities of the company' (Westwood, 1984: 2).

The women police officers described by Young had scant opportunity to develop a counter-culture to the heavily masculine ethos of the police force. There were fewer women and they tended

---

82) diffused - vt.~을 발산하다, 유포시키다
83) paternalistic - a.온정적인, 가부장적인
84) antics - n.익살맞은 동작, 광대짓

to be more isolated. Additionally they were not seen as legitimate members of the force by the police men. Young describes (1991: 219, 242, 233) the ways in which the women were marginalised and denigrated by the men, given abusive and humiliating names, and repeatedly subject to sexual innuendo[85)] in an organisation that was dedicated to a traditional masculine ethos and imagery. Young remarks that the state of the institutional mind kept women in narrowly defined roles and subject to the formal and informal domination of men.

In this last illustration the power exercised was in terms of gender hierarchies, a reminder that modern societies are subject to many systems of domination, not simply that of class, which nevertheless tends to be the predominant typifying feature of modern industrialised society. Power also worked in a capillary[86)] fashion, in that it was evident in everyday acts and their implications and consequences. If there are different hierarchies through which power is 'exercised', or different forms of power through which domination works, how are these systems of domination interrelated?

This is sometimes formulated as: how do race, gender, age and class disadvantages relate to each other? Note that the very way that the question is formulated disposes[87)] us towards a structural rather than Foucauldian conception of power. Within the frame set by a structural approach there is, as we saw in considering the cycle of deprivation, substantial evidence that economic and cultural factors can overlap or interact to produce multiple disadvantage. Being a black woman can increase the likelihood of the person being found in an underclass location. A poor black woman is likely to face disadvantages that those situated higher up class, racial and gender hierarchies will not. These are well-supported facts. There is a risk, however, of running

---

85) innuendo - n.빗대어 빈정거리기, 암시
86) capillary - a.털(모양)의, 모세관의
87) disposes - vt.~을 배치하다, 배열하다

away with such geometrical metaphors of overlapping disadvantageous categories of class, race, gender and age. These factors certainly describe the broad patterning of disadvantage and the oppressions (racism, sexism, class oppression, etc.) that result. Whether they illuminate the particularities of people's ordinary cultural experience is more open to question, as in everyday life we are all gendered, raced, classed and aged and these categories may have variable relevance to how we are treated in particular instances in everyday life (see West and Fenstermaker, 1995). For instance, we may sometimes feel ourselves to be badly treated by a shop assistant. Is this because of our race or class or gender or age? In actual instances the answer can be very variable for any given person, so it can be very difficult to pin down which particular source of disadvantage is operating. This difficulty does not deny the reality and force of these disadvantages. But it does serve to further underline Foucault's fundamental point about the omnipresence of power and resistance: dominations of class or race or gender are never complete or total and can be challenged in the conduct of our everyday lives.

3.5 Conclusion

News broadcasts daily provide us with information about the effects of globalisation and the cultural differences between people. The inequalities premised on these differences are the basis of many social conflicts. Witness, for example, the long-running conflicts in the Basque region, central Africa, and the Middle East, or the violent anti-globalisation demonstrations that have accompanied the annual summit meetings of the G8.

In this chapter we have reviewed explanations of the origin of inequality in capitalist societies and considered some of the leading theoretical ideas. Concepts such as hegemony, incorporation and habitus have been used to explain how inequality is justified and rendered[88] acceptable. The chapter has also focused on the ways that these inequalities are made manifest through characteristic cultures of class, ethnicity, gender and age. The concepts, theories and studies reviewed above show some of the many ways in which all cultures are 'structured in dominance'. This work might also help to suggest ways in which strategies of resistance to systems of dominance might be organised.

88) rendered - vt.~(상태가) 되게 하다

박거용

상명대학교 영어교육과 교수

저서

『영어교육과 연구의 문제틀』(한빛문화, 2004)

『350만의 배움터, 한국 대학의 현실』(문화과학사, 2005) 외 다수

역서

『러시아 형식주의』 V. 어얼리치 (문학과 지성사, 1983)

『대학과 자본주의 국가』 클라이드 W. 바로우 (문화과학사, 서울, 2011) 외 다수

Understanding British-American Cultures

영미문화의 이해

1판 1쇄 발행 _ 2013년 8월 31일
1판 2쇄 발행 _ 2017년 8월 31일

편 저 자 • 박 거 용
발 행 인 • 정 현 걸
발　　행 • 신 아 사
인　　쇄 • 예지인쇄
출판등록 • 1956년 1월 5일 (제9-52호)
주　　소 • 서울특별시 은평구 통일로 59길 (2F)
전　　화 • (02)382-6411 / 팩스 (02)382-6401
홈페이지 • www.shinasa.co.kr
E-MAIL • shinasa@daum.net

ISBN 978-89-8396-828-9 (93380)

정가 13,000 원